¡Claro!

Impresiones e ideas

¡Claro!

Impresiones e ideas

Marion R. Webb
Houston Baptist University

Julia Jordán Tabery
Houston Baptist University

Edward D. Allen
Professor Emeritus *The Ohio State University*

Harcourt Brace Jovanovich College Publishers

Fort Worth Philadelphia San Diego New York Orlando Austin San Antonio
Toronto Montreal London Sydney Tokyo

Publisher: Ted Buchholz
Senior Acquisitions Editor: Jim Harmon
Developmental Editor: Richard Lindley
Project Editor: Monotype Composition
Production Manager: Kathleen Ferguson
Cover Design Supervisor: Serena B. Manning
Illustrator: J. R. Yates
Text Design: Monotype Composition
Cover Art: Amber Brown
Compositor: Monotype Composition

Photo and literary credits appear in the back of the book.

Address for editorial correspondence: Harcourt Brace Jovanovich Publishers, 301 Commerce Street, Suite 3700, Fort Worth, TX 76102.

Address for orders: Harcourt Brace Jovanovich Publishers, 6277 Sea Harbor Drive, Orlando, Florida 32887.
Tel: 1-800-782-4479, or 1-800-433-0001 (in Florida)

Library of Congress Cataloging-in-Publication Data

Webb, Marion R.
Claro! : impresiones e ideas / Marion R. Webb, Julia Jordan Tabery, Edward D. Allen.
p. cm.
Spanish and English.
ISBN 0-03-006489-9
1. Spanish language—Readers—Latin America—Civilization. 2. Spanish language—Readers—Spain—Civilization. 3. Latin America—Civilization—Problems, exercises, etc. 4. Spain—Civilization—Problems, exercises, etc. 5. Spanish language—Composition and exercises. I. Tabery, Julia Jordán. II. Allen, Edward David, 1923– III. Title.
PC4127.L34W43 1992
468.6′421—dc20 91-38508
CIP

ISBN 0-03-006489-9

1 2 3 4 016 9 8 7 6 5 4 3 2 1

Preface

¡Claro! is a program for intermediate level students based on functional language skills. The two texts and ancillary materials are designed to develop the four language skills and heighten cultural awareness. *¡Claro! Expresiones y estructuras* is an oral communication and grammar text; *¡Claro! Impresiones e ideas* is a reading, writing, and culture text. Ancillary materials include cassette tapes and a combined tape manual/grammar workbook.

¡Claro! Impresiones e ideas

This text has several special features.

- All readings are authentic. They are rich in the qualities of interest, imagination, linguistic diversity, and texture.
- The readings are well balanced. They represent many different countries and many different genres.
- Strategies for reading encourage students to develop good reading skills. Activities drawn from the target texts afford students opportunities to practice the strategies.
- Brief explanations introduce the readings and clarify aspects that might otherwise make authentic readings difficult for intermediate students.
- Reading tasks are geared specifically to intermediate readers, and are designed to enable students to approach reading as a process, to apply the material to broader themes, and to express their own opinions.
- Contextualized vocabulary exercises encourage students to actively practice useful vocabulary. These exercises follow discussions of the readings.
- Communicative activities give students opportunities to share opinions and reactions and to discuss topics related to the readings.
- Writing skills are developed through a process approach.
- Cultural topics relevant to the theme of each chapter present insights into the characteristics of Hispanic people, art, and literature.

Organization and components

Each chapter has the following components:

Estrategias del buen lector

Strategies are drawn from discussions in the professional literature suggesting how students can improve their fluency in reading. These include, for example, predicting and guessing, recognizing prefixes and suffixes, and reading for person and time. Generally, in the activities for practicing the strategies, students work with parts of the selections they will read in that chapter. Thus, the strategies serve as advance organizers and introductions to the readings.

Antecedentes

These sections are an important part of the pre-reading preparation because they introduce the readings and explain aspects that might make the text difficult for intermediate students, such as unfamiliar cultural information or unusual organization.

Information about literary authors is included, but not a great deal, as emphasis is on introducing reading from many different genres. At the end of the *Antecedentes* are questions that encourage students to predict and hypothesize about what they will read.

Lecturas

The readings have been chosen to represent different genres and different themes, mostly contemporary. Included are stories, poems, excerpts from novels and drama, as well as authentic newspaper and magazine articles. The readings include selections from outstanding twentieth century writers, many of them Nobel laureates.

While authentic readings obviously vary in difficulty, what makes a reading difficult often depends more on the tasks asked of the student than on the reading itself. Therefore, in the case of more challenging readings, the tasks are kept simple. Words and expressions that intermediate students probably do not know or cannot guess are glossed at the bottom of the page.

The text and activities have been selected according to the notion of reading as process. Tasks are geared one-half to one level above the typical reading ability of the students, as recommended in the professional literature. The first task—*Primera lectura ¿Qué? ¿Quién? ¿Cuándo? ¿Dónde?*—consists of questions designed to aid the student in recognizing the surface facts of the reading. In the second task—*Segunda lectura ¿Cómo? ¿Por qué?*—the student is asked to search for the deeper meanings of the reading, such as cause and effect and sequence of events. In *Conclusiones y opiniones,* the student is asked to draw conclusions, transfer knowledge to broader themes, and express opinions. The section *Vocabulario* concludes the reading activities. Contextualized exercises include the study of cognates, affixes, synonyms, and idioms, as well as cloze exercises that summarize readings. Generally, one of the vocabulary practices at the end of each reading is open-ended and communicative.

There is no agreement among educators at this point as to whether vocabulary should precede or follow the reading. Those who wish to use the vocabulary section as a pre-reading activity can present it first.

Discusión

In this section, students work with a partner engaging in such activities as exchanging ideas on word associations, exploring personal opinions on themes from the readings, answering questionnaires, and role playing situations. Some of the activities serve as oral preparation for the writing activities that follow.

Expresión escrita

Writing skills, like reading skills, are developed through a process approach. The first compositions include tasks that are appropriate for students gaining intermediate proficiency: guided writing, changing a passage to another tense, or adding details to main ideas. Tasks increase in complexity as students develop greater proficiency. In the last chapters, the students are asked to write free compositions. Suggested writing themes are based broadly on the chapter theme and on topics practiced in the **Discusión** section, but students are asked to add additional material to express their personal experiences and opinions.

Cultura

In the final section of each chapter, students read about a variety of cultural topics suggested by the themes of the *Lecturas*. These are geared more to large *C* culture than to small *c*, as the companion text, *¡Claro!: Expresiones y estructuras* emphasizes the latter. Each culture selection begins with an introductory statement and pre-reading questions. Discussion of the cultural material emphasizes communicative strategies. Students work in pairs to answer brief, simple questions to confirm their grasp of the main points of the topic, to interpret illustrations based on the cultural material presented, and compare cultural perspectives and share personal opinions.

Proficiency levels

The two texts of this program are designed for proficiency levels typical of intermediate college Spanish students. The following proficiencies (ACTFL Guidelines) for second-year college Spanish students have been suggested in the professional literature.

Second year:	**Beginning**	**End**
Listening	Intermediate Low	Intermediate High
Reading	Intermediate Low	Intermediate High
Speaking	Novice High	Intermediate Mid
Writing	Novice High	Intermediate Mid

It has been pointed out that if students are to increase their proficiency, the curriculum must be geared one half to one whole level above their current level. This criterion guided the selection of materials for the texts and the design of the exercises and activities.

How to use the program

Adapting the texts to the curriculum

The program offers a complete curriculum for the development of proficiency in the four skills and increased cultural knowledge for second-year college Spanish students. *¡Claro!* can be used in a variety of ways to meet the needs of intermediate college Spanish students or advanced high school students. Both texts can be used for two semesters, alternating a chapter in one text with one in the other. Or one text may be used the first semester and the other the second semester. The format of functional tasks enables the teacher to choose and reorder the readings, writing assignments, and cultural topics as needed.

Acknowledgments

The authors gratefully acknowledge the assistance of many persons in the preparation of this textbook. We wish to express our thanks to the former editors at Holt, Rinehart and Winston who first encouraged us to undertake the development of this program. We extend special thanks to all of the present staff at Harcourt Brace Jovanovich whose work was invaluable in the production of these materials. We particularly appreciate the dedicated work of Jim Harmon, Senior Acquisitions Editor, his assistant Shirley Webster, and Kathy Ferguson, Production Manager. We especially wish to thank Richard Lindley, our Developmental Editor, who has worked with dedication through many revisions and changes in the text. His keen critical sense, his expertise as an editor, and his understanding of the teaching process have resulted in many improvements in the manuscript. We also wish to thank John Budz of Monotype Composition for his skillful and timely handling of the text in its final stages of production.

We wish to express our appreciation to the following reviewers for their insightful comments and constructive criticism:

Stephen Corbett, Texas Tech University
Diana Frantzen, Indiana University at Bloomington
Carolyn Harris, Western Michigan University
Alberto Hernandez, Davidson College
Lydia Komocki, Kent State University
Jennifer Lehman, Simmons College
Alberto Martínez, University of Nebraska at Lincoln
Ruth Sánchez, University of Kentucky at Lexington
Susan Schaeffer, University of California at Los Angeles
Robert Shannon, Saint Joseph University
Caroline White, College of St. Catherine
Caroll Young, Indiana University of Pennsylvania

We recognize and appreciate the contributions of our many colleagues and students at Houston Baptist University who gave us suggestions in the development and field testing of materials.

MRW
JJT

Índice de Materias

3 Barreras arbitrarias

4 Recorriendo el mundo

5 El sustento

6 Las moradas

7 Cosas de dinero

8 Relaciones familiares

9 Relaciones con extraños

Al papá de Lilus no le gusta ver que su hija se quede sin hacer nada. «Vete a hacer ejercicio. ¡Corre! te vas a embrutecer° si te quedas así mirando quién sabe qué». El papá de Lilus no puede comprenderla cuando ella se queda horas enteras mirando a un gatito jugar con su cola, a una gota de rocío resbalar° sobre una hoja. Lilus sabe por qué las piedras quieren estar solas . . . Sabe cuándo va a llover, por qué el cielo está sin horizontes, compasivo. Ha tomado entre sus manos pájaros calentitos y puesto plumas tibias° en sus nidos°. Es diáfana° y alegre. Un día tuvo una luciérnaga° y se pasó toda la noche con ella, preguntándole cómo encerraba la luz . . . Ha caminado descalza° sobre la hierba° fría y sobre el musgo°, dando saltos°, riendo y cantando de pura felicidad. El papá de Lilus nunca camina descalzo . . . Tiene demasiadas citas. Construye su vida como una casa, llena de actos y decisiones. Hace un programa para cada día, y pretende sujetar° a Lilus dentro de un orden riguroso. A Lilus le da angustia° . . .

Elena Poniatowska, México
Lilus Kikus

I. Primera lectura. ¿Qué? ¿Quién? ¿Cuándo? ¿Dónde?

1. ¿Qué hace Lilus mientras la sirvienta hace la limpieza?
2. ¿Qué hace mientras se sienta en la escalera?
3. ¿Cuáles son algunas de las cosas que le interesan a Lilus?
4. ¿Cuáles son algunos de los animales e insectos que ha observado Lilus?
5. En una ocasión, ¿qué hizo con una luciérnaga?
6. ¿Qué le da angustia?

II. Segunda lectura. ¿Cómo? ¿Por qué?

1. ¿Cómo se sabe que Lilus es una niña curiosa?
2. ¿Cómo es el papá de Lilus? ¿Por qué se preocupa?
3. ¿En qué se diferencian Lilus y su papá?

III. Conclusiones y opiniones

1. ¿Qué edad cree Ud. que tiene Lilus?
2. ¿Cómo es el carácter de Lilus?
3. ¿Qué demuestra la ternura de Lilus?
4. ¿Cree Ud. que los niños tienen mucha imaginación?
5. ¿Cuándo Ud. era niño(a), ¿qué le gustaba hacer cuando no tenía «nada que hacer»?

IV. Vocabulario

Defina las palabras y frases siguientes en español.

1. caminar descalzo
2. el rocío
3. tener citas
4. un orden riguroso
5. la angustia

---

embrutecer *to become stupid* **una gota . . .** *a drop of dew slide* **plumas . . .** *warm feathers* **nidos** *nests* **diáfana** *diaphanous, transparent* **luciérnaga** *firefly* **descalza** *barefoot* **hierba** *grass* **musgo** *moss* **dando . . .** *leaping* **pretende . . .** *tries to control* **angustia** *anxiety, stress*

ANTECEDENTES

Octavio Paz, winner of the Nobel Prize for Literature in 1990, has written poetry, essays, and poetic prose. Recurring themes in his work are solitude, loneliness, misunderstandings among human beings, and the search for oneself. All these themes are evident in the short story "Encuentro" first published in *Arenas movedizas,* 1949. "Encuentro" relates a simple anecdote about a fight in a bar. On another level, however, the story raises philosophical questions about the notion of self. As the narrator arrives home he sees himself leaving his house and follows this "other" self to a bar. In the bar, the impostor self refuses to recognize the original self. But who is the real self?

Encuentro

Al llegar a mi casa, y precisamente en el momento de abrir la puerta, me vi salir. Intrigado, decidí seguirme. El desconocido—escribo con reflexión esta palabra— descendió las escaleras del edificio, cruzó la puerta, y salió a la calle. Quise alcanzarlo°, pero él apresuraba su marcha exactamente con el mismo ritmo con que yo aceleraba la mía, de modo que° la distancia que nos separaba permanecía inalterable. Al rato de andar se detuvo° ante un pequeño bar y atravesó su puerta roja. Unos segundos después yo estaba en la barra del mostrador°, a su lado. Pedí una bebida cualquiera mientras examinaba de reojo° las hileras de botellas en el aparador, el espejo, la alfombra raída, las mesitas amarillas, una pareja que conversaba en voz baja. De pronto me volví y lo miré larga, fijamente. El enrojeció°, turbado. Mientras lo veía, pensaba (con la certeza de que él oía mis pensamientos): «No, no tiene derecho. Ha llegado un poco tarde. Yo estaba antes que usted. Y no hay la excusa del parecido°, pues no se trata de semejanza°, sino de sustitución. Pero prefiero que usted mismo se explique . . .»

El sonreía débilmente. Parecía no comprender. Se puso a conversar con su vecino. Dominé la cólera° y, tocando levemente su hombro, lo interpelé°:

—No pretenda ningunearme°. No se haga el tonto.

—Le ruego que me perdone, señor, pero no creo conocerlo.

Quise aprovechar su desconcierto° y arrancarle de una vez la máscara°:

—Sea hombre, amigo. Sea responsable de sus actos. Le voy a enseñar a no meterse donde nadie lo llama.

Con un gesto brusco me interrumpió.

—Usted se equivoca. No sé qué quiere decirme.

Terció un parroquiano°:

—Ha de ser un error. Y además, ésas no son maneras de tratar a la gente. Conozco al señor y es incapaz . . .

---

alcanzarlo *catch up to him* **de modo que** *so that* **se detuvo** *he stepped* **barra . . .** *bar railing* **de reojo** *out of the corner of my eye* **enrojeció** *he blushed* **parecido** *similarity* **semejanza** *likeness* **cólera** *anger* **interpelé** *I asked for explanations* **ningunearme** *to ignore me as if I were no one* **desconcierto** *confusion* **arrancarle . . .** *pull his mask off once and for all* **terció . . .** *a customer intervened*

El sonreía, satisfecho. Se atrevió a darme una palmada°:

—Es curioso, pero me parece haberlo visto antes. Y sin embargo no podría decir dónde.

Empezó a preguntarme por mi infancia, por mi estado natal, y otros detalles de mi vida. No, nada de lo que le contaba parecía recordarle quién era yo. Tuve que sonreír. Todos lo encontraban simpático. Tomamos algunas copas°. El me miraba con benevolencia.

—Usted es forastero°, señor, no lo niegue. Pero yo voy a tomarlo bajo mi protección. ¡Ya le enseñaré lo que es México, Distrito Federal!

Su calma me exasperaba. Casi con lágrimas en los ojos, sacudiéndolo por la solapa°, le grité:

—¿De veras no me conoces? ¿No sabes quién soy? Me empujó° con violencia:

—No me venga con cuentos estúpidos. Deje de fregarnos y buscar camorra°.

Todos me miraban con disgusto. Me levanté y les dije:

—Voy a explicarles la situación. Este señor los engaña, este señor es un impostor . . .

—Y usted es un imbécil y un desequilibrado° —gritó.

Me lancé contra él. Desgraciadamente, resbalé°. Mientras procuraba apoyarme en el mostrador, él me destrozó la cara a puñetazos°. Me pegaba con saña° reconcentrada, sin hablar. Intervino el barman:

—Ya, déjalo, está borracho.

Nos separaron. Me cogieron en vilo y me arrojaron al arroyo°:

—Si se le ocurre volver, llamaremos a la policía.

Tenía el traje roto, la boca hinchada°, la lengua seca. Escupí° con trabajo. El cuerpo me dolía. Durante un rato me quedé inmóvil, acechando°. Busqué una piedra, algún arma. No encontré nada. Adentro reían y cantaban. Salió la pareja; la mujer me vio con descaro° y se echó a reír. Me sentí solo, expulsado° del mundo de los hombres. A la rabia° sucedió la vergüenza. No, lo mejor era volver a casa y esperar otra ocasión. Eché a andar lentamente. En el camino, tuve esta duda que todavía me desvela°: ¿y si no fuera él, sino yo . . . ?

Octavio Paz, México
Arenas movedizas

I. Primera lectura ¿Qué? ¿Quién? ¿Cuándo? ¿Dónde?

Escoja las frases que completan correctamente la oración. *Hay más de una respuesta correcta.*

---

palmada *light slap on the back* **copas** *drinks, rounds* **forastero** *stranger* **sacudiéndolo . . .** *shaking him by the lapels* **me empujó** *he pushed me* **Deje . . .** *Stop bothering us and looking for trouble* **los engaña** *is deceiving you* **desequilibrado** *mentally unbalanced* **resbalé** *I slipped* **me destrozó . . .** *he beat up my face* **saña** *rage* **Me cogieron . . .** *They grabbed me uncerimoniously and flung me into the gutter.* **hinchada** *swollen* **Escupí** *I spit* **acechando** *watching* **con descaro** *insolently* **expulsando** *expelled* **rabia** *rage* **me desvela** *keeps me awake*

1. En el primer encuentro, el narrador . . .
   - a. se vio a sí mismo saliendo
   - b. ve a un hombre que le parece un desconocido
   - c. ve salir a un viejo amigo
   - d. decide seguirse a sí mismo
2. En el bar, el narrador cree que . . .
   - a. «el otro» está sustituyéndolo
   - b. «el otro» es muy semejante a él mismo
   - c. «el otro» le debe una explicación
   - d. «el otro» llegó primero
3. En la conversación en el bar, el narrador . . .
   - a. invita «al otro» a tomar una copa
   - b. le pide una explicación «al otro»
   - c. quiere quitarle la máscara «al otro»
   - d. tiene que contar los detalles de su vida
4. El narrador se enoja y . . .
   - a. le pide explicaciones «al otro»
   - b. acusa «al otro» de no ser responsable
   - c. no reconoce «al otro»
   - d. acusa «al otro» de ser un extranjero
5. Los clientes del bar creen que. . . .
   - a. el narrador es una persona muy simpática
   - b. el narrador está equivocado
   - c. el narrador no trata bien «al otro»
   - d. «el otro» es una persona antipática
6. «El otro» dice que . . .
   - a. le parece haber visto al narrador antes
   - b. el narrador es forastero
   - c. el narrador es simpático
   - d. va a enseñarle México
7. Después de que el narrador llama impostor «al otro»
   - a. los dos hombres empiezan a luchar
   - b. el narrador decide salir del bar
   - c. echan al narrador del bar
   - d. el barman dice que el narrador está borracho
8. Después de la experiencia el narrador se siente
   - a. enojado
   - b. solo, expulsado del mundo de los hombres
   - c. con ganas de reír
   - d. avergonzado

II. Segunda lectura ¿Cómo? ¿Por qué?

Conteste les preguntas.

1. ¿Cuál es la diferencia entre el narrador y «el otro».
2. ¿Por qué se enoja el narrador?
3. ¿Cómo reaccionan los clientes del bar hacia el narrador? Dé algunos ejemplos.

III. Conclusiones y opiniones

1. Podemos decir que el narador se pregunta: ¿Quién es el verdadero «yo»? ¿Cómo contesta el autor la pregunta?
2. La expresión en inglés «wear a different hat» indica que una persona muestra diferentes personalidades apropiadas a diferentes situaciones. Dé Ud. algunos ejemplos personales o de personas a quienes conoce.
3. ¿Cree Ud. que existen personas sin un verdadero «yo»? Dé algunos ejemplos.

IV. Vocabulario

Complete el resumen del cuento con palabras de la lista.

enrojeció	alcanzarlo	arrancarle	copas
solapas	siguió	empujó	semejanza

El narrador se vio a si mismo saliendo de su casa. . . . al otro y quiso . . . pero no pudo. El hombre entró en un bar y el narrador lo siguió. Lo miró y el hombre . . . , turbado. El narrador le pidió una explicación, puesto que no se trataba de . . . sino de una sustitución. El narrador quería . . . la máscara. Aunque el narrador se enojaba más, el otro hombre lo trataba con cortesía. Tomaron algunas . . . El hombre ofreció mostrarle la capital. Por fin, el narrador no pudo contenerse y tomó al hombre por las . . . y le preguntó: ¿No sabes quién soy? El hombre lo . . . y todos miraban al narrador con disgusto.

arma	vergüenza	arrojaron	lanzó
expulsado	resbaló	puñetazos	

Empezaron a pelear. El narrador se . . . contra el hombre, . . . y el hombre le destrozó la cara a . . . Separaron a los dos hombres y al narrador lo . . . al arroyo. El narrador se quedó inmovil, acechando. Buscó alguna . . . pero no encontró ninguna. Se sintió solo, . . . del mundo de los hombres. Primero sintió rabia y después. . . .

Discusión

En esta parte del capítulo, Ud. va a tener la oportunidad de conversar sobre varios temas sugeridos por las lecturas. Va a usar algunas de las palabras y expresiones de las lecturas. El propósito es comunicarse, repasar, reinterpretar, y compartir con sus compañeros de clase y con el (la) profesor(a).

Intercambie sus ideas con otra persona. Después, Ud. y su pareja pueden compartir sus opiniones con sus compañeros(as) y con el (la) profesor(a).

A. **¿Cómo son estas personas?** Mire las fotos y comente con su pareja: ¿Cómo ven Uds. a las personas? ¿Cómo creen Uds. que las personas se ven a sí mismas?

B. **Una entrevista.** Imagine que viene a su universidad una persona famosa, como un(a) deportista o un(a) cantante. Una persona hace el papel de la persona que visita y la otra el papel del periodista que lo (la) entrevista. El periodista debe pensar en algunas preguntas interesantes sobre su vida, sus gustos, y su personalidad.

C. **Reacciones.** Lea las frases que siguen y en turno con su pareja, explique cómo Ud. quisiera terminar la frase.

1. Antes de morir quiero . . .
2. Cuando no tengo nada que hacer, me gusta . . .
3. Yo tengo más que el leopardo porque tengo . . .
4. Cuando tengo mucha rabia, yo . . .
5. Yo sonrío cuando . . .

Expresión escrita

COMPOSICIÓN GUIADA

Carta a un(a) amigo(a) epistolar°. Imagine que Ud. va a escribir su primera carta a un(a) amigo(a) epistolar que vive en España. Use las preguntas y algunas de las palabras sugeridas para escribir tres párrafos° presentándose a su nuevo(a) amigo(a). Si quiere, puede imaginar que Ud. es una persona exagerada, ridícula o extraña.

---

amigo(a) . . . *pen pal* **párrafo** *paragraph*

Empiece su carta **Querido(a) . . .** y termínela con una expresión como **Tu amigo(a)** y su nombre.

Párrafo 1. ¿Cómo es Ud. físicamente? alto(a), bajo(a), de estatura mediana, rubio(a), moreno(a), pelirrojo(a), canoso(a)° ¿De qué color tiene los ojos? negros, azules, verdes ¿Cómo es su personalidad? sincero(a), apacible, complaciente, envidioso(a), altanero(a), contento(a), descontento(a), desequilibrado(a), optimista, pesimista ¿Cómo es su familia? grande, pequeña, hermano(a), mayor, menor ¿De dónde es su familia originalmente? ¿Hace cuánto tiempo vive en . . . (su ciudad)? ¿Por qué vino Ud. o su familia a esta ciudad?

Párrafo 2. ¿En qué se especializa Ud.? ¿Qué materias estudia Ud. este semestre? ¿Cuál es su clase más interesante / menos interesante? ¿Cómo es su horario? ¿Trabaja en casa o fuera de la casa? ¿Cómo es el trabajo? ¿Cuáles aspectos del trabajo le gustan? ¿Cuáles no le gustan? ¿Qué le gusta hacer en su tiempo libre? ¿Que hace Ud. generalmente los fines de semana? ¿Qué planes tiene Ud. para las próximas vacaciones?

Párrafo 3. ¿Cómo es su universidad? grande, pequeña, moderna, antigua, pública, privada, bonita, fea ¿Qué aspectos de la universidad le gustan? ¿Qué aspectos no le gustan? ¿Cómo es su ciudad? Si su amigo(a) viene de visita, ¿qué lugares de interés debe ver y por qué debe verlos? ¿Cuál es el mejor parque en la ciudad o cerca de la ciudad? ¿Qué se puede hacer en ese parque? ¿Cuáles tiendas y centros comerciales° recomienda Ud.? ¿Qué es algo muy importante que su amigo(a) debe saber acerca de su ciudad?

Para terminar. Por fin, ¿cuáles son algunos de los aspectos interesantes de su vida en los Estados Unidos que su amigo(a) debe saber?

Cultura

La afirmación de la personalidad humana, del individuo como ser racional, es esencial para todos.

Cada una de las selecciones en este capítulo da un ejemplo de la importancia del «yo» en la literatura. En la lectura que sigue, se enfoca este concepto en una sentido más amplio—el yo social visto por extranjeros al encontrarse con otra cultura. En el ensayo se incluyen algunas de las observaciones de los espanoles Fernando Díaz-Plaja y Miguel Delibes sobre los Estados Unidos.

Según la lectura que sigue, ¿cómo forma un extranjero su concepto de los Estados Unidos? ¿Cómo compararía él su cultura con la cultura de nuestro país?

---

canoso(a) *white-haired* **centros . . .** *shopping centers*

A través de los ojos de otra cultura

Cuando los extranjeros visitan los Estados Unidos, al describir nuestra cultura nos dan una nueva comprensión de nosostros así como de ellos mismos y de su cultura. Dos españoles que han residido en los Estados Unidos han publicado sus impresiones sobre la cultura de nuestro país.

Fernando Díaz-Plaja escribió primero las características de su propia cultura en su libro titulado *Los siete pecados capitales*° *en España.* Después de vivir ocho años en los Estados Unidos escribió *Los siete pecados capitales en Estados Unidos.* En ambos libros él observa los aspectos en que las personas de los dos países cometen los pecados capitales de soberbia°, avaricia°, lujuria°, ira°, gula°, envidia° y pereza°.

Comentando sobre la soberbia, Diaz-Plaja nota la tendencia que tienen los americanos a querer que todo lo suyo sea lo más grande y lo mejor: «El edificio que se construye tiende a ser el más alto del globo, el puente el más largo, el dique el más ancho». También nota que los americanos llaman a su campeonato de béisbol la «Serie Mundial» y él se pregunta por qué no invitan a un equipo del Japón, por ejemplo, a jugar para que en realidad sea una serie mundial. Pero Díaz-Plaja dice que esta actitud de superioridad está compensada por dos características: el amor a la verdad y el respeto a lo ajeno.

Con respecto a la avaricia, Díaz-Plata comenta:

> Si por avaricia entendemos falta de generosidad, los Estados Unidos de Norteamérica no saben lo que es este pecado.
>
> Si por avaricia entendemos obsesión por el dinero, supervaloración de lo material, entonces los Estados Unidos es el pueblo más avaro del mundo.

Otro escritor español que pasó una temporada en los Estados Unidos es Miguel Delibes. En su libro «USA y yo» Delibes nota algunas de las mismas características que Díaz-Plaja, tales como influencias de nuestro pasado puritano, el ambiente rural evidente en las casas en los suburbios con sus jardines grandes, y con el ubicuo° automóvil.

Delibes encuentra que los americanos tienen la tendencia a ser reservados, notando que «. . . cada americano, cada familia americana vive en una isla; cada casa es una pequeña «granbretaña» y el césped° que la rodea un mar». A los americanos no les interesa mucho comunicarse con las personas con quienes se ponen en contacto. Este hecho les llama la atención a los españoles, «. . . acostumbrados como estamos a entablar diálogo con el primero que se nos pone a tiro°, bien en el bar, bien en la calle, bien en la barbería».

Los dos, Díaz-Plaja y Delibes, describieron las caracaterísticas típicas en los Estados Unidos de los años 60. Desde entonces, bajo la monarquía democrática del

---

Los siete . . . *The seven deadly sins* **soberbia** *pride* **avaricia** *avarice* **lujuria** *lust*
ira *ire, wrath* **gula** *gluttony* **envidia** *envy* **pereza** *sloth, laziness*
ubicuo *ubiquitous, ever-present* **césped** *grass, lawn* **se nos pone a tiro** *comes our way*

rey Juan Carlos de Borbón, han ocurrido muchos cambios en España. En la introducción a la edición de 1980 de su libro, Delibes escribe que España se ha puesto más y más como los Estados Unidos. Que lo que antes eran cosas típicamente norteamericanas, como la manera de vestir y las costumbres, son hoy parte de todos los países de la Europa Occidental. El nota: «Han bastado quince años . . . para que nuestras abuelas, que parecían instituciones inconmovibles, desaparezcan, nuestros viejos estorben°, nuestros adolescentes se empancipen; nuestros niños se droguen; y nuestros miedos° se identifiquen con los miedos americanos.

DISCUSIÓN

Discuta con otra persona, sus respuestas a las preguntas siguientes.

1. Considere la cultura de los Estados Unidos. ¿Puede Ud. dar otros ejemplos de los pecados mencionados? ¿De los otros pecados?
2. ¿Por qué han ejercido los Estados Unidos tanta influencia en la cultura de otros países? Ud. puede dar ejemplos del cine, de la televisión, la música, y la prensa°.

---

estorben *are in the way* **miedos** *fears* **prensa** *press*

2 Medios de vida

▷ **ESTRATEGIAS DEL BUEN LECTOR**
Deducir el significado de palabras por el contexto

▷ **LECTURAS**
«Científicos mexicanos: Alfonso Serrano Pérez Grovas» Concepción Villeda V.
«Un caso clínico» (trozo) Rómulo Gallegos
«El vestido de terciopelo» Silvina Ocampo

▷ **DISCUSIÓN**

▷ **EXPRESIÓN ESCRITA**
Composición guiada
Recomendaciones para empleos

▷ **CULTURA**
Cambios de actitud: ¡Vuelva Ud. hoy!

Estrategias del buen lector

DEDUCIR EL SIGNIFICADO DE PALABRAS POR EL CONTEXTO

Understanding context, when you know a few key words, enables you to infer the probable meanings of unfamiliar words. Context may refer to the background situation, or culture that pertains to a passage, as well as to the words, phrases, and sentences that surround a particular word or phrase.

The following strategies may help you to use context to interpret meaning.

1. In order to understand more of the context on which to base your guess, check vocabulary only after you've read to the end of the paragraph.
2. When you begin a story, look for the beginning of the action. Don't be discouraged if at the beginning of a story you find many words you don't know. The story opening usually gives background information and sets the scene. It therefore relies more heavily on a wealth of adjectives and nouns, while the actions that come later will be easier to follow.
3. Use adjectives and adjective phrases to guess nouns and vice versa. Use adverbs to understand verbs and vice versa.
4. Consider the culture and any cultural contexts explained in the introductory material to interpret the setting and action of a story.

The following passages are from an article in this chapter about a famous Mexican astronomer. Read the *Antecedentes* on page 20 and then, using context, guess the meaning of the words in boldface.

- Obtuvo el **título** de **Físico** de la **Facultad** de Ciencias de la UNAM (Universidad Nacional Autónoma de México) en 1973.
- Se doctoró en **Astrofísica** en la Universidad de Sussex, Inglaterra entre 1974 y 1978.

You can see that given the university context, **título** must mean *degree.* Comparing **Fíisica** and **Astrofísica,** and remembering spelling for cognates, you can judge that they mean *Physics* and *Astrophysics* respectively. Then you can infer that **Facultad** does not refer to the faculty, but to the *College* of Sciences.

Beginning with this chapter, unfamiliar words that you probably can guess through context are not glossed unless they are included as active vocabulary in the exercises. If you can't guess a word, however, you can check it in the vocabulary at the end of the book.

ACTIVIDADES

A. In part 1 of the story «Un caso clínico», the words you should be able to guess are marked in boldface. Using the context and the unfamiliar words glossed at the bottom of the page, guess their meanings. Make a list and then see how close you came by checking the vocabulary section in the back of your book. Note, that as mentioned above, there are many new words in the first part, but once you read on into the second part, there are not so many.

B. Do the same thing for part 1 of «El vestido de terciopelo», page 26.

Lecturas

ANTECEDENTES

«Medios de vida» means ways of earning a living. In this chapter you will read an interview with an astronomer, and stories about a doctor and a dressmaker. One of the current features of the Mexican monthly magazine *Muy importante* is interviews with Mexican scientists. The selection that follows gives some information and part of the interview with Dr. Alfonso Serrano, Director of the Astronomy Institute at the National University.

Where did Dr. Serrano study astronomy and what did he specialize in? To what other field of study does he compare astronomy?

Científicos mexicanos: Alfonso Serrano Pérez Grovas

El hombre y su circunstancia

Alfonso Serrano Pérez Grovas, astrónomo.

- Nació en la Ciudad de México el 1 de febrero de 1950.
- Obtuvo el título de Físico en la Facultad de Ciencias de la UNAM en 1973.
- Se doctoró en Astrofísica en la Universidad de Sussex, Inglaterra entre 1974 y 1978.
- Obtuvo la especialidad en Matemáticas Aplicadas en 1974, en la Universidad de Cambridge, Inglaterra.
- Es especialista en temas relacionados con la formación y evolución galácticas; astronomía observacional; astrofísica teórica; física del medio interestelar°, dinámica galáctica; cosmología; algoritmos de uso general, análisis de imágenes; programación en lenguaje de máquina, y manejo de catálogos astronómicos.
- Es investigador° Titular *A* de tiempo completo desde 1984.
- Es jefe del Departamento de Astrofísica Computacional desde 1985.
- Actualmente° es director del Instituto de Astronomía de la UNAM.

---

medio interestelar *interstellar environment* **investigador** *researcher*
Actualmente *presently*

«La astronomía es una actividad maravillosa . . . es como aprender historia humana. La diferencia es que ésta es demasiado pequeña comparada con la historia del universo. Mientras que los antecedentes más próximos que se tienen sobre el posible surgimiento del hombre son de hace dos millones de años, el universo, se sabe, tiene una antigüedad cercana a los diez mil millones de años. Entonces, estudiar astronomía es como aprender historia . . . pero con palabras mayores.»

Palabras del doctor Alfonso Serrano, un hombre que en un principio se dedicó a la ciencia por necesidad, y más tarde por amor a ella. Fue la doctora Paris Pishmish, quien lo invitó, cuando todavía no tenía bien definido a qué parte de la física dedicarse, a participar como su auxiliar. Desde entonces, él ha entregado sus años de investigación al estudio y desarrollo° de las estrellas y nebulosas planetarias.

Concepción Villeda V., México
Muy importante

I. Primera lectura ¿Qué? ¿Quién? ¿Cuándo? ¿Dónde?

Encuentre en la lectura:

1. cuándo y dónde nació el doctor Serrano
2. dónde y cuándo cursó sus estudios
3. en qué materias se especializa
4. qué puestos ha desarrollado en la Universidad y qué trabajo hace actualmente
5. la posible edad del ser humano en el planeta
6. la edad aproximada del universo
7. la persona que influyó en él para que Serrano se dedicara a la astronomía

II. Segunda lectura ¿Cómo? ¿Por qué?

1. ¿Cuales son las diferencias entre la historia y la astronomía?
2. ¿En qué se parecen la historia y la astronomía?

III. Conclusiones y opiniones

1. ¿Qué habilidades se necesitan para ser astrónomo(a)?
2. Si Ud. fuera astrónomo(a), ¿cuáles aspectos del trabajo le interesarían? ¿Cuáles aspectos no le interesarían?

IV. Vocabulario

Use las palabras o frases para crear oraciones en español sobre sus profesores u otras personas que Ud. conozca.

---

desarrollo *development*

designar sus propias horas de trabajo? ¿Está el empleado en control de las circunstancias del trabajo o hay otros que deciden? ¿Por qué es importante o no? ¿Cómo son las vacaciones?

Los colegas y los clientes. ¿Qué interacción puede haber entre los colegas y el empleado? ¿Entre los clientes (pacientes, estudiantes) y el empleado? ¿Puede ser agradable o desagradable esta interacción? Dé Ud. ejemplos.

En resumen. ¿Qué es lo que más se destaca° en este empleo? ¿Cómo es el mercado hoy día? ¿Por qué? ¿Qué cualidades necesita la persona para este empleo? Por todas estas razones, ¿recomienda Ud. el empleo° o no, o lo recomienda sólo bajo ciertas condiciones?

Cultura

La lectura que sigue presenta una opinión exagerada de la actitud del español hacia el trabajo y la puntualidad.

¿Hasta qué punto es creíble la opinión de Larra? ¿Cómo podría compararse con el concepto de la puntualidad que tiene el anglosajón?

Cambios de actitud: ¡Vuelva Ud. hoy!

Durante casi siglo y medio la actitud del español hacia las transacciones de negocios podría resumirse en el ensayo° «Vuelva usted mañana» escrito por el satírico español Mariano José de Larra en 1833. Larra cuenta lo que le sucedió al francés Monsieur Sans-délai, cuando fue a España para resolver unos asuntos familiares relacionados con uno de sus antepasados° españoles, y al mismo tiempo invertir° grandes cantidades de dinero en alguna empresa industrial o mercantil.

Con unas cartas de recomendación que le dan para el autor, Monsieur Sans-délai se propone resolver esos asuntos en quince días. El se sorprende cuando el autor le dice que más bien va a necesitar por lo menos quince meses, pero de todos modos se dispone a ayudarlo.

Primero van a ver a un genealogista para investigar el asunto de los antepasados de Sans-délai. Después de unos días vuelven a la casa del genealogista donde la criada les dice:

> —Vuelva usted mañana —nos respondió la criada—, porque el señor no se ha levantado todavía.
>
> —Vuelva usted mañana —nos dijo al siguiente día—, porque el amo acaba de salir.
>
> —Vuelva usted mañana —nos respondió el lunes siguiente—, porque hoy ha ido a los toros°.

---

se destaca *is outstanding* **empleo** *occupation* **ensayo** *essay* **antepasados** *ancestors* **invertir** *to invest* **toros** *bullfight*

—¿Qué día, a qué hora se ve a un español? Vímosle° por fin, y «Vuelva usted mañana —nos dijo—, porque se me ha olvidado. Vuelva usted mañana, porque no está en limpio».

Varios otros proyectos implican más demoras°—econtrar un traductor, mandar hacer un traje, transacciones de negocios en varias oficinas del gobierno, hasta que entre una cosa y otra pasó medio año. Al fin, cuando le responden, le niegan° la petición que había hecho para invertir dinero. Entonces el francés le dice al narrador:

—¿Para esto he hecho yo mi viaje tan largo? ¿Después de seis meses no he conseguido sino que me digan en todas partes diariamente: *Vuelva usted mañana,* y cuando este dichoso° *mañana* llega en fin, nos dicen redondamente que *no* ¿Y vengo a darles dinero? ¿Y vengo a hacerles favor? Preciso es° que la intriga más enrededada° se haya fraguado° para oponerse a nuestras miras°.

—¿Intriga, monsieur Sans-délai? No hay hombre capaz de seguir dos horas una intriga. La pereza° es la verdadera intriga; os juro que no hay otra; ésa es la gran causa oculta: es más fácil negar las cosas que enterarse de° ellas.

España ha cambiado radicalmente desde los tiempos de Larra. En la década de los '80, España llegó a ocupar un lugar entre los diez países más industrializados del mundo.

Las prácticas diarias de negocios han cambiado también. Para aumentar su eficiencia, varios negocios tienen ahora un descanso más corto para el almuerzo «hora corriente», en vez de la famosa larga siesta de antaño°.

En 1992 con la disolución las barreras al comercio entre los países de la Comunidad Europea España ya está en condiciones de beneficiarse como miembro completo de la Europa moderna. Nada de esto hubiera sido posible si las actitudes que critica Larra fueran todavía prevalecientes. En realidad, la actitud de hoy hacia el trabajo en España no es «Vuelva usted mañana» sino «Vuelva usted hoy».

DISCUSIÓN

Comente con un(a) compañero(a) los siguientes temas:

1. Mencione algunos ejemplos de ironía y sátira en lo que escribe Larra.
2. ¿Ha tenido usted una experiencia donde demoraron mucho en arreglar un asunto? Cuéntela.
3. ¿Será posible que algún día los Estados Unidos se una a los países de la América Latina para formar una «Comunidad Americana» parecida a la Comunidad Europea?

Vimosle-Le vimos *We saw him* **demoras** *delays* **niegan** *they deny* **dichoso** *lucky* **Preciso es** *It's clear* **enrededada** *complicated* **se haya . . .** *has been plotted* **miras** *purposes* **pereza** *laziness* **enterarse de** *to find out about* **antaño** *yesteryear*

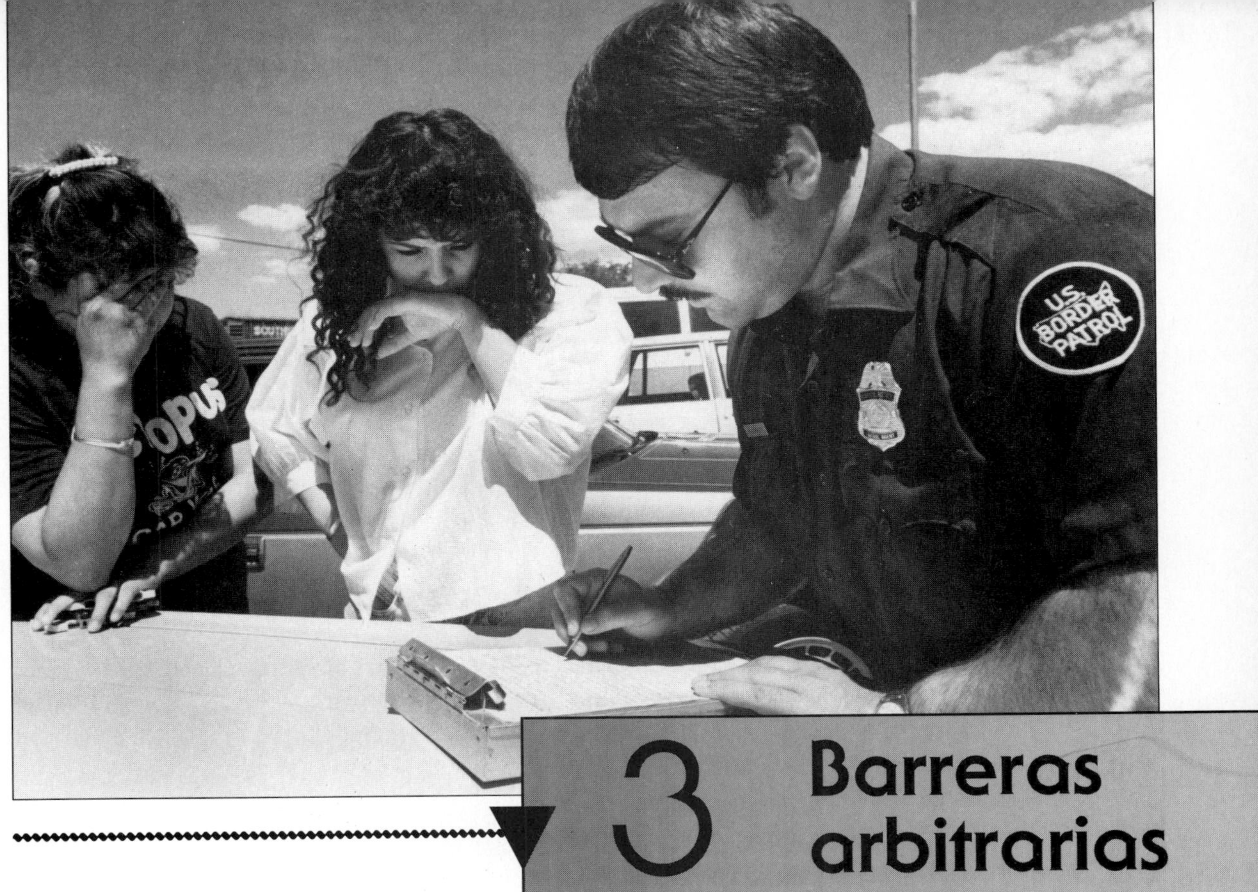

3 Barreras arbitrarias

▷ **ESTRATEGIAS DEL BUEN LECTOR**
Comprender prefijos, sufijos, y verbos compuestos

▷ **LECTURAS**
«Confiscan contrabando»
«Recordando nuestro miedo de la migra» Jesús de Mena
Los de abajo (trozo) Mariano Azuela

▷ **DISCUSIÓN**

▷ **EXPRESIÓN ESCRITA**
Describir personas: Contrabandistas

▷ **CULTURA**
¡Abajo las barreras!

Estrategias del buen lector

PREFIJOS Y SUFIJOS

Clues to the meanings of words, especially longer ones, can often be found in their component parts. A prefix is a syllable or syllables joined to the beginning of a word. Prefixes change the meaning of words or create new words.

leal *loyal* — **desleal** *disloyal*
aventura *adventure* — **malaventura** *misfortune*

A suffix is a syllable or syllables added to the end of a word. Suffixes change the meaning of words, alter the grammatical form, or create new words.

trabajo *work (n)* **trabajar** *to work (v)* **trabajador(a)** *hard-working (adj.)*

ACTIVIDAD

Estudie la lista de palabras y encuentre una palabra apropiada en forma y significado para cada espacio. Si cree que hay más de una palabra correcta, ¡escoja!

1. *Confiscan contrabando*

equipo (*n*) *equipment*
joya (*n*) *jewel*
proceder (*v*) *to proceed*
equipaje (*n, m*) *suitcase*
joyería (*n*) *jewelry, jewelry supply/store*
procedente (*adj.*) *proceeding/coming from*

Ningún viajero . . . de Los Angeles reclamó las maletas. Los dueños del . . . lo abandaron en las salas de la Aduana. Dejaron ropa de marca, televisores en miniatura, y una gran cantidad de. . . .

2. *Recordando nuestro miedo de la migra°*

rápido (*adj.*) — **rapidez (*f, n*)** *rapidity* — **rápidamente (*adv.*)** *rapidly*
barco (*n*) *ship* — **embarcar (*v*)** *to ship* — **embarcación (*n*)** *embarcation, ship*
lejos (*adv.*) *far* — **alejar (*v*)** *to put at a distance*
nacimiento (*n*) *birth* — **nacer (*v*)** *to be born*
ilegal (*adj.*) — **legalizar (*v*)** — **ilegalmente (*adv.*)**
inmigración (*n*) — **inmigrar (*v*)** — **migratorio(a) (*adj.*)**
inmigrante (*n*)

---

migra *(coll.)* = *inmigración*

a. Era nuestro primer viaje en un(a). . . . Mis padres entraron. . . . Ellos no pudieron . . . su situación hasta mucho más tarde y se hicieron . . . legales.
b. En esos días, cuando venía la migra al barrio, gritábamos «¡La migra!» al ver a los oficiales, y nuestras casas se convertían . . . en lugares obscuros.
c. Mi certificado de . . . era mi posesión más preciosa. Mi mamá sabía que este documento podría protegerme de un oficial de la . . . igual que un crucifijo podría . . . al diablo.

3. *Los de abajo*

belleza (*n*) *beauty*
embellecer *to embellish*
bello (*adj.*) *beautiful*
mostrar (ue) (*v*) *to show*
mostrador (*n, m*) *counter*
cargar (*v*) *to load*
encargarse de *to take charge of*
fusil (*n, m*) *gun*
fusilar *to shoot*

a. Los dos soldados se sentaban en el . . . de una cantina. Hablaban de Pancho Villa.
b. Con el tiempo los soldados iban a . . . la historia de ese famoso guerrillero.
c. Un soldado cuenta que si a Villa no le gusta una persona, él lo manda. . . .
d. Pancho Villa iba a . . . de robar a los ricos para ayudar a los pobres.

VERBOS COMPUESTOS

Compound verbs are made up of a prefix and a common verb. If the root verb is irregular or stem-changing, the compound verb has the same irregularity or stem change.

ACTIVIDAD

Estudie los grupos de verbos que siguen. Escoja el infinitivo correcto para cada oración y conjúguelo en el presente indicativo.

1. **volver (o > ue)** *to return* **devolver** *to give back* **envolver** *to wrap up*

a. Los contrabandistas no . . . por su contrabando.
b. Los agentes lo . . . y lo ponen en cajas grandes para guardarlo.
c. Nunca lo . . . a los contrabandistas.

2. **poner** *to put, set*
exponer *to expose*
proponer(se) *to propose*
imponer *to impose*
disponer *to dispose*

a. Los padres . . . hacerse ciudadanos lo más pronto posible.
b. Para la mamá el certificado de nacimiento es muy importante y lo . . . en un lugar seguro.
c. Cuando viene la migra, los padres . . . silencio a todos.
d. Es el Servicio de Inmigración que . . . de los casos de los ilegales.

3. **seguir (e > i)** *to follow, continue* **conseguir** *to get* **perseguir** *to pursue*

a. Las leales tropas de Villa lo . . . hasta cruzar la frontera con Tejas.
b. Las tropas norteamericanas los . . . a lo largo de la frontera con Tejas.
c. Por fin las tropas de Villa . . . la victoria.

4. **transferir (e > ie, i)** *to transfer* **inferir** *to infer*
diferir *to differ* **referir** *to refer*

a. El ejército cree que los soldados de Villa . . . mucho del resto de los soldados porque tienen materiales de los Estados Unidos.
b. Solís se . . . a Huerta cuando lo llama «la víbora».
c. Al hablar así, él . . . que Huerta es un hombre en quien no se debe confiar.
d. Muchas veces los soldados de Villa . . . su animosidad a Huerta.

Lecturas

ANTECEDENTES

This report deals with the finding of contraband articles by customs agents. Where did the agents find the articles? What did the contraband consist of?

Confiscan contrabando

Agentes de la Aduana del Aeropuerto Internacional de la Ciudad de México localizaron en la terminal aérea once maletas llenas de artículos de contrabando que habían sido traídas de Los Angeles, California y que tenían un valor aproximado de 47.000 dólares.

Voceros° de la Aduana del aeropuerto dijeron que ninguno de los pasajeros del vuelo procedente de Los Angeles reclamó las maletas que contenían ropa de marca°, televisores en miniatura, aparatos de radio para automóvil, joyería, y otros productos de contrabando.

Los portavoces° indicaron que los dueños del equipaje° aparentemente lo dejaron en las bandas° de las salas de Aduana del aeropuerto por el temor de ser detenidos por las autoridades.

La Voz, Houston

I. Primera lectura ¿Qué? ¿Quién? ¿Cuándo? ¿Dónde?

Diga si el contenido de cada oración es cierto o no. Si no es cierto, corríjalo.

1. El contrabando fue encontrado por agentes de la Aduana en Los Angeles.
2. El contrabando tenía un valor de un poco menos de cincuenta mil dólares.
3. Los contrabandistas reclamaron su contrabando.
4. Entre los productos de contrabando había televisores, radios, y ropa de marca.
5. Los contrabandistas dejaron su equipaje en las bandas de las salas de la Aduana del aeropuerto.

---

voceros *spokespersons* **ropa . . .** *brand-name clothing* **portavoces** *spokespersons*
equipaje *luggage* **bandas** *conveyer belts*

II. Segunda Lectura ¿Cómo? ¿Por qué?

Encuentre la respuesta que explica el cómo o el por qué de las acciones de los contrabandistas.

1. ¿Cómo llevaron el contrabando?

a. En maletas llevadas en automóvil.
b. En maletas llevadas por avión.
c. En equipaje llevado por barco.

2. ¿Por qué querían llevar a México ropa de marca, televisores en miniatura, y aparatos de radio para automóvil?

a. Probablemente los productos son de Japón y los japoneses no venden productos en México.
b. Probablemente son peores que los productos mexicanos.
c. Esos productos deben costar menos en los Estados Unidos.

3. ¿Por qué dejaron el contrabando en las bandas de las salas de la Aduana?

a. Porque los dueños llegaron en un vuelo diferente.
b. Tenían otras maletas y no podían llevarlo todo.
c. Tenían miedo de ser descubiertos.

III. Conclusiones y opiniones

1. El contrabando descrito en el artículo fue llevado de los Estados Unidos a México. ¿Qué artículos podría incluir una carga de contrabando transportada a California de México?
2. ¿Qué motivos hacen lucrativo el contrabando de ciertos artículos? Dé Ud. algunos ejemplos.
3. Imagine que Ud. quiere transportar algo de contrabando. ¿Qué sería? ¿Dónde o cómo lo escondería?

IV. Vocabulario

Organice las listas de palabras en grupos relacionandolas según las tres categorías: **La aduana, El aeropuerto** y **El contrabando.** Después, escriba oraciones usando las palabras de cada categoría.

ropa de marca	equipaje	agentes
agentes	voceros	televisores en miniatura
joyería	contrabando	bandas
terminal aérea	aparatos de radio	portavoces

ANTECEDENTES

In «Recordando nuestro miedo de la migra», Jesús de Mena reminisces about what it was like to be a child in a family of undocumented workers. What must life have been like for a child whose parents had no legal status in the United States? What was their life like when they were migrant farm workers in the Midwest?

Recordando nuestro miedo de la migra

1La luna se asomó a través de un velo de nubes altas, arrojando° una luz suave que nos ayudó a encontrar el sendero° hacia la margen fangosa° del río.

Mis dos hermanos y yo estábamos tan emocionados como asustados°.

Emocionados porque era nuestro primer viaje en una embarcación. Asustados porque estábamos cruzando el Río Grande, entrando ilegalmente en Estados Unidos.

2Aunque nosotros habíamos nacido en este país, nuestros padres eran oriundos° de México y no tenían «tarjetas verdes». Habíamos salido de los Estados Unidos un mes antes para atender algunos asuntos familiares en México. Ahora era hora de regresar al sur de Tejas.

Mis hermanos y yo éramos demasiado jóvenes para viajar por nuestra cuenta. De modo que tuvimos igualmente que deslizarnos° subrepticiamente dentro del país como ladrones° nocturnos.

3Nuestra entrada fue muy distinta a la de los inmigrantes europeos que bailaban y gritaban y saltaban de alegría cuando vieron por primera vez la Estatua de la Libertad en el puerto de Nueva York.

Nuestra llegada fue misteriosa y solitaria, en la cual sólo los grillos° y los remos° rompían el silencio.

4Mis padres no legalizaron su situación hasta que yo tenía seis años de edad. Hasta entonces, llevábamos una existencia sombría°, algunas veces yéndonos a dormir al ponerse el sol°, por miedo de que nuestras luces nocturnas orientaran a la «migra» (Patrulla Fronteriza°) hacia nuestra puerta.

Esto no significa que nuestras vidas fueran todo tristeza. Nuestros barrios de inmigrantes se llenaban de vida a menudo con los radios que tocaban las polkas mexicanas vibrantes y los niños juguetones° que gritaban y reían. Pero el fantasma de la «migra» siempre se hacía presente.

5Nosotros, los jóvenes, estábamos adiestrados para hallarnos sobre aviso° en cuanto a los agentes vestidos de verde. Siempre que veíamos sus camiones de patrullaje°, corríamos por callejones° gritando: «¡La Migra!, ¡La Migra!».

Esas palabras convertían a nuestros barrios llenos de vida en un claustro° sombrío de casas obscuras, con tanta rapidez como uno pudiera apagar una vela°.

---

arrojando *throwing* **sendero** *path* **fangosa** *muddy* **asustados** *frightened* **oriundos** *natives of* **deslizarnos** *to slip* **ladrones** *thieves* **grillos** *crickets* **remos** *oars* **sombría** *dark, shadowy* **al ponerse el sol** *as the sun set* **Patrulla . . .** *Border Patrol* **juguetones** *playful* **adiestrados** *skilled* **sobre . . .** *on the alert* **camiones . . .** *patrol cars* **callejones** *alleyways* **claustro . . .** *cloister* **apagar . . .** *to put out a candle*

Hasta los pequeñitos aprendían a estar tan tranquilos como un muerto mientras se ocultaban° en rincones° con sus padres con la esperanza y la oración° de que aquella noche no fuera la noche en que los deportaran.

[6]La «migra» afectaba nuestras vidas de tal modo que° hasta penetraba en nuestras tradiciones culturales. La tradicional bendición de mi madre cuando yo me ausentaba de la casa, por ejemplo, abarcaba° una entrega ritualista de lo que ella consideraba mi propiedad más preciosa—mi certificado de nacimiento.

«Tenlo siempre a tu lado. Te protegerá», decía ella con reverencia.

Ella hablaba sobre aquel documento en términos casi místicos. Me hacía sentir como si yo estuviera emprendiendo° un viaje a través de una tierra infestada por vampiros y ella estuviera dándome un crucifijo° de plata para alejar° a los demonios vestidos de verde.

Eso me hacía preguntarme lo que ocurriría si yo mostraba a la «migra» el pedazo° de papel azul descolorido. ¿Se estremecerían de horror y se alejarían corriendo histéricamente lejos de mí?

[7]Aun cuando nuestros padres llegaron a ser residentes legales, nuestras aventuras de inmigrantes continuaron. Nos convertimos en trabajadores agrícolas migratorios. Me asombra de qué modo las familias que tenían cinco, seis, y siete niños podían empacar la ropa, el alimento°, las mantas°, almohadas°, cazuelas° y sartenes° en vehículos antiguos y destartalados° y viajar miles de millas a través del Medio Oeste, como lo hacíamos nosotros.

Debido a que los autos eran viejos y tenían probabilidades de romperse, las familias viajaban en grupos para ayudarse recíprocamente. Siempre se podía detectar a una caravana de migratorios por los pañales mojados° que volaban libremente de algunas ventanillas de los autos.

[8]Respeto a mis padres por haber tenido el valor de atravesar un país cuyo idioma no hablaban, cruzando en varias direcciones por estados cuyos nombres no podían pronunciar. Aquellos de nosotros que habíamos aprendido inglés en la escuela, teníamos que estudiar los mapas de carreteras para saber que, cuando ellos hablaban de ir a «Arrquenso», querían decir el estado de Arkansas, o que «Mishiga» era, en realidad, Michigan.

[9]Esta nación fue fundada y edificada por inmigrantes. Cada ola° sucesiva de recién° llegados ha agregado° a su fuerza y diversidad cultural.

Es triste el advertir° que a estos inmigrantes se les saluda frecuentemente con una hostilidad que niega° las palabras compasivas grabadas en la Estatua de la Libertad.

Creo que es hora de que tomemos en serio el mensaje de la Señora.

Jesús de Mena, E E. U U.
"Hispanic Link," *La voz,* Houston

---

se ocultaban *they hid* **rincones** *corners* **oración** *prayer* **de tal . . .** *in such a way that* **abarcaba** *included* **emprendiendo** *undertaking* **crucifijo** *crucifix* **alejar** *to keep away* **pedazo** *piece* **alimento** *food* **mantas** *blankets* **almohadas** *pillows* **cazuelas y sartenes** *cooking pots and skillets* **destartalados** *shabby* **pañales mojados** *wet diapers* **ola** *wave* **recién** *recently, newly* **agregado** *added* **advertir** *to note* **niega** *denies*

I. Primera lectura ¿Qué? ¿Quién? ¿Cuándo? ¿Dónde?

Escoja la alternativa correcta. El número de la pregunta corresponde al trozo numerado de la lectura.

1. ¿Es de día o es de noche? ¿Están entrando legal o ilegalmente?
2. ¿Han nacido los hijos en Estados Unidos o México? ¿Y los padres? ¿Tenían los hijos suficientes años para hacer el viaje solos o tenían que ir acompañados de los padres?
3. ¿Fue la entrada de Jesús y su familia en este país como la de los europeos o diferente? ¿Fue silenciosa o ruidosa la llegada?
4. ¿Legalizaron los padres su situación o siguieron siendo ilegales? ¿En los barrios era alegre la vida o era todo tristeza?
5. ¿Los niños avisaban o no cuando venía la «migra»? Se escondían todos o solamente los niños?
6. Para la mamá ¿cual era el documento más importante—el certificado de seguro social o el certificado de nacimiento? ¿Hablaba ella del documento como algo religioso o como algo muy práctico?
7. ¿Eran nuevos o eran viejos los autos en que viajaban los migrantes? ¿Las familias viajaban solas o viajaban en grupos?
8. ¿Pronunciaban los padres bien o mal el inglés? ¿Podían los niños leer inglés o no?
9. ¿Han contribuido los inmigrantes a la debilidad o a la fuerza del país?

II. Segunda Lectura ¿Cómo? ¿Por qué?

Encuentre la frase o frases que explica(n) el resultado de cada acción.

1. Jesús y sus hermanos estaban emocionados y asustados al cruzar el Río Grande porque . . .

   a. temían que la policía los detuviera.
   b. era la primera vez que iban a cruzar.
   c. tenían miedo de asistir a la escuela.
   d. tenían miedo de la «migra» mexicana.

2. Aunque los niños habían nacido en los Estados Unidos, tenían que entrar ilegalmente en los Estados Unidos porque . . .

   a. eran demasiado jóvenes para viajar solos.
   b. no tenían certificado de nacimiento.
   c. tenían que ayudar a sus padres.
   d. sus padres no sabían hablar inglés.

3. La entrada de la familia de Jesús fue muy diferente a la de los inmigrantes europeos . . .

   a. porque tenían que entrar silenciosamente.
   b. porque no entraron por Nueva York sino por el Río Grande.
   c. porque tenían que esconderse de las autoridades.
   d. por todos estos motivos.

4. Cuando llegaba la «migra» a los barrios hispanos, los niños corrían por las calles gritando que la «migra» venía porque . . .

   a. la «migra» iba a repatriarlos.
   b. todos necesitaban escaparse del barrio.
   c. tenían que esconderse lo mejor que pudieran.
   d. la «migra» trataba muy mal a los hispanos.

5. El documento más importante era el certificado de nacimiento porque . . .

   a. servía de «tarjeta verde».
   b. era como un símbolo religioso.
   c. quería decir que Jesús podía quedarse legalmente.
   d. los padres lo habían perdido.

6. Después de legalizarse, la familia continuaba viajando porque . . .

   a. trabajaba en la agricultura.
   b. todavía los buscaba la «migra».
   c. los niños necesitaban asistir a una escuela.
   d. los niños estaban enfermos.

7. Viajaban en grupos porque . . .

   a. necesitaban seguridad.
   b. no sabían hablar inglés.
   c. los vehículos eran viejos y podían romperse.
   d. los dueños de las haciendas pagaban muy poco.

8. El autor cree que es hora que tomemos en serio el mensaje de la Estatua de la Libertad porque . . .

   a. se les da a los inmigrantes una bienvenida muy cordial.
   b. los inmigrantes han contribuido a la diversidad cultural y a la fuerza de la nación.
   c. muchos hispanos también quieren entrar por Nueva York.
   d. no es un mensaje solamente para los que han nacido en Europa.

III. Conclusiones y opiniones

1. ¿Cuál es el propósito del artículo? ¿Persuadir? ¿Entretener? ¿Dar un informe objetivo y cierto? ¿Informar sobre datos históricos? Busque en el artículo frases y oraciones para apoyar su punto de vista.
2. Describa la comparación que hace el autor entre el certificado de nacimiento y el crucifijo de plata, y entre los agentes de inmigración y los vampiros. Puede usar las palabras **mostrar, estremecerse de horror, alejarse.**
3. ¿Cuáles son los documentos que son obligatorios en los Estodos Unidos y para qué sirven? Por ejemplo, ¿para matricularse en la escuela? ¿para manejar un auto? ¿para salir al extranjero?
4. ¿Para qué sirven los documentos? ¿En realidad son necesarios? ¿Puede usted imaginar un país dónde no se requiera ningún documento? ¿Como sería?

5. ¿Ha tenido Ud. una experiencia molesta por falta o error de los documentos, o conoce Ud. a alguien que haya tenido tal experiencia? Cuente algo de lo que pasó.

IV. Vocabulario

A. Encuentre palabras de la lista para completar las oraciones.

ponerse el sol	puerto	pañales	miedo
deslizarse	entrada	alimento	inmigrantes
atender	mantas	sendero	migratorios
preciosa	margen	sartenes	ladrones
			certificado de nacimiento

1. Seguimos un . . . hacia la . . . fangosa del río.
2. Nuestros padres eran . . . de México, y habían salido de Tejas para . . . unos asuntos familiares.
3. Porque eran ilegales, la famlia tuvo que . . . subreptíciamente dentro del país como . . . nocturnos.
4. Nuestra . . . era distinta a la de los inmigrantes europeos que celebraban al ver por primera vez la Estatua de Libertad en el . . . de Nueva York.
5. Algunas veces la familia tuvo que irse a dormir al . . . por . . . de que las luces nocturnas orientaran a la «migra».
6. La propiedad más . . . de Jesús era su. . . .
7. Cuando las familias de trabajadores agrícolas migratorios cambiaron de lugar empacaron la ropa, el . . . , las . . . y los. . . .
8. Se podía detectar una caravana de . . . por los . . . mojados que volaban de algunas ventanillas de los autos.

B. Defina en español las siguientes palabras.

1. la «migra»
2. trabajadores agrícolas migratorios
3. inmigrante
4. barrio
5. diversidad cultural

ANTECEDENTES

Mariano Azuela's novel *Los de abajo* was published in El Paso, Texas in 1915, during the height of the Mexican Revolution. Azuela himself was an army doctor with Villa's forces. This excerpt records the anticipation of Villa's arrival.

To recreate the authentic speech of the soldiers, Azuela has used some intentional misspellings and dialectal forms:

combining words	*para él* → *pal*
changing vowels	*pues* → *pos*
omission of final letter	*usted* → *usté*

How do the men describe Villa? In what way is he an archetypical character? How has he provided for his troops?

Los de abajo (trozo)

¡Que viene Villa!

La noticia se propagó con la velocidad del relámpago°.

¡Ah, Villa! . . . La palabra mágica. El Gran Hombre que se esboza°; el guerrero invicto que ejerce a distancia ya su gran fascinación de boa.

—¡Nuestro Napoleón mexicano! —exclama Luís Cervantes.

—Sí, «el Aguila Azteca, que ha clavado su pico de acero° sobre la cabeza de la víbora° Victoriano Huerta». Así dije en un discurso en Ciudad Juárez —habló en tono un tanto irónico Alberto Solís, el ayudante de Natera.

---

relámpago *lightning* **se esboza** *takes form* **ha clavado . . .** *he's nailed his steel beak*
víbora *viper*

Los dos, sentados en el mostrador de una cantina, apuraban° sendos° vasos de cerveza.

¡Oh Villa! . . . ¡Los combates de Ciudad Juárez, Tierra Blanca, Chihuahua, Torreón!

Pero los hechos vistos y vividos no valían nada. Había que oír la narración de sus proezas portentosas° . . . Villa es el indomable señor de la sierra, la eterna víctima de todos los Gobiernos, que lo persiguen como una fiera°; Villa es la reencarnación de la vieja leyenda: el bandido-providencia, que pasa por el mundo con la antorcha luminosa de un ideal: ¡robar a los ricos para hacer ricos a los pobres! Y los pobres le forjan° una leyenda que el tiempo se encargará de embellecer para que viva de generación en generación.

—Pero sí sé decirte, amigo Montañés —dijo uno de los de Natera—, que si usted le cae bien a mi general Villa, le regala una hacienda; pero si le choca°. . . , ¡no más lo manda fusilar°! . . .

¡Ah, las tropas de Villa! Puros hombres norteños, muy bien puestos, de sombrero tejano, traje de kaki nuevecito y calzado° de los Estados Unidos de a cuatro dólares.

Porque ahí no hay hambre . . . Traen sus carros apretados° de bueyes, carneros°, vacas. Furgones° de ropa; trenes enteros de parque° y armamento, y comestibles para que reviente° el que quiera.

Luego se hablaba de los aeroplanos de Villa.

—¡Ah, los airoplanos! Abajo, así de cerquita, no sabe usté qué son; parecen canoas, parecen chalupas°; pero que comienzan a subir, amigo, y es un ruidazo que lo aturde°. Luego algo como un automóvil que va muy recio°. Y haga usté de cuenta un pájaro grande, muy grande, que parece de repente que ni se bulle° siquiera. Y aquí va lo mero bueno: adentro de ese pájaro, un gringo lleva miles de granadas°. ¡Afigúrese lo que será eso! Llega la hora de pelear°, y como quien les riega maíz a las gallinas°, allí van puños y puños de plomo° pal enemigo . . . Y aquello se vuelve un camposanto°: muertos por aquí, muertos por allí, y ¡muertos por todas partes!

Y como Anastasio Montañés preguntara a su interlocutor si la gente de Natera había peleado ya junto con la de Villa, se vino a cuenta de que todo lo que con tanto entusiasmo estaban platicando° sólo de oídas° lo sabían, pues que nadie de ellos le había visto jamás la cara a Villa.

Mariano Azuela, México
trozo de *Los de abajo*

I. Primera lectura ¿Qué? ¿Quién? ¿Cuándo? ¿Dónde?

Escoja la frase que mejor complete la oración.

---

apuraban *drank down, hurried* **sendos** *each one* **proezas . . .** *prodigious deeds* **fiera** *wild beast* **forjan** *forge* **le choca** *he dislikes you* **lo manda . . .** *he'll have you shot* **calzado** *shoes, boots, footwear* **apretados** *packed tight* **bueyes, carneros** *oxen, sheep* **Furgones** *Wagons* **parque** *ammunition, supplies* **reviente** *can burst* **chalupas** *rafts* **lo aturde** *stuns you* **recio** *fast, loud* **ni se bulle** *it doesn't even budge* **granadas** *grenades* **pelear** *to fight* **como quien . . .** *like someone scattering corn for the hens* **puños . . .** *fistful of lead* **camposanto** *cemetery* **platicando** *chatting* **de oídas** *by hearsay*

1. Los hombres describen a Villa . . .

a. como un relámpago.
b. como un guerrero invencible.
c. como una serpiente.
d. como alguien que trae buenas noticias.

2. Dicen que Villa es . . .

a. el Aguila Azteca.
b. un Napoleón mexicano.
c. un gran hombre.
d. todas estas cosas.

3. Según los interlocutores, Victoriano Huerta . . .

a. tiene un pico de acero.
b. pronunció un discurso en Ciudad Juárez.
c. es una serpiente.
d. es amigo de Natera.

4. Los hombres están . . .

a. en una cantina.
b. en el campo de batalla.
c. en un restaurante elegante.
d. en camino a Ciudad Juárez.

5. La vieja leyenda es . . .

a. una antorcha luminosa.
b. el bandido que da a los pobres lo que roba a los ricos.
c. de sus proezas portentosas.
d. que el gobierno persigue a las víctimas.

6. Según uno de los hombres, el General Villa . . .

a. es muy amable.
b. regala haciendas a sus generales.
c. fusila a los que no le gustan.
d. es imparcial.

7. Las tropas de Villa . . .

a. tienen muchas provisiones.
b. están bien vestidas.
c. son del norte.
d. todo lo de arriba.

8. Los guerrilleros . . .

a. estaban acostumbrados a los aeroplanos.
b. estaban impresionados con los aeroplanos.
c. creen que el aeroplano es un pájaro.
d. creen que el aeroplano riega maíz a las gallinas.

aproximadamente a 2.440 metros de altura. A medida que aborda la parada°, se balancea suavemente como los asientos colgantes° de la noria° de un parque de diversiones.

Hay que cambiar de coche en cada estación, lo que permite a los pasajeros hacer una pausa tan larga como deseen para disfrutar del paisaje. En varias de las estaciones hay lugares de observación y kioscos para meriendas. El viaje de ida y vuelta dura unas tres horas, dependiendo de lo que se descanse en las paradas.

Un coche azul continúa el viaje hacia la estación de la Aguada, a unos 3.450 metros de altura. La tierra va alejándose° más y más.

Durante el tercer tramo°, en un coche rojo, los pasajeros comienzan a sacar abrigos, gorros° y guantes. Los primeros efectos de la altura empiezan a sentirse, acelerando las palpitaciones y la respiración. En once minutos el coche llega a la estación de Loma Redonda, a 4.045 metros de altura. Aquí es aconsejable tomar un descanso y darle tiempo al cuerpo para que se ajuste a la altura.

Un coche color naranja recorre el último tramo hacia la estación Pico Espejo.

Desde el Pico Espejo se puede ver el Pico Bolívar, a 5.007 metros de altura, el más alto de Venezuela, que se eleva como una torre. Abajo varios lagos centellean° con los rayos del sol. Fuera de la estación, la nieve cubre el suelo° ya en el mes de septiembre, y muchos venezolanos juegan en aquella blancura poco acostumbrada.

Estar en el «techo de Venezuela» produce una sensación embriagadora°, en parte emocional y en parte física. El paisaje paraliza los sentidos. La altura hace latir° con violencia el corazón. Incluso los saludables deben moverse despacio sin hacer esfuerzos innecesarios.

Vale la pena ir a Mérida solamente para hacer el viaje en el teleférico, aunque la ciudad y el ambiente ofrecen otras atracciones. El viaje en el teleférico de Mérida todavía no se considera a la altura de otras atracciones espectaculares de Sudamérica, como Machu Picchu o las cataratas° de Iguazú. Pero cuando sea mejor conocido, es posible que crezca su fama.

Lois Brunner Bastian, EE.UU.
Américas, Washington, D.C.

I. Primera lectura ¿Qué? ¿Quién? ¿Cuándo? ¿Dónde?

Repase el artículo para completar la información que falta en el esquema: el color del coche que sube a la parada, el nombre de la estación y su altura.

---

a medida . . . *at the same time as it docks at the stop* **colgantes** *hanging* **noria** *ferris wheel* **alejándose** *moving away from* **tramo** *span, section* **gorros** *caps* **centellean** *sparkle, twinkle* **suelo** *ground* **embriagadora** *intoxicating* **latir** *to beat* **cataratas** *waterfall*

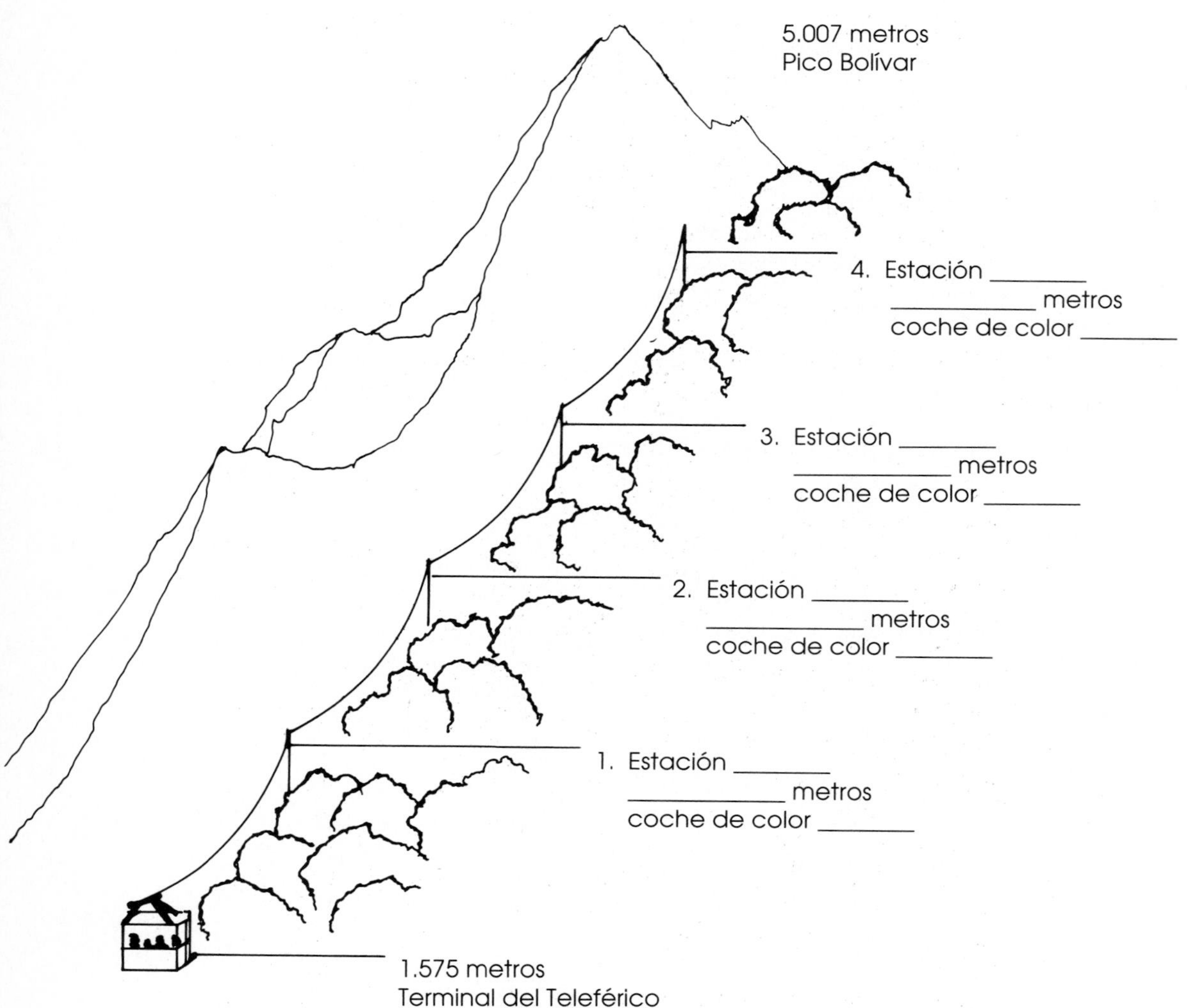
5.007 metros
Pico Bolívar
4. Estación ________
__________ metros
coche de color ________
3. Estación ________
__________ metros
coche de color ________
2. Estación ________
__________ metros
coche de color ________
1. Estación ________
__________ metros
coche de color ________
1.575 metros
Terminal del Teleférico

II. Segunda lectura ¿Cómo? ¿Por qué?

Encuentre en la lectura las frases u oraciones que contestan las preguntas y resúmalas en sus propias palabras.

1. ¿Por qué es conocida la ciudad de Mérida como «el techo de Venezuela»?
2. ¿Por qué generalmente hay que hacer cola para subir al teleférico?
3. ¿Por qué es mejor hacer el viaje temprano por la mañana?
4. ¿Cuánto tiempo dura el viaje y por qué?
5. ¿Por qué empieza la gente a sacar abrigos, gorros, y guantes durante el tercer tramo?
6. ¿Por qué es aconsejable descansar al llegar a la estación Loma Redonda?
7. ¿Por qué juegan muchos venezolanos en la nieve?
8. ¿Cómo se siente uno al estar en el techo de Venezuela?
9. ¿Cómo debe uno moverse a esa altura?

III. Conclusiones y opiniones

1. El autor compara el teleférico con Machu Picchu (unas ruinas incaicas en el Perú) y las cataratas de Iguazú (las cataratas más anchas del mundo, que se encuentran entre la Argentina y el Brasil). ¿Cómo se distingue el teleférico de esas atracciones?
2. ¿Cree Ud. que el teleférico llegará a ser tan popular como las otras atracciones mencionadas? ¿Por qué sí o por qué no?
3. ¿Ha viajado Ud. en teleférico alguna vez? ¿O ha hecho otro viaje espectacular? Describa el viaje.
4. Si pudiera ver cualquier atracción o lugar famoso del mundo, ¿cuál escogería y por qué?

IV. Vocabulario

A. Escoja una palabra o expresión para completar cada oración.

hacer cola	alejándose	bajada	acostumbrados
descanso	embriagadora	último	acogedor

1. Mérida no tiene un ambiente frío sino. . . .
2. Si no hay muchas personas uno puede conseguir los asientos inmediatamente, pero si hay mucha gente hay que. . . .
3. El primer viaje de subida es a las ocho de la mañana y el . . . coche de . . . es a las tres de la tarde.
4. A medida que el coche se acerca a la estación la tierra va . . . más y más.
5. En el tercer tramo es aconsejable no estar muy activo sino tomar un. . . .
6. Los venezolanos viven por la mayor parte en climas templados, por eso están poco . . . a la nieve.
7. Estar en el «techo de Venezuela» no produce una sensación calmante sino. . . .

B. Explique en español el significado de las siguientes palabras o expresiones:

1. hacer cola
2. levitación
3. kiosko
4. techo
5. suelo

ANTECEDENTES

The flight magazine of Ecuatoriana de Aviación gives diverse information about comfort and security in the airplane. What kinds of information would be helpful for travelers? What will an airline magazine say about its services and crew?

Lo que usted debe saber sobre su vuelo

[1]Bienvenido al mundo aéreo de Ecuatoriana de Aviación. Estamos orgullosos de nuestra línea aérea y estamos a su disposición para ayudarle dentro de nuestras posibilidades.

[2]Ecuatoriana de Aviación cuenta con una tripulación° esmeradamente° profesional y amable, cuyo único objetivo es transportarlo cómodamente a su destino.

[3]Nuestros auxiliares de vuelo° están para atender todas sus necesidades de servicio a bordo. Usted sólo tiene que acomodarse° en su asiento y disfrutar de su viaje. Si es la primera vez que usted viaja por avión, las regulaciones aéreas le van a ser de gran utilidad, y le garantizarán un viaje placentero. Si ha viajado anteriormente, un pequeño resumen le será más que suficiente.

[4]**Cinturones de Seguridad**°—Las regulaciones aéreas requieren que usted se abroche° el cinturón de seguridad al despegar° y aterrizar° el avión. Usted, por supuesto, puede caminar libremente por el avión durante el vuelo, excepto cuando está encendida la señal de abrocharse los cinturones de seguridad, si lo requieren las condiciones atmosféricas. Por tanto, es conveniente mantener el cinturón abrochado mientras esté sentado en el avión, aunque no es necesario mantenerlo apretado°.

[5]**Fumar**° **/ No Fumar**—No se puede fumar cuando el avión está despegando o aterrizando. La señal le indicará cuándo se permite fumar. Cuando no esté encendida° la señal de no fumar, usted puede hacerlo.

[6]**Equipo electrónico**—Le rogamos no interfiera con el sistema electrónico de nuestro avión. Si usted tiene algún radio de pilas°, le rogamos que no lo utilice hasta que haya aterrizado el avión. Las afeitadoras° eléctricas, los audífonos, los dictáfonos, y las calculadoras no causan problemas de interferencia electrónica.

[7]**Para su comodidad**—Las salidas de aire fresco, los botones para llamar a los auxiliares de vuelo, y las luces individuales se encuentran arriba de su asiento. Si aprieta° el botón que se encuentra en el brazo del asiento, podrá incli-

---

tripulación *crew* **esmeradamente** *meticulously* **auxiliares . . .** *flight attendants* **acomodarse** *to make oneself comfortable* **cinturones . . .** *seat belts* **abroche** *fasten* **despegar** *to take off* **aterrizar** *to land* **apretado** *tight* **fumar** *smoking* **encendida** *lighted* **pilas** *batteries* **afeitadoras** *razors, shavers* **aprieta** *press*

nar el asiento hacia atrás. En el respaldar del asiento delante de usted, hay una bandeja plegable° que puede bajar jalándola°. Las almohadas y frazadas se guardan en el estante° superior, donde también se pueden colocar abrigos, sombreros, y otros artículos ligeros. Las valijas de mano° y los paquetes deben ponerse frente a su asiento, en el piso.

[8]Los lavabos y los bebederos están situados en los extremos delantero y posterior de la nave. Hemos hecho todo lo necesario para que no tenga problema alguno durante su viaje. Antes de despegar, se realizarán demostraciones de cómo utilizar los equipos de seguridad del avión.

Por lo pronto, sírvase disfrutar de su vuelo en una de las mejores aerolíneas del mundo: Ecuatoriana de Aviación.

Aboard, Ecuatoriana de Aviación

I. Primera lectura ¿Qué? ¿Quién? ¿Cuándo? ¿Dónde?

Busque la información siguiente en el artículo y escríbala. Cada número se refiere al párrafo de la lectura.

1. de lo que están orgullosos
2. cuál es el objetivo de la tripulación
3. lo que van a hacer los auxiliares de vuelo
4. cuándo hay que abrochar los cinturones de seguridad
5. cuándo se puede fumar y cuándo no
6. los equipos electrónicos que se pueden usar durante el vuelo y los que no se pueden usar
7. dónde están las luces individuales, el botón para inclinar el asiento, la bandeja plegable, y las almohadas y frazadas
8. dónde se encuentran los lavabos y los bebederos

II. Segunda lectura ¿Cómo? ¿Por qué?

Complete las oraciones que siguen.

1. Los que no han viajado antes deben leer el artículo porque . . .
2. Hay que abrochar el cinturón de seguridad porque . . .
3. La línea aérea ha preparado todo para que . . .

III. Conclusiones y opiniones

1. El artículo concluye que Ecuatoriana de Aviación es una de las mejores aerolíneas del mundo. ¿Cómo lo sabemos? ¿Cuáles son las características de las mejores aerolíneas?
2. ¿Cree Ud. que son muchos los pasajeros en un vuelo típico de Ecuatoriana de Aviación que no hayan volado antes? ¿Por qué sí o por qué no?

---

bandeja . . . *folding tray* **jalándola** *by pulling it out* **estante** *shelf* **valijas . . .** *hand luggage*

IV. Vocabulario

A. Escoja una palabra de la lista para completar el resumen del artículo.

aterrizar	botón	estante	frazadas	auxiliares de vuelo
despegar	fumar	abrochar(se)	almohadas	bandeja

Las personas que trabajan en el avión, es decir, . . . , ayudan a los pasajeros a sentirse cómodos durante el viaje. Primero, antes de . . . , uno tiene que . . . el cinturón de seguridad. Se repite el proceso al . . . No se puede . . . a menos que uno se siente en la sección designada para. . . . Todo está arreglado para la máxima comodidad del pasajero. Si uno quiere inclinar el asiento, aprieta el . . . que está en el brazo del asiento. Hay una . . . plegable en el respaldar del asiento de enfrente. Las . . . y . . . se encuentran en el . . . superior.

B. Use el dibujo para indicarle a una persona que no ha volado antes cómo se llaman las partes interiores del avión.

ANTECEDENTES

In this fragment from the story «El guardagujas» (*The Switchman*) from the 1952 edition of *Confabulario,* the Mexican writer Juan José Arreola plunges the reader into a Kafkaesque world of surreal occurrences. The body of the story is a conversation between a stranger and a railway switchman. The latter explains the country's absurd railroad system in which schedules, routes, and destinations are virtually unreliable. While Arreola is obviously satirizing the Mexican railway system, he also seems to be making a statement about all the things that don't work in life. What is wrong with the rails and bridges in places? What happens if journeys become longer than life? Why don't the characters, the towns, or the country have names?

El guardagujas

[1]El forastero llegó sin aliento a la estación desierta. Su gran valija, que nadie quiso conducir, le había fatigado en extremo. Se enjugó el rostro° con un pañuelo, y con la mano en la visera° miró los rieles° que se perdían en el horizonte. Desalentado° y pensativo consultó su reloj: la hora justa en que el tren debía partir.

[2]Alguien, salido de quién sabe dónde, le dió una palmada° muy suave. Al volverse, el forastero se halló ante un viejecillo de vago aspecto ferrocarrilero°. Llevaba en la mano una linterna° roja pero tan pequeña que parecía de juguete. Miró sonriendo al viajero, y éste le dirigió ansioso su pregunta:

—Usted perdone, ¿ha salido ya el tren?

—¿Lleva usted poco tiempo en este país?

—Necesito salir inmediatamente. Debo hallarme en T. mañana mismo.

[3]—Se ve que usted ignora por completo lo que ocurre. Lo que debe hacer ahora mismo es buscar alojamiento° en la fonda° para viajeros.— Y señaló un extraño edificio ceniciento° que más bien parecía un presidio.

—Pero yo no quiero alojarme°, sino salir en el tren.

—Alquile° usted un cuarto inmediatamente, si es que lo hay. En caso de que pueda conseguirlo, contrátelo por mes, le resultará más barato y recibirá mejor atención.

—¿Está usted loco? Yo debo llegar a T. mañana mismo.

—Francamente, debería abandonarlo a su suerte. Sin embargo, le daré unos informes.

—Por favor . . .

[4]—Este país es famoso por sus ferrocarriles, como usted sabe. Hasta ahora ha sido posible organizarlos debidamente, pero se han hecho ya grandes cosas en lo que se refiere a la publicación de itinerarios y a la expedición de boletos. Las guías ferroviarias° comprenden y enlazan° todas las poblaciones de la nación; se

---

Se enjugó . . . *He wiped his face* **visera** *viser* **rieles** *rails* **Desalentado** *Discouraged* **palmada** *tap, pat* **ferrocarrilero** *railwayman* **linterna** *lantern* **alojamiento** *lodging* **fonda** *inn* **ceniciento** *ash colored* **alojarme** *to take up lodging* **Alquile** *Rent* **ferroviarias** *railway (adj.)* **enlazan** *link*

expenden boletos hasta para las aldeas° más pequeñas y remotas. Falta solamente que los convoyes cumplan las indicaciones contenidas en las guías y que pasen efectivamente por las estaciones. Los habitantes del país así lo esperan; mientras tanto, aceptan las irregularidades del servicio y su patriotismo les impide cualquier manifestación de desagrado.

—Pero ¿hay un tren que pase por esta ciudad?

[5]—Afirmarlo equivaldrá a cometer una inexactitud. Como usted puede darse cuenta, los rieles existen, aunque un tanto averiados°. En algunas poblaciones están sencillamente indicados en el suelo, mediante dos rayas de gis°. Dadas las condiciones actuales, ningún tren tiene la obligación de pasar por aquí, pero nada impide que eso pueda suceder. Yo he visto pasar muchos trenes en mi vida y conocí algunos viajeros que pudieron abordarlos. Si usted espera convenientemente, tal vez yo mismo tenga el honor de ayudarle a subir a un hermoso y confortable vagón°.

[6]—¿Me llevará ese tren a T.?

—¿Y por qué se empeña usted en° que ha de ser precisamente a T.? Debería darse por satisfecho si pudiera abordarlo. Una vez en el tren, su vida tomará efectivamente algún rumbo°. ¿Qué importa si ese rumbo no es el de T.?

—Es que yo tengo un boleto en regla° para ir a T. Lógicamente, debo ser conducido a ese lugar, ¿no es así?

[7]—Cualquiera dirá que usted tiene razón. En la fonda para viajeros podrá usted hablar con personas que han tomado sus precauciones, adquiriendo grandes cantidades de boletos. Por regla general°, las gentes previsoras° compran pasajes para todos los puntos del país. Hay quien ha gastado en boletos una verdadera fortuna . . .

Yo creí que para ir a T. me bastaba un boleto. Mírelo usted . . .

[8]—El próximo tramo de los ferrocarriles nacionales va a ser construído con el dinero de una sola persona que acaba de gastar su inmenso capital en pasajes de ida y vuelta para un trayecto ferroviario cuyos planos, que incluyen extensos túneles y puentes°, ni siquiera han sido aprobados por los ingenieros de la empresa°.

—Pero el tren que pasa por T., ¿ya se encuentra en servicio?

[9]—Y no sólo ése. En realidad, hay muchísimos trenes en la nación, y los viajeros pueden utilizarlos con relativa frecuencia, pero tomando en cuenta que no se trata de un servicio formal y definitivo. En otras palabras, al subir a un tren, nadie espera ser conducido al sitio que desea.

—¿Cómo es eso?

[10]—En su afán de servir a los ciudadanos, la empresa se ve en el caso de tomar medidas desesperadas. Hace circular trenes por lugares intransitables. Esos convoyes expedicionarios emplean a veces varios años en su trayecto, y la vida de los viajeros sufre algunas transformaciones importantes. Los fallecimientos°

---

aldeas *villages* **averiados** *in disrepair* **rayas . . .** *chalk stripes* **vagón** *car (of a train)* **se empeña . . .** *(do) you insist on* **rumbo** *direction* **en regla** *in order* **Por regla . . .** *As a general rule* **previsoras** *foresighted* **puentes** *bridges* **empresa** *company* **fallecimientos** *deaths*

no son raros en tales casos, pero la empresa, que todo lo ha previsto, añade a esos trenes un vagón capilla ardiente° y un vagón cementerio. Es razón de orgullo para los conductores depositar el cadáver de un viajero—lujosamente embalsamado—en los andenes° de la estación que prescribe su boleto. En ocasiones, estos trenes forzados recorren trayectos en que falta uno de los rieles. Todo un lado de los vagones se estremece lamentablemente con los golpes que dan las ruedas° sobre los durmientes°. Los viajeros de primera—es otra de las previsiones de la empresa—se colocan del lado en que hay riel. Los de segunda padecen los golpes con resignación. Pero hay otros tramos en que faltan ambos rieles; allí los viajeros sufren por igual, hasta que el tren queda totalmente destruido.

—¡Santo Dios!

11—Mire usted: la aldea de F. surgió° a causa de uno de esos accidentes. El tren fue a dar en un terreno impracticable. Lijadas° por la arena, las ruedas se gastaron hasta los ejes°. Los viajeros pasaron tanto tiempo juntos, que de las obligadas conversaciones triviales surgieron amistades estrechas. Algunas de esas amistades se transformaron pronto en idilios°, y el resultado ha sido F., una aldea progresista llena de niños traviesos° que juegan con los vestigios enmohecidos° del tren.

—¡Dios mío!, yo no estoy hecho para tales aventuras!

12—Necesita usted ir templando su ánimo°; tal vez llegue usted a convertirse en un héroe. No crea que falten ocasiones para que los viajeros demuestren su valor y sus capacidades de sacrificio. En una ocasión doscientos pasajeros anónimos escribieron una de las páginas más gloriosas en nuestros anales ferroviarios. Sucede que en un viaje de prueba, el maquinista advirtió a tiempo una grave omisión de los constructores de la línea. En la ruta faltaba un puente que debía salvar un abismo°. Pues bien, el maquinista, en vez de poner marcha hacia atrás arengó° a los pasajeros y obtuvo de ellos el esfuerzo necesario para seguir adelante. Bajo su enérgica dirección, el tren fue desarmado° pieza por pieza y conducido en hombros al otro lado del abismo, que todavía reservaba la sorpresa de contener en su fondo un río caudaloso°. El resultado de la hazaña° fue tan satisfactorio que la empresa renunció definitivamente a la construcción del puente, conformándose con hacer un atractivo descuento en las tarifas de los pasajeros que se atrevan a afrontar° esa molestia suplementaria.

—¡Pero yo debo llegar a T. mañana mismo!

—¡Muy bien! Me gusta que no abandone usted su proyecto. Se ve que es usted un hombre de convicciones. Alójese por de pronto y tome el primer tren que pase.

Juan José Arreola, México
Confabulario

---

vagón . . . *funeral parlor car* **andenes** *platform* **ruedas** *wheels* **durmientes** *railroad ties* **surgió** *sprang up* **Lijadas** *Sandpapered* **ejes** *axles* **idilios** *romances* **traviesos** *mischievous* **vestigios . . .** *rusted remains* **ir templando . . .** *to take heart* **salvar . . .** *cross an abyss* **arengó** *harangued* **desarmado** *taken apart* **caudaloso** *full-flowing* **hazaña** *deed* **se atrevan . . .** *dare to face*

I. **Primera lectura** ¿Qué? ¿Quién? ¿Dónde? ¿Cuándo?

Indique si cada oración refleja correctamente o no lo que relata el cuento. Los números se refieren a los trozos de la lectura.

1. El viajero llegó muy cansado.
2. El viejito parece ser otro pasajero.
3. El viejito le aconseja que encuentre alojamiento.
4. El viejito explica que los ferrocarriles del país están bien organizados y llegan y parten a la hora indicada.
5. Cuando el viajero le pregunta si hay un tren que pasa por la ciudad, el viejito le contesta de una manera muy vaga.
6. El viejito no comprende por qué el viajero insiste en llegar a T.
7. Algunas personas han comprado gran cantidad de boletos de ida y vuelta.
8. El próximo tramo del ferrocarril nacional está casi listo para ponerse en operación.
9. Cuando un viajero sube a un tren, espera llegar a su lugar de destino.
10. Hay tramos en que faltan uno de los rieles y los pasajeros de primera clase se sientan en el lado en que hay riel.
11. La aldea F. es el resultado de un tren que no pudo pasar por un terreno arenoso.
12. En una ocasión donde no había puente, los viajeros desarmaron el tren y lo llevaron pieza por pieza al otro lado.

II. **Segunda lectura** ¿Por qué? ¿Cómo?

Conteste las preguntas según la lectura.

1. ¿Por qué tenía prisa el viajero?
2. ¿Por qué debe alquilar un cuarto por largo tiempo?
3. ¿Cómo son las guías ferroviarias?
4. ¿Cómo reaccionan los habitantes al servicio de los ferrocarriles?
5. ¿Cómo se preparan las personas que conocen el servicio de los ferrocarriles?
6. ¿Cómo recompensa la empresa al viajero de primera clase?
7. ¿Cómo surgió la aldea de F.?

III. **Conclusiones y opiniones**

1. ¿Qué aspecto dan al cuento la estación desierta, el forastero desalentado, el viejito con linterna que parecía de juguete, la fonda para viajeros que parecía un presidio?
2. Tomando en cuenta que el autor exagera mucho, ¿qué podemos concluir en cuanto a la crítica que hace el autor de los ferrocarriles de su país, México? En su opinión, ¿qué problemas existen en el sistema ferroviario de México?
3. ¿Ha tenido Ud. una experiencia en que todo resultó tan confuso que Ud. perdió el sentido de la realidad? Tal vez un viaje, una experiencia con una burocracia, o una situación en que todo se complicó hasta parecer imposible? Descríbala. Si no, invéntela.

IV. Vocabulario

Escoja una de las palabras siguientes para completar cada oración.

andén	trenes	riel	vagón
ferroviaria	abordar	itinerario	ferrocarriles

En el cuento «El guardagujas» el país es famoso por sus . . . pero los viajeros no saben cuando van a llegar los. . . . Según la guía . . . los trenes deben llegar a ciertas horas. Pero parece que los trenes no siguen el . . . publicado. Por eso, los pasajeros tienen que esperar en el . . . y cuando llega un tren, se empujan para . . . lo. Una vez empezado el viaje, hay líneas en donde falta un . . . y el . . . sigue una línea trazada en gis.

Discusión

Intercambie sus ideas con otra persona. Después, Ud. y su pareja pueden compartir sus opiniones con sus compañeros(as) y con el (la) profesor(a).

A. Definiciones. ¿Qué acciones, personas, u objetos se definen en las frases siguientes?

1. lo que uno tiene que hacer cuando quiere comprar un boleto y hay mucha gente esperando.
2. lo opuesto de empujar
3. lo opuesto de suelo o piso
4. las personas que son responsables del vuelo y la comodidad de los pasajeros
5. un equipo electrónico que no se puede usar durante un vuelo
6. la parte de atrás de un asiento
7. un sinónimo de extranjero
8. un sinónimo de cara

B. Modos de transporte. Relacione las siguientes palabras y expresiones con la(s) categoría(s) apropiada(s): avión, el tren, el teleférico. Después use algunas de ellas en cortas oraciones orales.

ferroviaria	cinturón de seguridad	rieles
despegar	coches de diferentes colores	bajada
subida	aterrizar	puente
vagón	parada	boleto

C. ¿Cómo viajar? Explíquele a otra persona un viaje que a Ud. le gustaría hacer en barco o lancha°, o en tren, o en avión. Por ejemplo, ¿le interesa un viaje en crucero° por el Mediterráneo? ¿O un vuelo a la Antártica? ¿O un viaje en el tren el «Expreso de Oriente»?

D. El primer vuelo. Con un(a) compañero(a) imagine que Ud. viaja por primera vez en avión (su compañero(a) hace el papel de auxiliar de vuelo). Tiene muchas preguntas, por ejemplo, dónde poner la valija de mano, dónde están los lavabos, etc.

---

lancha *barge, sloop* **crucero** *cruise ship*

Expresión escrita

NARRAR EN EL PASADO

Viaje por el Canal de Panamá. Ud. es periodista y ha descrito un viaje por el Canal de Panamá para su periódico. Originalmente Ud. escribió el artículo en el tiempo presente, pero ha decidido que sería mejor en el pasado. Vuelva a escribir el artículo, cambiando los verbos al pretérito (acciones terminadas) o al imperfecto (descripción) o dejándolos en el presente (si se trata de la descripción de los aspectos actuales del canal).

Además, en el viaje, Ud. conoció a dos hermanos argentinos. Ud. incluye al final de su relato dos párrafos sobre las impresiones que ellos recibieron depués de un año en los Estados Unidos.

El viaje

Empiezo el viaje por el Canal en el lado atlántico en el puerto de Cristóbal el día seis de febrero a las nueve de la mañana. El barco sale de la Bahía de Limón y pronto entramos en un manglar° que está justamente al nivel del mar. Pronto vemos las primeras esclusas°, las de Gatún. En un viaje continuo de tres etapas el barco sube 85 pies y llega al Lago de Gatún, uno de los lagos artificiales más grandes del mundo. Ha sido formado por una presa° en el Río Changres que está junto a las esclusas de Gatún.

En el barco conozco a unos jóvenes de Argentina. Ángel Dávila, su hermana Isabel, y su primo Fernando están en sus vacaciones de verano. Están haciendo una gira en barco después de pasar un año estudiando en los Estados Unidos. Ellos han leído mucho sobre el Canal y me cuentan algunas cosas interesantísimas.

A la una y media todos tenemos hambre. Vamos al comedor donde nos sirven una rica comida de pescado blanco—los argentinos me dicen que se llama bonito—arroz, vegetales, papaya y café.

El barco entra en el Corte de Gaillard, un corte por tierra nombrado por el ingeniero que está encargado de esta sección del Canal. Es un viaje de nueve millas. A la izquierda vemos Colina de Oro y al sur del Corte de Gaillard, nuestro barco empieza la entrada a las esclusas Pedro Miguel donde se bajan 31 pies en una etapa. Estamos en el Lago Miraflores, un pequeño mar artificial que separa las esclusas Pedro Miguel de las de Miraflores. Las esclusas de Miraflores son las más altas del sistema porque las mareas° del Océano Pacífico son extremadamente variadas.

Después de nueve horas termina nuestro viaje. Desembarcamos en el puerto de Balboa en el Océano Pacífico. Mis nuevos amigos argentinos me invitan a tomar una copa con ellos en un bar en la vecindad del puerto donde podemos mirar los barcos entrando y saliendo por el Canal.

---

manglar *mangrove swamp* **esclusas** *locks* **presa** *dam* **mareas** *tides*

Lecturas

ANTECEDENTES

«El vaso de leche», by Manuel Rojas of Chile, was first published in *El delincuente* in 1929 and was later republished in other anthologies. Rojas is known for his psychological and sociological insights in depicting people and their surroundings.

«El vaso de leche» deals with a youth who has been wandering the sea, working as a cabin boy, a fisherman's helper, and in the boiler room of a ship. Finally, he stows away at a southern Chilean port and, when caught farther north, is put ashore.

In the story Rojas uses a literary convention, common in formal description, in which object and reflexive pronouns are attached to the end of the conjugated verb:

embarcóse *he embarked* enviáronlo *they sent him*

It should be noted that the conversation in English, with translations in Spanish, is the author's device for showing the sailor's nationality and explaining the conversation to his readers.

Why doesn't the young man accept the sailor's handout? Why can't he find work? How does he finally obtain food? What kind of physical and emotional crisis does he go through?

El vaso de leche

1

1Afirmado en la barandilla de estribor°, el marinero° parecía esperar a alguien. Tenía en la mano izquierda un envoltorio° de papel blanco, manchado de grasa° en varias partes. Con la otra mano atendía la pipa.

2Entre unos vagones° apareció un joven delgado; se detuvo un instante, miró hacia el mar y avanzó después caminando por la orilla del muelle° con las manos en los bolsillos°, distraído o pensando.

3Cuando pasó frente al barco, el marinero le gritó en inglés:

—*I say; look here!* (Oiga usted, mire).

El joven levantó la cabeza y sin detenerse, contestó en el mismo idioma:

—*Hallow! What?* (¡Hola! ¿Qué?)

—*Are you hungry?* (¿Tiene usted hambre?)

Hubo un breve silencio, durante el cual el joven pareció reflexionar y hasta dio un paso más corto que los demás, como para detenerse; pero al fin dijo, mientras dirigía al marinero una sonrisa triste:

—*No, I am not hungry. Thank you, sailor.* (No, yo no tengo hambre. Muchas gracias, marinero).

—*Very well.* (Muy bien).

---

barandilla . . . *starboard railing* **marinero** *sailor* **envoltorio** *package* **manchado . . .** *grease-stained* **vagones** *wagons* **muelle** *dock* **bolsillos** *pockets*

[4]Sacóse la pipa de la boca el marinero, escupió° y, colocándosela de nuevo entre los labios, miró hacia otro lado. El joven, avergonzado° de que su aspecto despertara° sentimientos de caridad, pareció apresurar° el paso, como temiendo arrepentirse° de su negativa.

[5]Un instante después un magnífico vagabundo, vestido inverosímilmente° de harapos°, grandes zapatos rotos, larga barba rubia y ojos azules, pasó ante el marinero, y éste, sin llamarlo previamente le gritó:

—*¿Are you hungry?*

No había terminado aún su pregunta, cuando el atorrante°, mirando con ojos brillantes el paquete que el marinero tenía en sus manos, contestó apresuradamente:

—*Yes sir, I am very much hungry!* (Sí, señor, yo tengo harta hambre.)

Sonrió el marinero. El paquete voló en el aire y fue a caer entre las manos ávidas del hambriento. Ni siquiera dio las gracias y, abriendo el envoltorio calientito aún, sentóse en el suelo, restregándose° las manos alegremente al contemplar su contenido.

[6]Un atorrante de puerto puede no saber inglés, pero nunca se perdonaría no saber el suficiente como para pedir de comer a uno que hable ese idioma.

El joven que pasara momentos antes, parado a corta distancia de allí, presenció° la escena.

El también tenía hambre.

2

[1]Hacía tres días justos que no comía, tres largos días. Y más por timidez y vergüenza que por orgullo°, se resistía a pararse delante de las escalas° de los vapores° a las horas de comida, esperando de la generosidad de los marineros algún paquete que contuviera restos de guisos° y trozos de carne. No podía hacerlo, no podría hacerlo nunca. Y cuando, como en el caso reciente, alguno le ofrecía sus sobras°, las rechazaba° heroicamente, sintiendo que la negativa aumentaba su hambre.

Seis días hacía que vagaba por las callejuelas° y muelles de aquel puerto. Lo había dejado allí un vapor inglés procedente de Punta Arenas, puerto en donde había desertado de un vapor en que servía como muchacho de capitán. Estuvo un mes allí ayudando en sus ocupaciones a un austriaco pescador de centollas°, y en el primer barco que pasó hacia el norte embarcóse ocultamente°.

Lo descubrieron al día siguiente de zarpar° y enviáronlo a trabajar en las calderas°. En el primer puerto grande que tocó el vapor lo desembarcaron, y allí quedó, como un fardo° sin dirección ni destinatario, sin conocer a nadie, sin un centavo en los bolsillos y sin saber trabajar en oficio alguno.

---

escupió *he spits* **avergonzado** *ashamed* **despertara** *should awaken* **apresurar . . .** *to quicken his pace* **arrepentirse** *to repent* **inverosímilmente** *in an improbable manner* **harapos** *rags* **atorrante** *loafer* **restregándose** *rubbing* **presenció** *witnessed* **orgullo** *pride* **escalas** *ladders* **vapores** *steamships* **guisos** *stews* **sobras** *leftovers* **rechazaba** *he rejected* **callejuelas** *alleyways* **pescador . . .** *crab fisherman* **embarcóse . . .** *he stowed away* **zarpar** *setting sail* **calderas** *boilers* **fardo** *bundle*

[2]Estaba poseído por la obsesión terrible del mar, que tuerce° las vidas más lisas y definidas como un brazo poderoso una delgada varilla°. Aunque era muy joven había hecho ya varios viajes por las costas de América del Sur, en diversos vapores, desempeñando distintos trabajos y faenas°, faenas y trabajos que en tierra casi no tenían aplicación.

Después que se fue el vapor, anduvo y anduvo, esperando del azar° algo que le permitiera vivir de algún modo mientras tornaba a sus canchas familiares°; pero no encontró nada. El puerto tenía poco movimiento y en los contados vapores en que se trabajaba no lo aceptaron . . .

[3]Al día siguiente, convencido de que no podría resistir mucho más, decidió recurrir a cualquier medio para procurarse alimentos.

Le acometió entonces una desesperación aguda. ¡Tenía hambre, hambre, hambre! Un hambre que lo doblegaba como un latigazo° pesado y ancho; veía todo a través de una niebla° azul y al andar vacilaba como un borracho . . .

Sintió de pronto como una quemadura° en las entrañas° y se detuvo. Se fue inclinando, inclinando, doblándose forzadamente como una barra de hierro°, y creyó que iba a caer. En ese instante, como si una ventana se hubiera abierto ante él, vio su casa, el paisaje que se veía desde ella, el rostro de su madre y el de sus hermanos, todo lo que él quería y amaba apareció y desapareció ante sus ojos cerrados por la fatiga . . . Después, poco a poco, cesó el desvanecimiento° y se fue enderezando, mientras la quemadura se enfriaba suavemente. Por fin se irguió°, respirando profundamente. Una hora más y caería sin sentido al suelo.

[4]Apuró el paso, como huyendo de un nuevo mareo°, y mientras marchaba resolvió ir a comer a cualquier parte, sin pagar, dispuesto a que lo avergonzaran, a que le pegaran°, a que lo mandaran preso°, a todo, lo importante era comer, comer, comer. Cien veces repitió mentalmente esta palabra: comer, comer, comer, hasta que el vocablo perdió su sentido, dejándole una impresión de vacío caliente en la cabeza.

No pensaba huir; le diría al dueño: «Señor, tenía hambre, hambre, hambre, y no tengo con qué pagar . . . Haga lo que quiera».

[5]Llegó hasta las primeras calles de la ciudad y en una de ellas encontró una lechería°. Era un negocito muy claro y limpio lleno de mesitas con cubiertas de mármol°. Detrás de un mostrador estaba de pie una señora rubia con un delantal° blanquísimo.

Eligió ese negocio. En la lechería no había sino un cliente. Era un vejete de anteojos, que, con la nariz metida entre las hojas de un periódico, leyendo, permanecía inmóvil, como pegado a la silla. Sobre la mesita había un vaso de leche a medio consumir. Por fin el cliente terminó su lectura, o por lo menos, la interrumpió. Se bebió de un sorbo° el resto de leche que contenía el vaso, se levantó pausadamente, pagó y dirigióse° a la puerta.

[6]El joven esperó que se alejara y entró. Un momento estuvo parado a la en-

---

tuerce *twists* **varilla** *stick* **faenas** *tasks* **azar** *chance* **tornaba . . .** *he returned to his home ground* **latigazo** *whiplash* **niebla** *fog* **quemadura** *burning sensation* **entrañas** *intestines* **hierro** *iron* **desvanecimiento** *fainting* **se irguió** *he straightened up* **mareo** *dizziness* **a que le . . .** *they hit him* **mandaran . . .** *they arrested him* **lechería** *dairy store* **cubiertas . . .** *marble covered* **delantal** *apron* **sorbo** *gulp, swallow* **dirigióse** *he went toward*

trada, indeciso, no sabiendo donde sentarse; por fin eligió una mesa y dirigióse hacia ella; pero a mitad de camino se arrepintio°, retrocedió, tropezo° en una silla, instalándose después en un rincón.

Acudió° la señora, pasó un trapo° por la cubierta de la mesa y con voz suave, en la que se notaba un dejo de acento español, le preguntó:

—¿Qué se va Ud. a servir?

Sin mirarla, le contestó.

—Un vaso de leche.

—¿Grande?

—Sí, grande.

—¿Solo?

—¿Hay bizcochos°?

—No; vainillas°.

—Bueno, vainillas.

Cuando la señora se dio vuelta, él se restregó° las manos sobre las rodillas, regocijado°, como quien tiene frío y va a beber algo caliente.

Volvió la señora y colocó ante él un gran vaso de leche y un platillo lleno de vainillas, dirigiéndose después a su puesto detrás del mostrador.

Su primer impulso fue el de beberse la leche de un trago y comerse después las vainillas, pero en seguida se arrepintió; sentía que los ojos de la mujer lo miraban con curiosidad y detención. No se atrevía a mirarla; le parecía que, al hacerlo, ella conocería su estado de ánimo y sus propósitos vergonzosos y él tendría que levantarse e irse, sin probar lo que había pedido.

[7]Pausadamente tomó una vainilla, humedecióla en la leche y le dio un bocado°; bebió un sorbo de leche y sintió que la quemadura ya encendida en su estómago se apagaba° y deshacía. Pero, en seguida, la realidad de su situación desesperada surgió ante él y algo apretado° y caliente subió desde su corazón hasta la garganta; se dio cuenta de que iba a sollozar°, a sollozar a gritos, y aunque sabía que la señora lo estaba mirando no pudo rechazar° ni deshacer aquel nudo ardiente° que se estrechaba° más y más. Resistió, y mientras resistía comió apresuradamente, como asustado, temiendo que el llanto° le impidiera comer. Cuando terminó con la leche y las vainillas, se le nublaron los ojos y algo tibio rodó por su nariz, cayendo dentro del vaso. Un terrible sollozo lo sacudió° hasta los zapatos.

Afirmó la cabeza en las manos y durante mucho rato lloró, lloró con pena, con rabia, con ganas de llorar, como si nunca hubiese llorado.

Inclinado estaba y llorando, cuando sintió que una mano le acariciaba la cansada cabeza y una voz de mujer, con un dulce acento español, le decía:

—Llore, hijo, llore . . .

---

se arrepintió *he changed his mind* **tropezó** *he tripped over* **Acudió** *went to him* **trapo** *cloth, rag* **bizcochos** *biscuits* **vainillas** *vanilla cookies* **se restregó . . .** *he rubbed his hands together* **regocijado** *overjoyed* **bocado** *bite* **se apagaba** *was fading away* **apretado** *tight* **sollozar** *to sob* **rechazar** *to repulse* **nudo . . .** *burning knot* **se estrechaba** *was tightening* **llanto** *crying* **lo sacudió** *shook him*

8 Una nueva ola de llanto le arrasó° los ojos y lloró con tanta fuerza como la primera vez, pero ahora no angustiosamente, sino con alegría, sintiendo que una gran frescura lo penetraba, apagando eso caliente que le había estrangulado la garganta. Mientras lloraba, parecióle que su vida y sus sentimientos se limpiaban como un vaso bajo un chorro° de agua, recobrando la claridad y firmeza de otros días.

Cuando pasó el acceso de llanto, se limpió con su pañuelo los ojos y la cara, ya tranquilo. Levantó la cabeza y miró a la señora, pero ésta no le miraba ya, miraba hacia la calle, a un punto lejano, y su rostro estaba triste.

En la mesita, ante él, había un nuevo vaso lleno de leche y otro platillo colmado° de vainillas; comió lentamente, sin pensar en nada, como si nada le hubiera pasado, como si estuviera en su casa y su madre fuera esa mujer que estaba detrás del mostrador.

9 Cuando terminó ya había oscurecido y el negocio se iluminaba con una bombilla° eléctrica. Estuvo un rato sentado, pensando en lo que le diría a la señora al despedirse, sin ocurrírsele nada oportuno.

Al fin se levantó y dijo simplemente:

—Muchas gracias, señora; adiós . . .

—Adiós, hijo . . . —le contestó ella.

10 Salió. El viento que venía del mar refrescó su cara, caliente aún por el llanto. Caminó un rato sin dirección, tomando después una calle que bajaba hacia los muelles. La noche era hermosísima y grandes estrellas aparecían en el cielo de verano. . . .

Miró al mar. Las luces del muelle y las de los barcos se extendían por el agua en un reguero° rojizo y dorado, temblando suavemente. Se tendió de espaldas°, mirando al cielo largo rato. No tenía ganas de pensar, ni de cantar, ni de hablar. Se sentía vivir, nada más.

Hasta que se quedó dormido con el rostro vuelto hacia el mar.

Manuel Rojas, Chile
El delincuente

I. Primera lectura ¿Qué? ¿Quién? ¿Dónde? ¿Cuándo?

Las oraciones que siguen se refieren a los trozos numerados de la segunda parte del texto. Lea el trozo numerado y después la oración y diga si ésta es un buen resumen de la idea principal del trozo. Si no lo es, corríjala para que incluya la idea principal del trozo.

1. Un joven ha estado varios días en puerto extraño sin comer.
2. Le obsesionaba la vida en el mar, pero no podía encontrar ningún trabajo en un vapor.

---

arrasó *filled* **chorro** *jet* **colmado** *overflowing* **bombilla** *light bulb* **reguero** *stream*
Se tendió . . . *He stretched out on his back*

3. Tenía tanta hambre que cuando tomó un trago se emborrachó y casi se desvaneció.
4. Decidió ir a algún lugar, pedir comida, comerla y no pagarla.
5. Encontró una lechería y entró inmediatamente.
6. Pidió un vaso de leche y vainillas a la señora que le atendía pero ella sospechaba los motivos de él y no quería servirle.
7. Después de comer, empezó a sollozar y la señora le acarició diciéndole que siguiera llorando.
8. Cuando dejó de llorar vio que la señora le había servido otro vaso de leche y un plato lleno de vainillas.
9. Al salir, el joven le promete a la señora que va a volver a pagarle por su generosidad.
10. Volvió hacia el mar sin pensar en nada y sentía la sensación de estar vivo entre el cielo y el mar y se durmió.

II. Segunda lectura ¿Cómo? ¿Por qué?

Conteste las preguntas.

1. ¿Por qué no quería pedir comida el joven?
2. ¿Cómo había llegado al puerto en donde estaba?
3. ¿Por qué seguía la vida del mar aunque tenía hambre y no tenía trabajo?
4. ¿Cómo describe el autor las sensaciones de tener una hambre terrible?
5. ¿Por qué escogió el joven la lechería?
6. ¿Por qué lloró tanto?
7. ¿Cómo se siente el joven al final del cuento?

III. Conclusiones y opiniones

1. ¿Por qué cree Ud. que el joven no podía aceptar la comida de los marineros pero podía pedir comida que no iba a pagar en una lechería?
2. ¿Qué cree que haría el joven el día siguiente? ¿El año siguiente?
3. ¿Qué hubiera hecho Ud. en el caso del joven?
4. Explique, usando cuatro o cinco adjetivos, cómo se sintió Ud. al terminar el cuento.

IV. Vocabulario

A. La siguiente lista incluye palabras relacionadas con tres temas. Organice las palabras siguientes en tres grupos según el significado. Dé un título a cada categoría. Escriba oraciones usando palabras de cada grupo.

carne	hambre	leche	orgullo
guiso	vergüenza	bizcochos	zarpar
vapor	marinero	muelle	embarcarse
timidez	vainillas	generosidad	sobras
pescador	puerto	bocado	barco

B. Escoja un verbo y cámbielo al imperfecto o al pretérito del indicativo para completar las oraciones siguientes.

tropezar	haber	desvanecerse	elegir
sacudir	rechazar	dirigirse	embarcarse

1. Aunque tenía hambre, el joven .... las sobras que le ofrecían los marineros.
2. Después de trabajar para un pescador, . . . en el primer barco que llegó al puerto.
3. Sentía tanta hambre que casi . . .
4. Llegó hasta las primeras calles de la ciudad e indeciso . . . una lechería.
5. Solamente . . . un cliente, un viejo leyendo un periódico.
6. El viejo pagó y . . . a la puerta.
7. El joven no sabía donde sentarse y . . . con una silla antes de dirigirse a un rincón.
8. Tenía ganas de llorar y de repente un terrible sollozo lo . . .

ANTECEDENTES

"El nacimiento de la col°," by Rubén Darío, was first published in *Mensaje,* a section of *La tribuna de Buenos Aires,* in 1893 and in *Cuentos completos* in 1950. Darío was one of the great leaders of the movement of "modernismo." His poetry and prose is characterized by an elegance of expression, exotic images of color and music, and unusual words and word order which established a new and modern literary style.

From what other plant was the cabbage born? In what way is the story a poetic legend? What images does Darío employ?

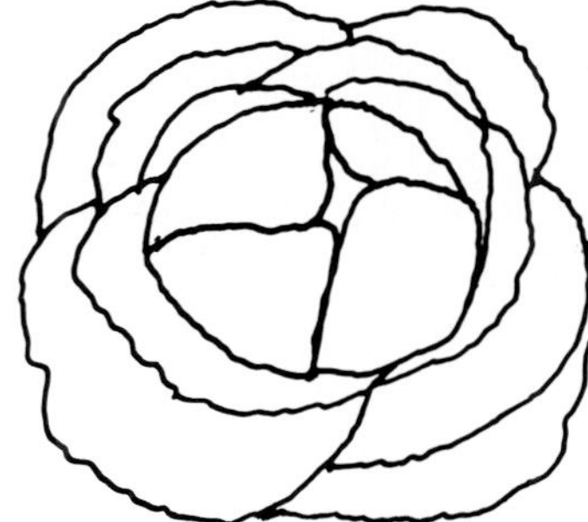

El nacimiento de la col

En el paraíso terrenal°, en el día luminoso en que las flores fueron creadas, y antes de que Eva fuese tentada por la serpiente, el maligno espíritu° se acercó

---

col *cabbage* **terrenal** *earthly* **maligno . . .** *the Devil*

a la más linda rosa nueva en el momento en que ella tendía°, a la caricia del celeste sol, la roja virginidad de sus labios.

—Eres bella.

—Lo soy —dijo la rosa.

—Bella y feliz —prosiguió el diablo—. Tienes el color, la gracia y el aroma. Pero . . .

—¿Pero . . .?

—No eres útil°. ¿No miras esos altos árboles llenos de bellotas°? Esos, a más de ser frondosos°, dan alimento a muchedumbres° de seres animados que se detienen bajo sus ramas°. Rosa, ser bella es poco . . .

La rosa entonces—tentada como después lo sería la mujer—deseó la utilidad, de tal modo que hubo palidez en su púrpura°.

Pasó el buen Dios después del alba° siguiente.

—Padre —dijo aquella princesa floral temblando en su perfumada belleza—, ¿queréis hacerme útil?

—Sea, hija mía, —contestó el Señor, sonriendo.

Y entonces vio el mundo la primera col.

Rubén Darío, Nicaragua
Cuentos completos

I. Primera lectura ¿Qué? ¿Quién? ¿Dónde? ¿Cuándo?

1. Escriba en palabras sencillas una o dos oraciones que expliquen la acción central del cuento.
2. ¿Cuáles son algunas de las palabras poéticas que emplea Darío?

II. Segunda lectura ¿Cómo? ¿Por qué?

1. ¿Por qué compara el autor la rosa con Eva?
2. ¿Por qué contrasta el autor la rosa con los árboles llenos de bellotas?
3. ¿Por qué fue tentada la rosa por el diablo?
4. ¿Cómo se convirtió la rosa en una col?

III. Conclusiones y opiniones

1. En esta leyenda, ¿Qué opina Ud. de las imágenes femeninas? ¿Cuáles son los papeles que les da el poeta a Dios y al diablo? ¿Por qué cree Ud. que los escribió así?
2. ¿Cuáles son otras leyendas que Ud. conoce que explican el origen de algo?
3. ¿Le gustan las leyendas? ¿Por qué sí o por qué no?

---

tendía *stretched out* **útil** *useful* **bellotas** *acorns* **frondosos** *leafy* **muchedumbres** *multitudes* **ramas** *branches* **palidez . . .** *paleness in her regal color* **alba** *dawn*

IV. Vocabulario

Encuentre la palabra común que explica la palabra o frase poética.

alba roble rosa criaturas vivas diablo

1. maligno espíritu
2. árbol lleno de bellotas
3. muchedumbres de seres animados
4. amanecer
5. princesa floral

ANTECEDENTES

In an article that appeared in *Estilo,* the Sunday supplement of the newspaper *El País,* Beatriz Peña explores the phenomenon of reducing diets, now popular in Spain as elsewhere.

What kinds of diets does the author describe? What are some comparable diets in the United States?

Comida de laboratorio

El mercado de productos adelgazantes° mueve más kilos de lo que parece, miles de millones de pesetas se invierten° cada año en este sector. La demanda continúa ascendiendo porque la obesidad es una enfermedad más de las provocadas por el consumo irracional de alimentos. Es una epidemia que afecta a más de la mitad de la población.

Para los que rechazan° las dietas largas y lentas° han proliferado los preparados dietéticos equilibrados, una nueva generación de alimentos° completos que cubren las necesidades nutricionales exactas. Todo encaja° bajo el signo de los tiempos, el método es sencillo, y la preparación, instantánea, sin necesidad de comprar, pesar° o cocinar diferentes comidas para un variado y complicado calendario semanal.

Y el problema queda resuelto con sólo contestar a una pregunta: ¿de qué sabor lo quiere, fresa°, chocolate o vainilla? Sin duda, el sabor más solicitado es el de chocolate . . .

La comida del futuro: pastillas°, granulados°, batidos° o cremas perfectamente estudiadas permiten elaborar una alimentación sin carencias°. Además muchos de estos preparados están registrados en Sanidad como alimentos complementarios, complementos alimenticios.

Compuestos a base de principios nutritivos y minerales, no deben llevar fármacos°, y su aporte° energético está determinado por la Organización Mundial de la Salud (OMS). Las dietas hipocalóricas° solubles deben llevar un contenido más o menos alto de proteínas, las vitaminas y minerales suficientes para prevenir carencias, y pocas calorías. Algunos complementan su formulación con plantas medicinales estimulantes ricas en cafeína natural. Otros incluyen en sus pro-

---

adelgazantes *weight-reducing* **se invierten** *are invested* **rechazan** *reject* **lentas** *slow* **alimentos** *foods* **encaja** *fits in* **pesar** *to weigh* **fresa** *strawberry* **pastillas** *tablets* **granulados** *powders* **batidos** *shakes* **carencias** *deficiencies* **llevar . . .** *contain medications* **fármacos** *medicines* **aporte** *content* **hipocalóricas** *low calorie*

gramas de adelgazamiento agentes saciantes y secuestradores intestinales° con capacidad de aumentar el volumen de los alimentos. Se trata de aniquilar los lípidos en exclusiva, sin perder un solo gramo de masa muscular.

El médico tiene siempre la última palabra sobre la conveniencia de una dieta hipocalórica alta en proteínas. En los casos de un exceso ponderal° menos del 30%, deberían evitarse. Lo mismo sucede durante el embarazo o en casos de individuos hipertensos, o con problemas cardiacos.

Beatriz Peña, España
Estilo, El País

I. Primera lectura ¿Qué? ¿Quién? ¿Dónde? ¿Cuándo?

Encuentre la información siguiente en el artículo.

1. en qué se invierten millones de pesetas
2. lo que es una epidemia
3. las ventajas que tienen los preparados dietéticos equilibrados
4. la pregunta que hay que contestar
5. las formas en que se pueden comprar las dietas
6. quién determina el aporte energético de las comidas
7. el contenido de las dietas hipocalóricas solubles
8. algunos de los productos que contienen las dietas
9. quién tiene la última palabra sobre las dietas
10. quiénes deben y no deben usar las dietas

II. Segunda lectura ¿Cómo? ¿Por qué?

1. ¿Por qué dice la escritora que las dietas de laboratorio son la comida del futuro?
2. ¿Cómo son registrados muchos de los productos en el Ministerio de Salud?
3. ¿Cómo son compuestos los alimentos?

III. Conclusiones y opiniones

1. ¿Por qué cree Ud. que es tan grande el mercado de productos adelgazantes?
2. ¿Cree Ud. que estas comidas seguirán siendo tan populares en el futuro?
3. ¿Qué clase de dietas ha usado Ud. y con qué resultados?
4. ¿Qué cree Ud. que es más importante para mantenerse en buen peso la diéta o el estilo de vida?

IV. Vocabulario

1. ¿Qué diferencia hay entre «alimentos complementarios» y «complementos alimenticios»?

---

agentes ... *agents that satisfy and fill the intestines* **ponderal** *weight* **embarazo** *pregancy*

2. Dé Ud. ejemplos de productos para dietas que se venden en forma de a) pastillas, b) granulados, c) batidos y d) cremas.
3. Explique lo que son los siguientes: a) las dietas hipocalóricas, b) individuos hipertensos y c) problemas cardiacos.

Discusión

Intercambie sus ideas con otra persona. Después, Ud. y su pareja pueden compartir sus opiniones con sus compañeros(as) de clase y con el (la) profesor(a).

A. **Las dietas.** ¿Cuál es la mejor forma de adelgazar? ¿Es cierto que las personas que pierden mucho peso en una dieta tienden a aumentar de peso después? ¿Cuál es la solución a la obesidad?

B. **Asociaciones.** Al oír estas palabras, ¿en qué otras palabras piensa?

1. la rosa	**4.** las dietas
2. la col	**5.** el mar
3. la leche	**6.** un puerto

C. **La vida de otros.** Piense Ud. en la mujer española en «El vaso de leche». ¿Cómo cree que es su vida? ¿Cómo posiblemente llegó a Chile? ¿En qué pensaba ella al oír sollozar al muchacho?

D. **El hambre mundial.** Con su pareja haga una lista de cinco causas del hambre mundial y cinco posibles soluciones.

E. **El hambre local.** Haga una lista de cinco frases que expresen las reacciones de Ud. y su pareja sobre las personas que dependen de la ayuda de otros para satisfacer sus necesidades básicas.

Expresión escrita

DESARROLLAR IDEAS PRINCIPALES CON DETALLES

Guía de restaurantes. Imagine que Ud. escribe una guía de restaurantes. Puede ser para una ciudad que Ud. conozca, una ciudad imaginaria, o una ciudad del futuro. La guía puede ser para turistas, para congresistas°, o estudiantes. Desarrolle un párrafo para cada restaurante. Añada detalles basándose en las preguntas que siguen. Antes de escribir, pueden discutir en grupos de 3 o 4 algunos de los restaurantes que Uds. conocen.

---

congresista *conventioneers*

Guía de restaurantes

Si Ud. es un verdadero gastrónomo y no le importan los precios, recomendamos el restaurante . . .

Si Ud. busca un buen restaurante con precios módicos, puede confiar en el restaurante . . .

Un restaurante que no podemos recomendar es . . . porque . . .

Un restaurante muy popular entre los estudiantes de esta universidad es . . .

(¿Qué tipos de comida sirven? ¿Cuáles son algunos de los platos especiales que Ud. recomienda? ¿Qué tiene de especial el restaurante? ¿Cómo son el ambiente y la decoración? ¿Con quiénes es muy popular? ¿Dónde está? ¿Cómo son los precios? ¿Aceptan tarjetas de crédito o hay que pagar en efectivo?)

Cultura

La economía de la mayoría de los países de Hispanoamérica depende de la agricultura. Afortunadamente, la fertilidad de la tierra es asombrosa. Cada día los supermercados nos ofrecen más y más productos exóticos de tierras lejanas.

Esta selección cultural describe cuatro productos de uso común que contribuyen a hacer nuestra vida más placentera.

¿Puede Ud. concebir un mundo sin azúcar o café o chocolate? ¿O sin nueces?

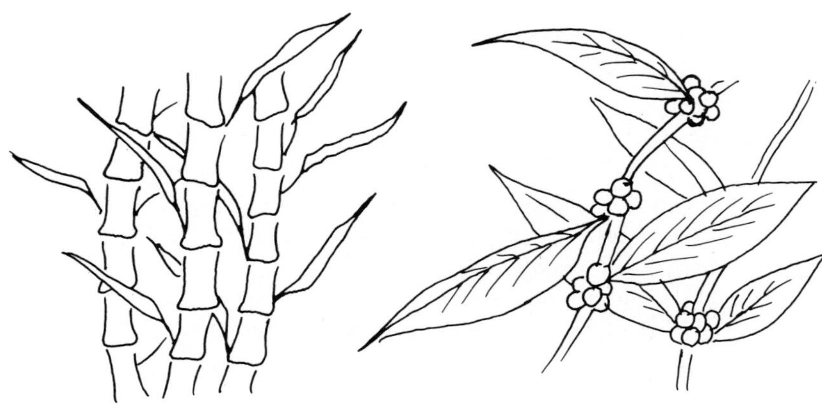

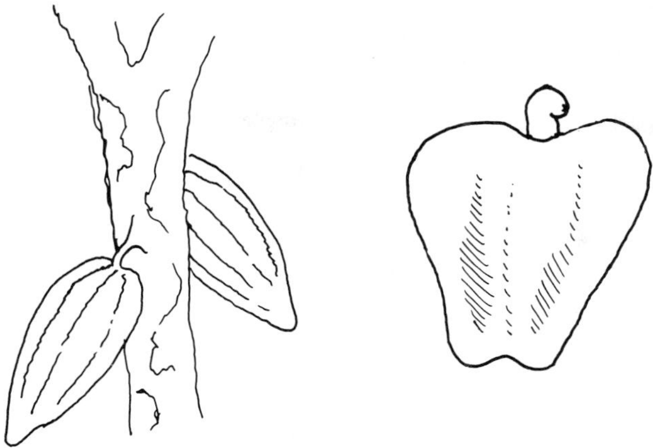

Frutos de la tierra

Los países de la América Latina son en su mayor parte países agrícolas que exportan carnes, pieles, plátanos, café y otros productos. Cuatro frutos de la tierra que tienen un papel importante en el intercambio comercial entre la América Latina y otros países son la caña de azúcar, el café, el cacao y el marañón°.

La caña de azúcar

Cristóbal Colón llevó la caña de azúcar a Santo Domingo en 1493 donde se extendió su cultivo. De allí pasó al resto de las islas del Caribe y a otras regiones de América. Hoy en día se cultiva en todos los países latinoamericanos que contribuyen con un alto porcentaje a la producción del azúcar.

Productos derivados de la caña se usan para alimentar al ganado°, como abono°, y como comestible. También se usan en la fabricación de papel, cartón°, plásticos, alcohol, glicerina, aguardiente°, y algunos ácidos. Por ser tan dulces, los canutos° de la planta se consideran una golosina° en los trópicos.

El café

El café es originario de Abisinia, país llamado hoy Etiopía. Fue introducido por los holandeses en varios países tropicales en el Siglo XVII. Brasil es el mayor productor de café y sus plantíos los más extensos del mundo. También se cultiva en Colombia, México, El Salvador, Guatemala, Costa Rica, Ecuador, Perú, y Venezuela.

El grano de café es la semilla° de un fruto de color rojo vivo parecido a° una pequeña cereza°. El fruto maduro se despulpa a máquina. Luego se seca al sol o en estufas. Después de seco se le quita la cascarilla° hasta limpiar el grano

---

marañón *cashew tree* **ganado** *cattle* **abono** *fertilizer* **cartón** *cardboard*
aguardiente *brandy* **canutos** *sections of sugar cane* **golosina** *delicacy* **semilla** *seed*
parecido a *similar to* **cereza** *cherry* **cascarilla** *hull*

completamente. Ahora está listo para clasificarlo en grados. Después de clasificarlo en grados, se envasa° y se envía a los molinos° donde se tuesta°, se muele°, y se prepara para el mercado.

El cacao

Mucho antes de la llegada de los españoles a América el cacao era ya importante para los aborígenes del Nuevo Mundo. Los aztecas creían que el dios Quetzalcóatl había traído la semilla y que había enseñado a sus antepasados a cultivar el cacao. En 1519 Cortés introdujo el cacao en España.

El árbol del cacao es nativo de las selvas de la América tropical. Sus hojas son brillantes, y al igual que otros árboles tropicales de las selvas húmedas, las pequeñas flores y los frutos crecen directamente en el tronco y en las ramas más grandes. Los frutos son grandes, de forma oval alargada°, y contienen 50 o más semillas. Las semillas, que son amargas, se colocan en cajas donde principia su fermentación y desarrollan el agradable aroma típico del chocolate. Cuando las semillas están secas se envían a las fábricas donde se tuestan y se prepara la pasta para hacer dulces, chocolate con leche, y manteca de cacao°.

El marañón

El marañón es un árbol originario del Brasil. Se cultiva en los países de clima cálido. Su fruto, una almendra, es muy apreciado.

La almendra del marañón° nace de una curiosa estructura periforme (en forma de pera), la manzana del marañón. La manzana, aunque comúnmente llamada fruto, no es en realidad un fruto, sino un pedúnculo° que se hincha° y se vuelve suculento y comestible. El verdadero fruto del marañón es un cuerpo semejante a un frijol que se forma al extremo de la falsa manzana.

La América del Sur exporta de un millón a millón y medio de kilogramos de almendras de marañón al año.

La próxima vez que Ud. coma almendras de marañón, tenga en cuenta que cada almendra es el fruto de una manzana entera.

DISCUSIÓN

1. Discuta con otra persona los títulos que se deben poner a cada fruto.
2. En turno, mencione algunas cosas de interés sobre cada fruto.
3. Si un habitante de la América Latina quisiera saber algo sobre algunos de los frutos de los Estados Unidos, cuáles le describiría Ud.? ¿Por qué?

---

se envasa *it's packaged* **molinos** *mills* **se tuesta** *it's toasted* **se muele** *it's ground* **alargada** *elongated* **manteca . . .** *cocoa butter* **alemendra . . .** *cashew nut* **pedúnculo** *peduncle, stalk* **se hincha** *swells*

6 Las moradas

▷ **ESTRATEGIAS DEL BUEN LECTOR**
Usar la redundancia para captar el mensaje
Comprender el tono de los diminutivos y aumentativos

▷ **LECTURAS**
«Dos butacas se trasladan de habitación» Camilo José Cela
«Casa tomada» Julio Cortázar
«Oda a las cosas rotas» Pablo Neruda

▷ **DISCUSIÓN**

▷ **EXPRESIÓN ESCRITA**
Describir una casa
¿Sueño o pesadilla?

▷ **CULTURA**
Moradas históricas: La Alhambra y el Castillo de Chapultepec

Estrategias del buen lector

USAR LA REDUNDANCIA PARA CAPTAR EL MENSAJE

Languages have more words and endings than are necessary to interpret meaning. This is called redundancy. When you read, you can often skip over such redundancies while still grasping the gist of a passage. For example, you can often skip over such words as articles and some pronouns and prepositions and yet capture the meaning of a sentence. In the following sentence, the narrator of "La casa tomada" describes his activities:

> Los sábados yo aprovechaba esas salidas para dar una vuelta por la librería y preguntar vanamente si había novedades en la literatura francesa.

Though not grammatically correct, the meaning would be almost as clear if you only read:

> ~~Los~~ sábados ~~yo~~ aprovechaba ~~esas~~ salidas ~~para~~ dar ~~una~~ vuelta ~~por la~~ librería y preguntar ~~vanamente~~ si había novedades ~~en la~~ literatura francesa.

On the other hand, redundancies can help you check your understanding of a passage. In the above passage, "yo" makes it clear that the narrator is speaking about his own activities.

Exaggeration may also be a form of redundancy that lets an author make a strong point and helps the reader check for understanding. In his story about two wing chairs that change rooms, Camilo José Cela repeats the protagonist's name many times throughout the story, in effect satirizing Don Cristobita.

ACTIVIDAD

El párrafo que sigue es una descripción de la hermana del narrador de «La casa tomada». Copie el párrafo omitiendo las redundancias y otras palabras que no sean importantes para captar las ideas principales.

> Irene era una chica nacida para no molestar a nadie. Aparte de su actividad matinal° se pasaba el resto del día tejiendo° en el sofá de su dormitorio. No sé por qué tejía tanto, yo creo que las mujeres tejen cuando han encontrado en esa labor el gran pretexto para no hacer nada. Irene no era así, tejía cosas siempre necesarias, tricotas° para el invierno, medias para mí, mañanitas y

matinal *morning (adj.)* **tejiendo** *knitting* **tricotas** *jerseys*

chalecos° para ella. A veces tejía un chaleco y después lo destejía en un momento porque algo no le agradaba; era gracioso ver en la canastilla° el montón de lana encrespada° resistiéndose a perder su forma en algunas horas.

COMPRENDER EL TONO DE LOS DIMINUTIVOS Y AUMENTATIVOS

Augmentatives and diminutives are endings usually added to nouns and adjectives that increase or decrease the size or qualities of the person, object, or characteristic. Understanding the tone of augmentatives and diminutives can enable you to capture the author's point of view.

Diminutive endings such as **-ito(a), -illo(a),** and **-ico(a)** usually imply smallness, closeness, cuteness, or tenderness, but they can also be used ironically. Cela, for example, by giving his protagonist the name "Don Cristobita" rather than Don Cristóbal, uses the diminutive to mock the protagonist's character.

Augmentatives such as **-ote, -ón(a),** and **-azo(a)** often imply bigness, clumsiness, or disparagement. The armchairs in Cela's story are **butacas, butacones,** or **butaquitas,** depending on the impression the author wishes to give the reader.

Certain endings have lost the sense of the diminutive or augmentative and simply identify objects that are different from the original. For example, **ventanilla** originally meant a small window, but now usually refers to a car window or a ticket window.

ACTIVIDAD

Lea las oraciones del cuento de Cela y explique si la connotación de cada palabra en negrita es negativa, positiva, irónica o neutral. Indique cuáles son algunas de las palabras redundantes.

1. Los dos **butacones** de orejas°, lustre y orgullo° del ajuar° de don Cristobita; los dos **butacones,** amplios como matronas romanas, acogedores° como madres tiernas, cómodos como ataúdes° de primera preferente, clase A, gran lujo, no salieron de la habitación . . .
2. Don Cristobita . . . en su nueva casa se volvió algo matilde°, algo **cocinilla**° y se dedicó durante algunos días a correrlas de sitio, a quitarles el polvo, a darles un poco de barniz°.
3. La mesa salió bien; con algún **trabajillo,** pero salió bien.
4. —¿De mudanza°?
   —Pues, no. Un **arreglillo**°.
5. Don Cristobita salió al **pasillo**° y allí se encontró con ocho **mocetones**° garridos°.

---

mañanitas . . . *shawls and vests* **canastilla** *basket* **lana . . .** *crinkled wool* **. . . de orejas** *wing chairs* **lustre** *polish and pride* **ajuar** *household furniture* **acogedores** *welcoming* **ataúdes** *coffins* **matilde** *domestic* **cocinilla** *busybody* **barniz** *varnish* **De mudanza** *moving* **arreglillo** (dim. of arreglo) *arrangement* **pasillo** *hallway* **mocetones** (aug. of mozo) *lads* **garridos** *elegant*

Lecturas

ANTECEDENTES

One of Spain's foremost novelists, Camilo José Cela won the Nobel prize for literature in 1988. He is most widely known for his "tremendista" novels, realistic novels with themes of violence, anguish, loneliness, and despair. In many of his short stories, however, Cela creates humorous and ironic caricatures of people in seemingly unimportant every-day situations.

One such caricature is Don Cristobita in the story "Dos butacas cambian de habitación," first published in *Arriba* in 1949. The action of the story revolves around Don Cristobita's desire to move two large wing chairs to a different room in his new apartment. As in many older apartment buildings with narrow stairways, the chairs have been placed in the room by hoisting them with a crane up over the balcony.

Why does Don Cristobita become obsessed with the idea that his study is in the wrong place? What attempts are made to move the chairs through the door? How is the problem finally solved? What is Don Cristobita's emotional state at the end of the story?

Dos butacas se trasladan de habitación

Don Cristobita ha estrenado° casa: cuatro habitaciones, todas exteriores, hall, cocina, baño, aseo de servicio° y un armario empotrado° en el pasillo. Don Cristobita está encantado con su nueva casa y se pasea por las habitaciones de una a otra, echando discursos y andando a la pata coja°. Cada cual denota el contento como mejor puede.

Los muebles de don Cristobita vinieron por el aire, como las noticias lejanas—las noticias de las inundaciones° del Nilo y de los descarrilamientos° en Louisiana del Sur—, y don Cristobita, mientras veía sus mesas y sus sillas suspendidas en el vacío°, como la espada de Damocles, pasó un rato amargo, con los nervios de punta° y la atención en vilo°.

Pero todo tiene su fin, y los muebles de Cristobita, unos detrás de otros, quedaron instalados en su nueva casa. Los dos butacones de orejas, lustre y orgullo del ajuar de don Cristobita; los dos butacones, amplios como matronas romanas, acogedores como madres tiernas, cómodos como ataúdes de primera preferente, clase A, gran lujo, no salieron de la habitación por cuyo balcón habían entrado, la habitación que había de ser precisamente el despacho° donde don Cristobita había de despachar°, como a criadas° insurrectas, sus largas y vacías horas de aburrimiento° y crucigramas°.

Don Cristobita, con los muebles recién colocados—como huevos frescos y recién puestos°—en su nueva casa se volvió algo matilde, algo cocinilla y se de-

---

estrenado *just moved into* **aseo . . .** *maid's bath* **empotrado** *built in* **a la pata . . .** *freely* **inundaciones** *floods* **descarrilamientos** *derailments* **en el vacío** *in space* **de punta** *on edge* **en vilo** *suspended* **despacho** *office* **despachar** *to dispatch* **criadas . . .** *rebellious maids* **aburrimiento** *boredom* **crucigramas** *crossword puzzles* **recién . . .** *just laid*

dicó durante algunos días a correrlos de sitio, a quitarles el polvo, a darles un poco de barniz.

—¡El hogar°!—. ¿Hay algo mejor que el hogar? Con un hogar confortable se ahorra dinero, casi no se sale a la calle, se baja menos al café . . . ¡Oh, el hogar!

Cuando don Cristobita acabó de arreglar su nueva casa cogió el portante° y se marchó al café. A don Cristobita le remordían° un poco las largas y estériles horas del café, pero ¡se estaba tan bien! Don Cristobita buscaba argumentos para quedarse en casa, pero no los encontraba. Al contrario, lo que le aparecían a cientos eran argumentos para marcharse: la criada cantaba con una voz estentórea y destemplada°; la casa olía a aceite frito y a lombarda cocida°, el niño estaba sucio y se pasaba las horas llorando a moco tendido°, la mujer le acosaba° con la eterna cantinela de que no tenía medias° . . . En fin . . .

El pobre don Cristobita, acorralado° por las circunstancias—como él decía—, procuraba comer aprisa y corriendo para largarse de nuevo al café. ¡Se estaba tan bien sentado sobre el peluche°, tomando café con leche y oyendo hablar de literatura a los de la mesa de al lado!

Hasta que un día . . . El autor de estas líneas ha oído decir; no recuerda bien dónde, que los grandes descubrimientos de la Humanidad han sido siempre producto del azar°: el baño de Arquímedes, la manzana de Newton, etcétera. A don Cristobita, aquel día debió pasarle algo parecido.

Don Cristobita estaba pensando en lo de la Alemania occidental—si era bueno o si era malo—, y de repente se quedó parado° y dijo:

—¡Ya está! ¡Lo que hace falta es cambiar el despacho de sitio°!

Salió corriendo para su casa y le comunicó la decisión a su mujer.

—Mira, Paquita, hija°, lo que hace falta es cambiar el despacho de sitio, ¿no te parece? Ahí donde está, mismo enfrente de la cocina, no es un sitio apropiado. Es de mal efecto que venga alguien a visitarme y pueda ver ahí una mesa llena de pescadillas muertas. ¿No te parece?

—Sí, sí, lo que tú quieras. Ya sabes que yo, lo que tú quieras.

Don Cristobita puso manos a la obra°. Los muebles del comedor los puso en el hall, que estaba vacío, y empezó a sacar los muebles del despacho. Las sillas salieron muy bien. Dos estanterías° pequeñas que tenía adosadas° a la pared salieron bastante bien. La mesa salió bien; con algún trabajillo, pero salió bien. Lo malo fueron los butacones de orejas.

Llamaron a la puerta y don Cristobita tuvo que suspender un momento su quehacer° para apartar un poco los muebles del comedor, que no dejaban llegar a la puerta.

—El gas.

—Bien, pase usted.

---

hogar *home* **cogió . . .** *took off* **remordían** *disturbed his conscience* **estentórea** *loud* **destemplada** *out of tune* **lombarda . . .** *cooked cabbage* **a moco . . .** *bawling* **acosaba** *pestered* **no tenía . . .** *she didn't have any hose to wear* **acorralado** *cornered* **peluche** *plush* **azar** *chance* **se quedó . . .** *he stood up* **cambiar . . .** *to move the office* **hija** *"honey"* **pescadillas** *whiting (fish)* **puso manos . . .** *took the job in hand* **estanterías** *bookcases* **adosadas** *against* **quehacer** *task*

—¿De mudanza?

—Pues, no. Un arreglillo . . .

Los dos butacones de orejas pesaban como condenados°; además eran malos de manejar°.

—Paquita, échame una mano°!

—¡Voy!

La mano de Paquita no fue suficiente.

—Que venga la Lola.

La Lola vino, pero entre los tres tampoco pudieron sacar el butacón. El hombre del gas que salía de la cocina de anotar el contador, se consideró en el derecho de intervenir.

—¿Y dándole la vuelta°?

El butacón de orejas, dándole la vuelta, tampoco salía. El hombre del gas era un hombre dinámico, peligroso°.

—Yo creo que quitando la puerta tiene que salir. Lo que falta es ya muy poco.

Pero con la puerta fuera de sus goznes° y apoyada, como una puerta enferma, en la pared del pasillo, el butacón tampoco salía.

Don Cristobita se sintió jefe.

—Nada. Dejémoslo. Hay que avisar° a los hombres de las mudanzas; que los descuelguen° a la calle y que los vuelvan a coger° desde el otro balcón. Eso para ellos es facilísimo. Por la puerta está bien claro que no caben°.

Don Cristobita se colgó al teléfono y habló con los de las mudanzas, que quedaron en ir° a la mañana siguiente. Después, como tenía los nervios deshechos°, se fue corriendo al café.

Y a la mañana siguiente . . .

A la mañana siguiente, a las ocho y media, la criada despertó a don Cristobita.

—Señorito, los de la mudanza.

Don Cristobita se echó de la cama y se puso la bata°. Don Cristobita había dormido, en la noche, tres cuartos de hora escasos°; el hombre se había desvelado° pensando en sus butacones de orejas.

Don Cristobita salió al pasillo y allí se encontró con ocho mocetones garridos°—asturianos y gallegos—armados de garruchas, poleas, cuerdas° y decisión. Don Cristobita se encontró muy pequeño al lado de ellos y sonrió.

—¡Je, je!

El que parecía jefe tomó la palabra:

—Buenos días. ¿Qué hay que hacer?

Don Critobita estaba un poco azarado°; él no contaba con que hubieran venido más de dos hombres, uno para asomarse° al balcón y otro para ponerse en la calle y coger° las butacas.

---

pesaban . . . *weighed a ton* **manejar** *to handle* **échame . . .** *give me a hand* **¿y dándole . . . ?** *What about turning it?* **peligroso** *dangerous* **goznes** *hinges* **avisar** *to inform* **descuelguen** *lower* **vuelvan . . .** *pick them up again* **caben** *fit* **quedaron . . .** *they agreed to come* **deshechos** *exhausted* **bata** *robe* **tres cuartos . . .** *barely three quarters of an hour* **desvelado** *stayed awake* **garridos** *smartly turned out* **garruchas . . .** *blocks, pulleys, ropes* **azarado** *flustered* **asomarse** *to look out* **coger** *to catch*

—¡Je, je! Pues, ya ven ustedes, ¡poca cosa! ¡Una chapucilla°!

Estas butaquitas que quería llevarlas a esa habitación y, claro, como por la puerta no caben°, pues pensé que lo mejor sería descolgarles a la calle y volverlas a coger, ¡je, je!

El que parecía jefe, ni contestó. Miró las butacas, miró la puerta, se ajustó° el cinturón, cogió una butaca, le dio la vuelta y la puso en el pasillo. Con la otra hizo lo mismo.

Don Cristobita se puso colorado°.

—¡Je, je! ¿Pesan, eh?

—No, señor, ¡más pesa un piano!

Don Cristobita seguía sonriendo; el hombre se sentía profundamente desgraciado°.

—¿Algo más?

Don Cristobita casi no tenía voz.

—No . . ., no . . ., no . . .

Camilo José Cela, España
Arriba

I. Primera lectura ¿Qué? ¿Quién? ¿Cuándo? ¿Dónde?

Escoja la mejor alternativa según el cuento.

1. Al principio, ¿Está dón Cristobita preocupado o contento con la casa?
2. ¿Llegaron los muebles por el balcón o por la escalera?
3. ¿Es don Cristobita un hombre apacible o nervioso?
4. ¿Colocaron las dos butacas en la sala o en el despacho?
5. Con los muebles y la casa nueva, ¿se hizo don Cristobita más doméstico o menos doméstico?
6. Llegó don Cristobita a preferir la casa o el café?
7. ¿Mudó don Cristobita el despacho completo o mudó solamente las butacas?
8. ¿A la mujer le pareció bien o mal mudar el despacho?
9. ¿Recomienda el hombre de gas quitar la puerta o llamar a los de las mudanzas?
10. ¿Vinieron dos hombres u ocho hombres de la mudanza?
11. Por fin, ¿Mudó el jefe la butaca por el pasillo o la mudaron varios hombres?

II. Segunda lectura ¿Cómo? ¿Por qué?

Conteste las preguntas.

1. ¿Cómo demuestra don Cristobita que está satisfecho con su nueva casa?
2. ¿Cómo pasaba don Cristobita su tiempo en el despacho?
3. ¿Por qué quería cambiar su despacho de lugar?
4. ¿Cómo personifica el autor las butacas y la puerta?
5. ¿Cómo se sintió don Cristobita cuando el jefe de la mudanza sacó la butaca?

---

chapucilla *trifle* **caben** *fit* **se ajustó** *he tightened* **se puso colorado** *blushed*
desgraciado *awkward*

III. Conclusiones y opiniones

1. ¿Encuentra Ud. que hay conflicto entre el amor a su casa y el deseo de don Cristobita de escaparse al café? Explique su opinión.
2. ¿Está Ud. de acuerdo con don Cristobita en que «no hay sitio bajo el cielo como el hogar»? ¿Por qué sí o por qué no?
3. ¿Es cierto lo que dice el narrador que los grandes descubrimientos suceden por casualidad? Cite algunos ejemplos.

IV. Vocabulario

A. Escoja uno de los verbos para completar cada oración, conjugándolo según el tiempo del otro verbo de la oración.

coger caber remorder ajustarse quedar estrenar

1. Don Cristobita ya se ha mudado y . . . su nueva casa.
2. A don Cristobita le . . . un poco las largas y estériles horas del café, pero ¡se estaba tan bien!
3. Era bien claro que las butacas no . . . por la puerta.
4. Habló con los de la mudanza y . . . en ir a la mañana siguiente.
5. El jefe miró la puerta, . . . el cinturón, . . . una butaca, le dio la vuelta y la puso en el pasillo.

B. Defina las palabras siguientes.

1. mudarse
2. butaca
3. mudanza
4. estantería

ANTECEDENTES

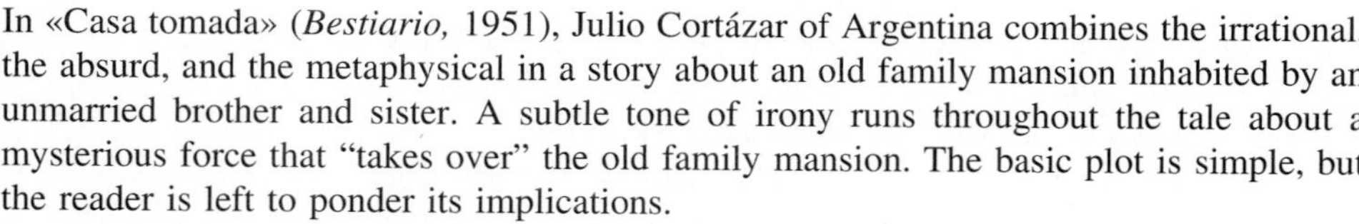

In «Casa tomada» (*Bestiario,* 1951), Julio Cortázar of Argentina combines the irrational, the absurd, and the metaphysical in a story about an old family mansion inhabited by an unmarried brother and sister. A subtle tone of irony runs throughout the tale about a mysterious force that "takes over" the old family mansion. The basic plot is simple, but the reader is left to ponder its implications.

Does the story symbolize a longing for cherished things that one has lost? Is it an allegory of evil? Does it represent places that one cannot return to for whatever reason? Does it symbolize all of the unknown forces that change our lives?

Casa tomada

[1]Nos gustaba la casa porque aparte de espaciosa y antigua (hoy que las casas antiguas sucumben a la más ventajosa liquidación de sus materiales) guardaba

La casa tomada

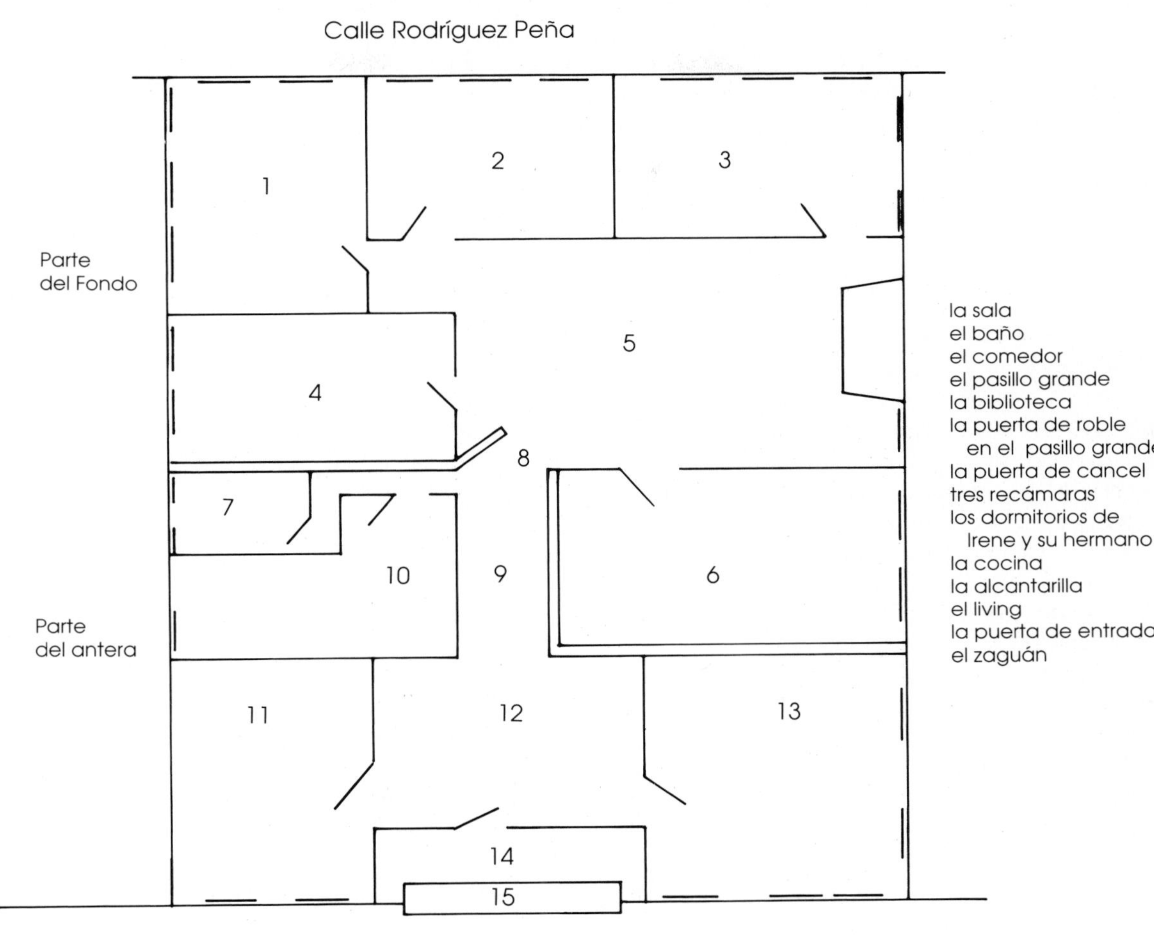

II. Segunda lectura ¿Cómo? ¿Por qué?

1. ¿En qué orden ocurrió lo siguiente al quedar tomada la parte del fondo de la casa? (Trozos 5 y 6)

Se me ocurrió poner al fuego la pavita del mate.
Corrí el gran cerrojo.
Daba la vuelta al codo del pasillo . . .
Irene estaba tejiendo en su dormitorio.

Me tiré contra la puerta.
Ella dijo: —Tendremos que vivir en este lado.
La cerré de golpe.
Fui por el pasillo.
Le dije a Irene: —Han tomado la parte del fondo.
Venía un sonido impreciso y sordo.

2. ¿En qué orden ocurrió lo siguiente al quedar tomada el resto de la casa? (Trozos 11–15)

Salimos a la calle.
Me detuve bruscamente.
Oí ruido en la cocina.
Los ruidos se oían más fuertes.
Apreté el brazo de Irene y la hice correr conmigo hasta la puerta cancel.
Los ruidos eran de este lado de la puerta de roble.
Cerré de un golpe la cancel.
Irene vino a mi lado.
Iba hasta la cocina para servirme un vaso de agua.
Nos quedamos en el zaguán.

III. Conclusiones y opiniones

1. El cuento muestra un tono nostálgico en cuanto a la casa y la vida pasada. Dé algunos ejemplos de este tono.
2. ¿Cree que existen cosas, lugares o experiencias que pueden ser «tomados» en el sentido de que uno no pueda volver a ellos? Dé Ud. un ejemplo.
3. ¿Qué significa el cuento para Ud.? ¿Le gusta o no? ¿Por qué?

IV. Vocabulario

A. **Palabras semejantes.** Escoja una palabra o expresión semejante a la que está en letra itálica.

1. Irene no quiere *molestar* a nadie.

   a. aburrir **b.** estorbar **c.** comprometer

2. Después de nuestra muerte, algunos parientes van a quedarse con la casa y pueden *echarla al suelo.*

   a. encresparla **b.** restaurarla **c.** derrumbarla

3. Nuestros *dormitorios* están a los dos lados del living.

   a. residencias **b.** alcobas **c.** camas

4. Más allá de la puerta de entrada, un *pasillo* da a la sala.

   a. corredor **b.** codo **c.** penoso

5. El hermano fue a la cocina para *poner al fuego* la pavita del mate.

   a. apoyar **b.** enfrentar **c.** calentar

6. De la biblioteca venía un sonido impreciso y sordo, como un *susurro.*

   a. sospechoso **b.** ovillo **c.** murmullo

B. Oraciones. Escriba una oración con cada verbo sobre las actividades de los hermanos.

1. limpiar **2.** preparar el almuerzo **3.** cocinar **4.** tejer

ANTECEDENTES

This ode from *Navegaciones y regresos* (1959) is by the Nobel prize-winning Chilean poet, Pablo Neruda. Neruda's vast body of work includes poetry about almost every aspect of life. He has written hundreds of odes to everything from abstract feelings like love and patriotism to concrete everyday items like socks and artichokes. «Oda a las cosas rotas» examines the relationship between the passage of time and broken household objects.

How are the things broken and what happens to them? What does the end of the clock mean? What is the agent that wears down and crushes everything?

Oda a las cosas rotas

Se van rompiendo cosas
en la casa
como empujadas por un invisible
quebrador° voluntario:
no son las manos mías,
ni las tuyas,
no fueron las muchachas
de uña dura°
y pasos° de planeta:
no fue nada ni nadie,
no fue el viento,
no fue el anaranjado mediodía,
ni la noche terrestre,
no fue ni la nariz ni el codo,
la creciente cadera,
el tobillo,
ni el aire:

---

quebrador *breaker* **muchachas . . .** *girls with hard nails (i.e., servants)* **pasos** *steps*

se quebró el plato, se cayó la lámpara
se derrumbaron° todos los floreros°
uno por uno, aquel
en pleno octubre
colmado° de escarlata,
fatigado por todas las violetas,
y otro vacío
rodo°, rodó, rodó
por el invierno
hasta ser sólo harina°
de florero,
recuerdo° roto, polvo° luminoso.
Y aquel reloj
cuyo sonido
era
la voz de nuestras vidas,
el secreto hilo°
de las semanas,
que una a una
ataba° tantas horas
a la miel, al silencio,
a tantos nacimientos y trabajos,
aquel reloj también
cayó y vibraron
entre los vidrios° rotos
sus delicadas vísceras azules,
su largo corazón
desenrollado.
La vida va moliendo°
vidrios, gastando ropas,
haciendo añicos°
triturando° formas,
y lo que dura con el tiempo
es como isla o nave en el mar,
perecedero°
rodeado por los frágiles peligros,
por implacables aguas y amenazas°.
Pongamos todo de una vez, relojes,
platos, copas talladas° por el frío,
en un saco y llevemos
al mar nuestros tesoros:

---

se derrumbaron *fell down* **floreros** *vases* **colmado** *overflowing* **rodó** *rolled* **harina** *flour* **recuerdo** *remembrance* **polvo** *powder* **hilo** *thread* **ataba** *tied* **vidrios** *glass* **moliendo** *grinding* **haciendo** *smashing into bits* **triturando** *crushing* **perecedero** *perishable* **amenazas** *threats* **talladas** *carved*

que se derrumben nuestras posesiones
en un solo alarmante quebradero°,
que suene como un río
lo que se quiebra
y que el mar reconstruya
con su largo trabajo de mareas°
tantas cosas inútiles
que nadie rompe
pero se rompieron.

Pablo Neruda, Chile
Navegaciones y regresos

I. **Primera lectura** ¿Qué? ¿Quién? ¿Cuándo? ¿Dónde?

1. Encuentre las palabras que nombran cosas rotas: por ejemplo: Se quebró *el plato . . .*
2. Según el poeta, las cosas se rompen de un modo misterioso. Encuentre algunas frases que sugieren esta idea.
3. Haga una lista de cosas o personas que *no rompieron* las cosas.

II. **Segunda lectura** ¿Cómo? ¿Por qué?

¿Cómo interpreta Ud. el poema? Encuentre una o más respuestas para completar la oración.

1. Las cosas son rotas por . . .

- **a.** las sirvientas que trabajan en la casa.
- **b.** el viento
- **c.** un voluntario rompedor misterioso
- **d.** los miembros de la familia

2. Uno de los floreros . . .

- **a.** estaba iluminado
- **b.** era un recuerdo de un amigo
- **c.** estaba lleno de flores
- **d.** se convirtió en polvo

3. El reloj representa . . .

- **a.** la continuidad de la vida familiar
- **b.** el sonido musical de las campanadas
- **c.** una cadena de horas
- **d.** un hilo secreto

---

quebradero *breaking up* **mareas** *tides*

4. Las palabras *miel* y *silencio* representan . . .
   - **a.** las horas de comida y de descanso
   - **b.** momentos alegres y tristes en la familia
   - **c.** que las personas de la familia hablaban o callaban
   - **d.** el verano y el invierno
5. El poeta dice que . . .
   - **a.** la vida todo lo destruye
   - **b.** la vida es un molino
   - **c.** los barcos son frágiles
   - **d.** aun lo que dura es temporal
6. El autor personifica el reloj y dice que . . .
   - **a.** cuando el reloj cayó no se rompieron los vidrios
   - **b.** el mecanismo del reloj era su corazón
   - **c.** el reloj ha marcado momentos de felicidad y de tristeza para la familia
   - **d.** el reloj es un instrumento de precisión

III. Conclusiones y opiniones

1. En el poema no son personas quienes rompieron las cosas. La construcción reflexiva *se + verbo en tercera persona* se usa en un sentido impersonal. Encuentre en el poema algunos ejemplos del uso de esta construcción.
2. ¿Qué sugiere el poeta que hagamos con las cosas rotas?
3. El poeta dice que dejemos «que el mar reconstruya con su largo trabajo de mareas / tantas cosas inútiles . . .» ¿Cuál es la actitud del poeta hacia las posesiones? ¿Qué implica el verbo *reconstruir*?
4. ¿Cómo se siente Ud. después de leer el poema? ¿alegre? ¿sentimental? ¿nostálgico? ¿triste? ¿melancólico? ¿pensativo? ¿filosófico?

IV. Vocabulario

A. Oraciones. Escriba oraciones interesantes usando los verbos siguientes.

1. durar
2. derrumbar
3. rodar (ue)
4. moler (ue)

B. Imagenes visuales. ¿Qué representación visual tiene Ud. al leer cada una de las expresiones siguientes?

1. las delicadas vísceras azules del reloj
2. el anaranjado mediodía
3. octubre colmado de escarlata

Discusión

Intercambie sus ideas con otra persona. Después, Ud. y su pareja pueden compartir sus opiniones con sus compañeros(as) de clase y con el (la) profesor(a).

A. **Asociación libre.** ¿En qué piensa Ud. al oír las siguientes palabras?

1. peligroso **2.** acogedor **3.** encantado **4.** cómodo

B. **Lo que llevaría.** Imagine que su casa va a ser «tomada». Si pudiera llevarse cinco cosas de la casa ¿qué llevaría?

C. **Mis cosas rotas.** ¿Recuerda Ud. cosas que se le han roto que Ud. apreciaba mucho? ¿Cuáles son algunas cosas que Ud. extrañaría mucho si se rompieran?

D. **Mi casa es mi castillo.** Imagine que Ud. tiene suficiente dinero para construir una casa de precio moderado—ni demasiado modesta ni de lujo. Con su pareja, haga una lista de los aspectos que a su parecer son los más importantes.

Expresión escrita

DESCRIBIR UNA CASA

¿Sueño o pesadilla? Ud. va a escribir una carta a los lectores de una revista que publica materia sobre los sueños, las pesadillas°, y fenómenos psíquicos. Empiece cada párrafo con la oracíon dada y complételo con detalles apropiados según las sugerencias. Ud. puede describir un sueño o una pesadilla.

Párrafo 1. Conozco una casa que tiene una historia muy interesante; se cuenta que varias familias muy (célebres / extrañas) han vivido en ella.

> Añada descripciones de tres o cuatro de las familias. Trate de usar el tiempo perfecto° siempre que pueda.

Párrafo 2. La casa es una de esas grandes mansiones (antiguas / modernas) que se pueden encontrar en cualquier ciudad (provincial / grande).

> Añada una descripción de la casa en el tiempo presente, incluyendo descripciones del aspecto general, las ventanas, las habitaciones, los muebles, los colores, etc.)

Párrafo 3. En mi (sueño / pesadilla) eso es lo que vi pasar en la casa.

> ¿Fue cómico? ¿trágico? ¿romántico? ¿fantástico? Escriba una narración de eventos.

Cultura

Las lecturas en este capítulo están directa o indirectamente relacionadas con la vivienda. Imagínese que usted es un soberano musulmán o una de sus favoritas. ¿Cómo sería un día

---

pesadilla *nightmare* **perfecto** *present perfect*

típico en su vida en la Alhambra?

O igualmente, póngase Ud. en el lugar de Carlota y Maximiliano durante sus últimos días en Chapultepec. ¿Qué conversaciones tendrían ellos en esos días angustiosos?

Moradas históricas

Por todas las tierras de habla española existe una variedad de moradas° famosas por su de historia y por las personas que han vivido en ellas. Dos en que vivieron familias reales de diferentes épocas son la Alhambra de Granada en España y el Castillo de Chapultepec en México.

El nombre de la Alhambra va asociado a leyendas y tradiciones, verídicas° algunas, otras fabulosas, que se narran en cantares y romances árabes y españoles: cuentos de guerra, de amor y de aventura.

La Alhambra fue construida en el siglo XIII como morada principal de los soberanos musulmanes. A ellos les gustaba rodearse de lujo y esplendor. El exterior de esta fortaleza con sus torres y almenas° austeras, oculta la gracia y riqueza de la arquitectura interior con sus bellos salones delicadamente decorados con arcos y columnas con calados° y brillantes colores, y sus bellos jardines interiores con fuentes cantarinas°. Era un ambiente mágico.

Fue la Alhambra el último baluarte° del imperio musulmán en España. Depués de la captura de Granada por los cristianos, la Alhambra continuó siendo morada de los soberanos españoles, pero de un modo transitorio. Los Reyes

---

moradas *dwelling places* **verídicas** *true* **almenas** *parapets* **calados** *fretwork, openwork* **cantarinas** *singing* **baluarte** *bulwark*

Católicos solían pasar temporadas en el castillo. Más tarde, su heredero y nieto, Carlos I (Carlos V de Alemania) vivió brevemente en la Alhambra y emprendió la construcción de un palacio nuevo dentro de la fortaleza.

Al retirarse los reyes españoles definitivamente de la Alhambra, la bella fortaleza empezó a decaer. Se convirtió en refugio para contrabandistas, vagabundos, piratas y otros transeúntes. Por su situación en lo alto de una colina° y su proximidad a Granada, la fortaleza les ofrecía el albergue° que necesitaban para sus actividades clandestinas.

Hoy en día este hermoso monumento histórico está bajo el cuidado del gobierno español y constituye una gran atracción turística.

Otra morada de interés histórico es el Castillo de Chapultepec en la ciudad de México. Está construido en la cumbre de un cerro° encima de terrenos que en una época fueron las reservas reales del imperio azteca y que hoy día forman uno de los parques más conocidos del mundo, el Parque de Chapultepec.

El castillo de Chapultepec fue empezado en 1783 por el Virrey don Matías de Gálvez, y su hijo continuó las obras hasta 1787 cuando volvió a España y se detuvo la construcción. En 1840 se empezó la restauración y fortificación del edificio y la Escuela Militar fue instalada en un ala.

La historia del Castillo de Chapultepec cubre períodos trágicos. Durante la guerra entre México y los Estados Unidos, el ejército norteamericano invadió la capital bajo la dirección del General Scott. El 13 de septiembre de 1847 las tropas norteamericanas atacaron el Castillo de Chapultepec. Los cadetes de la Es-

---

colina *hill* **albergue** *shelter* **cumbre . . .** *top of a hill*

cuela Militar lo defendieron, sacrificando su vida en honor a su patria. Algunos tenían apenas quince años. Hoy día una estatua a «Los niños héroes» conmemora este suceso heróico y trágico.

Otro período trágico para los habitantes del Castillo fue durante la estancia de Maximiliano de Austria y su esposa Carlota de Bélgica. Maximiliano fue nombrado Emperador de México por Napoleón III de Francia y la pareja llegó a México en 1864, creyendo que el pueblo mexicano quería que se instalara una monarquía°.

En 1866 el Emperador Maximiliano decidió convertir el Castillo en un palacio real semejante al que había dejado en Trieste. El Castillo fue renovado al estilo tuscano° y amueblado° con los objetos más finos de Europa. Pero residir en el Castillo no logró darles a Maximiliano y a su emperatriz Carlota una vida feliz. Cuando Francia, bajo presión de los Estados Unidos, decidió retirar las tropas francesas de México, Maximiliano fue a Querétaro para mandar a las tropas que quedaban allí. Fue capturado, sentenciado a muerte y fusilado el 15 de mayo de 1867.

El año anterior Carlota había partido para Europa para convencer a Napoleón y al Papa° que enviaran tropas y fondos° a Maximiliano. En ese año Carlota se volvió loca y aunque vivió hasta 1927, nunca rocobró el juicio°.

Hoy día el Castillo de Chapultepec sirve como Museo Nacional de Historia. El público puede visitar las habitaciones elegantes donde vivieron Carlota y Maximiliano.

DISCUSIÓN

Intercambie sus ideas con otra persona.

1. Describa una de las dos fotos
2. ¿En cuál de las dos moradas le gustaría haber vivido? ¿En qué período? ¿Por qué?
3. ¿Cuál de los dos edificios tiene más interés para Ud. y por qué?

---

monarquía *monarchy* **tuscano** *Tuscan (classical)* **amueblado** *furnished* **Papa** *Pope*
fondos *funds* **juicio** *sanity*

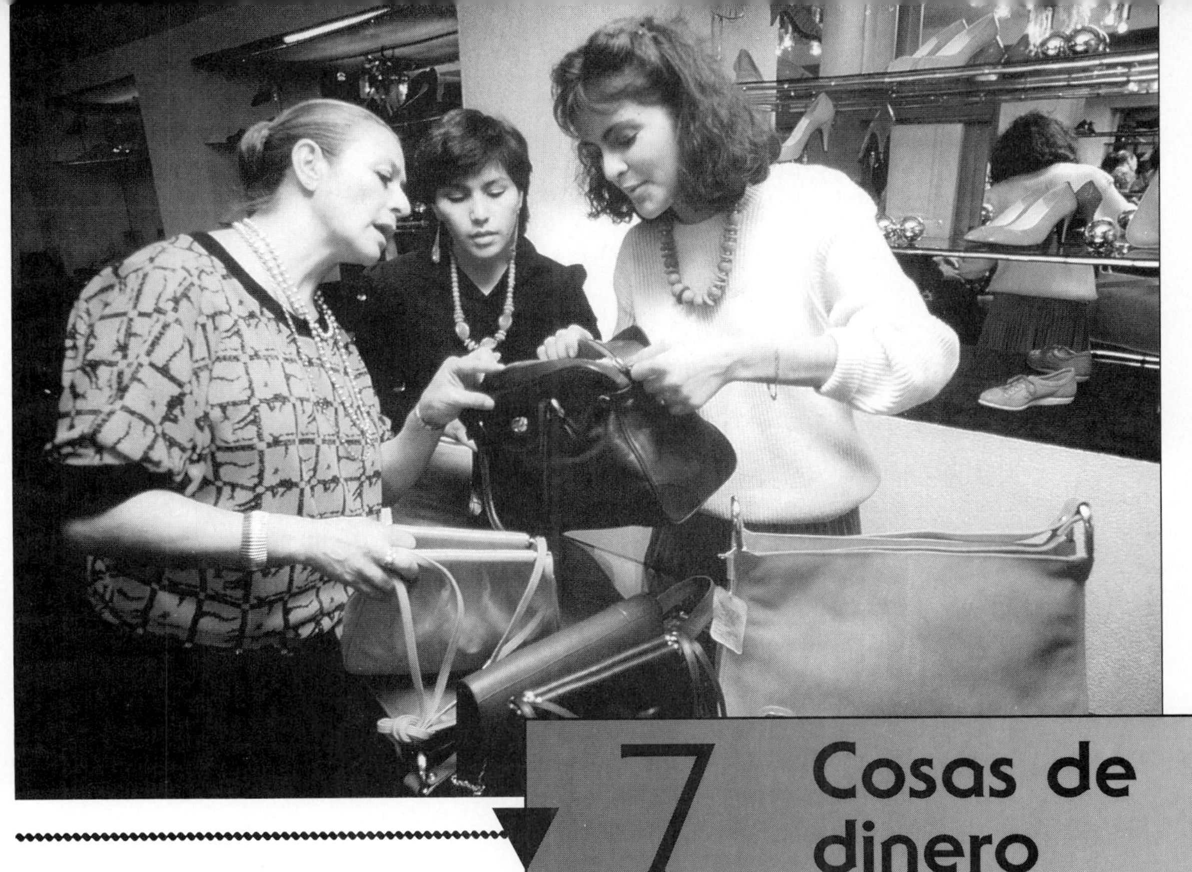

7 Cosas de dinero

▷ **ESTRATEGIAS DEL BUEN LECTOR**
Usar descripciones para interpretar acciones y circunstancias

▷ **LECTURAS**
«Búcate plata» Nicolás Guillén
«Hiperinflación» Andrés Puello
De amor y de sombra (trozo) Isabel Allende

▷ **DISCUSIÓN**

▷ **EXPRESIÓN ESCRITA**
Describir circunstancias y recomendar acción
Un problema económico

▷ **CULTURA**
De compras

Estrategias del buen lector

USAR DESCRIPCIONES PARA INTERPRETAR ACCIONES Y CIRCUNSTANCIAS

Descriptions of people, places, and objects often can be used to help understand the actions or circumstances of a reading. For example, in the poem by Nicolás Guillén, (p. 109) the woman speaks about **amor con hambre, viejo** and then continues with the descriptions **zapato nuevo, tanto reló,** and **tanto lujo,** with **¡Qué va!** interjected between them. By analyzing these descriptions and considering the interjection **¡Qué va!°,** you can determine that the woman is upset because she is starving while there are so many luxuries to be had.

In the selection from Isabel Allende's novel, (p. 114) two houses are described, a modest one in which Fernando's family lives, and a mansion in which Irene lives. These descriptions set the scene for the socio-economic, political, and romantic conflicts that are to follow.

ACTIVIDAD

Lea las descripciones del Capitán Morante y las reacciones de Francisco hacia él en el trozo de la segunda parte de la novela, «Las sombras», página 117. Use las descripciones para captar las ideas principales. Trate de adivinar las palabras nuevas mirando las palabras claves y el contexto. Después conteste las preguntas siguientes.

1. Describa el primer encuentro entre Francisco y el novio de Irene, el Capitán Morante.
2. ¿Qué tipo de hombre es Morante? ¿Cómo parece ser diferente de Francisco?
3. ¿Cómo describe Allende la reacción de Francisco cuando Morante está con Irene?
4. Basándose en la descripción de Francisco al principio y al final del trozo, ¿qué le está pasando?
5. ¿Cree Ud. que la palabra «amor» del título del libro se refiere a Francisco o a Morante? ¿Cómo cree que serán las relaciones entre Morante e Irene y Francisco e Irene al final de la novela? Explique su opinión.

Lecturas

ANTECEDENTES

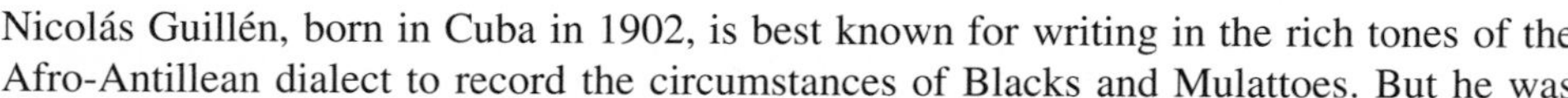

Nicolás Guillén, born in Cuba in 1902, is best known for writing in the rich tones of the Afro-Antillean dialect to record the circumstances of Blacks and Mulattoes. But he was

---

¡Qué va! *No way (coll.)*

equally at home in standard Spanish, demonstrating all the brilliance of the best poetic language of his generation. In «Búcate plata», from *Motivos de son* (1930), Guillén voices the frustration of a mulatto woman as she criticizes her man.

What does she demand of him? What does she need? What will she do if he doesn't satisfy her demands.

In the Afro-Cuban dialect the **s** sound and various other consonants are typically dropped.

arroz → arró
búscate → búcate
después → depué
está, estoy → etá, etoy
más → má
nada → na
reloj → reló
todo → to

Búcate plata°

Búcate plata
búcate plata
porque no doy un paso° má:
etoy a arró con galleta°
na má.
Yo bien sé cómo etá to
pero viejo°, hay que comer
búcate plata, búcate plata,
porque me voy a correr°.
Depué dirán que soy mala,
y no me querrán tratar°
pero amor con hambre, viejo
¡qué va!
Con tanto zapato nuevo,
¡qué va!
Con tanto reló, compadre°,
¡qué va!
Con tanto lujo°, mi negro,
¡qué va!

Nicolás Guillén, Cuba
Motivos del son

I. Primera lectura ¿Qué? ¿Quién? ¿Cuándo? ¿Dónde?

Lea el poema y conteste las preguntas.

1. ¿Qué palabras indican que se habla en primera persona?

---

plata *money (lit., silver)* **paso** *step* **galleta** *cracker* **viejo** *old man (endearment)* **me voy a . . .** *I'm going to run away* **no me querrán . . .** *they won't want anything to do with me* **compadre** *old boy (coll.)* **lujo** *luxury* **amenaza** *threatens*

2. ¿Qué indica que es una mujer quien habla?
3. ¿Qué líneas dicen lo que ella exige?
4. ¿Dónde se expresa que ella comprende que no es fácil ganarse la vida?
5. ¿Cómo amenaza° ella a su hombre?
6. ¿Cómo excusa ella sus propias demandas?
7. ¿Cómo demuestra ella su afecto?

II. Segunda lectura ¿Cómo? ¿Por qué?

Encuentre en la segunda columna las ideas semejantes a las expresadas por los versos del poema en la primera columna.

1. Dirán que soy mala.
2. Estoy a arró con galleta.
3. Amor con hambre, viejo, ¡qué va!
4. No doy un paso má.
5. No me querrán tratar.
6. Búcate plata, porque me voy a correr.

a. Ya estoy cansada.
b. Tengo hambre.
c. Me van a criticar.
d. Tienes que ganar dinero porque si no, te voy a dejar.
e. No voy a tener amigas.
f. El amor no es suficiente

III. Conclusiones y opiniones

1. ¿Qué piensa Ud. de la relación entre la mujer y su compañero?
2. ¿Cree Ud. que ella tiene razón en quejarse? ¿Por qué?
3. ¿Cómo se puede saber que ella lo ama?
4. ¿Cómo reaccionaría Ud. en las mismas circunstancias si Ud. fuera él o ella?

IV. Vocabulario

A. Palabras semejantes. Busque una palabra en la columna B que se pueda asociar con una de la columna A.

A	B
1. dinero	a. correrse
2. calzado	b. compadre
3. bizcocho	c. zapato
4. dejar	d. galleta
5. viejo	e. plata
6. asociar	f. tratar

B. Oraciones originales. Escriba tres oraciones usando algunas de las palabras de la Actividad A.

ANTECEDENTES

Extreme inflation, or hyperinflation, creates serious problems in many countries in Latin America. Andrés Puello, a newspaper reporter, describes some of the problems that he found in Bolivia, a country that, at the time he visited, had the highest inflation rate in Latin America.

How does rapid inflation affect fixed incomes and the use of credit cards? What do people spend and what do they save? What happens to the black market?

Hiperinflación

[1]Hoy día varios países de nuestra América Latina están confrontando graves problemas no de inflación, sino de hiperinflación, o sea, inflación en su más alto grado.

[2]El país líder en inflación en América Latina es Bolivia, con un pavoroso° índice de 8.216 por ciento†, seguido lejanamente por Argentina con un 850 por ciento, Brasil con 234 por ciento, Perú con 117 por ciento, México con 67 por ciento, Nicaragua con 40 y Ecuador con 36. El resto de los países tienen una inflación de entre 10 y 30 por ciento y sólo cuatro países pequeños del Caribe: Haití, Bahamas, Barbados y Panamá tienen controlada su inflación por debajo del 10 por ciento.

[3]La vida en el mundo de la hiperinflación plantea problemas completamente nuevos difíciles de entender a menos que se hayan vivido. Hace poco tiempo durante un viaje a Bolivia tuvimos la oportunidad de adentrarnos° en este mundo irreal.

[4]Como ya dijimos, Bolivia sufre la más elevada tasa° de inflación en América Latina y en el mundo. El billete de circulación más popular es el de 1.000 pesos, que equivale a unos dos centavos de dólar. Resulta una pesadilla pagar las cuentas. Las tarjetas de crédito no son aceptadas, así que tiene usted que disponer de grandes cantidades de billetes, al extremo de tener que necesitar un portafolio° para pagar, digamos, su cuenta de hotel. Mi cuenta de hotel por dos noches ascendió a la suma de 6 millones seiscientos mil pesos. Un paquete de cigarrillos cuesta 120.000 pesos, un simple refresco 50.000 y tomar un taxi entre 150.000 y 200.000 pesos. Hay en circulación billetes de 100.000 pesos, pero son difíciles de obtener y nunca aparecen cuando usted los necesita.

[5]En un proceso hiperinflacionario como el que vive Bolivia, el poder de compra del dinero se deteriora tan rápidamente que los salarios y pensiones fijas tienen que ser ajustados mensualmente para atemperarlos° en lo posible a la inflación que crece° 23 por ciento por día. En semejante situación se desata° un consumismo feroz, que agrava y aumenta° la inflación. La gente usa la táctica de gastar dinero rápidamente, cuanto más cantidad y más rápido, mejor. Se compran alimentos y artículos de primera necesidad no perecederos° en grandes cantidades. Lo que hoy cuesta uno mañana valdrá dos. No hay ahorro° y el crédito es imposible.

[6]Se ha hablado de pagar los salarios diariamente, y hay quienes opinan que lo correcto sería pagar dos veces al día.

[7]El acaparamiento° de moneda dura, dólares, por ejemplo, se convierte en obsesión y eso explica el florecimiento° del mercado negro de dinero. Y aunque los gobiernos traten de establecer tipos oficiales de cambio y controles se impone la realidad del mercado.

---

pavoroso *frightening* **adentrarnos** *search deep into* **tasa** *rate* **portafolio** *briefcase* **atemperarlos** *to adjust them* **crece** *grows* **se desata** *unfolds* **agrava . . .** *worsens and increases* **perecedero** *perishable* **ahorro** *saving* **acaparamiento** *hoarding* **florecimiento** *flourishing*

† More than 8,000 percent.

[8]El Banco Central de Bolivia cotiza° el dólar a 5.000 pesos, pero en el mercado negro la gente llega a pagarlo hasta a 120.000 pesos. Recientemente, ante el rumor de que el peso sería devaluado nuevamente, el dólar llegó a cotizarse en el mercado negro hasta a 300.000 pesos. Extraño mundo el de la hiperinflación.

Andrés Puello, EE. UU.
Información, Houston

I. Primera lectura. ¿Qué? ¿Quién? ¿Dónde? ¿Cuándo?

Escoja la oración que expresa mejor **la idea principal** de cada párrafo. Los números se refieren a los párrafos correspondientes.

1. **a.** La hiperinflación es un problema grave para varios países de América Latina.
b. La hiperinflación es la inflación en su más alto grado.

2. **a.** En la mayoría de los países en América Latina la inflación es un problema serio, pero Bolivia tiene un índice de inflación mucho más alto que los demás.
b. Los países que tienen controlada la inflación son países del Caribe.

3. **a.** Los difíciles problemas de inflación son inconcebibles.
b. En Bolivia el autor tuvo la oportunidad de comprender los extraños problemas que causa la hiperinflación.

4. **a.** Los precios son tan altos que no se aceptan tarjetas de crédito en Bolivia.
b. Pagar las cuentas en Bolivia es muy difícil porque los precios son tan altos que uno necesita muchos billetes para pagar.

5. **a.** La hiperinflación afecta muchos aspectos de la vida: cómo se pagan los salarios, lo que se compra, el uso de tarjetas de crédito y el ahorro.
b. La gente trata de comprar todo lo que puede y esto hace peor la inflación.

6. **a.** Se habla de pagar los salarios con más frecuencia.
b. Lo que necesitan hacer es ajustar los salarios diariamente.

7. **a.** El mercado negro puede florecer porque la gente ahorra la moneda dura y el gobierno no puede controlar el mercado.
b. La realidad del mercado explica el florecimiento del mercado negro.

8. **a.** El mundo de la hiperinflación es extraño porque los rumores de devaluación del peso aumentan la cotización del dólar.
b. El Banco Central cotiza el dólar a 5.000 pesos y el mercado negro a 300.000 pesos.

II. Segunda lectura. ¿Por qué? ¿Cómo?

Combine las frases numeradas y las marcadas con letras, de modo que expresen

---

cotiza *quotes*

causa y consecuencia. Encuentre en el segundo grupo la oración que explica la causa de cada circumstancia descrita en el primer grupo.

1. Los salarios tienen que ser ajustados mensualmente . . .
2. La gente compra artículos no perecederos . . .
3. Hay acaparamiento de moneda dura como el dólar . . .
4. El mercado negro florece . . .
5. No se aceptan tarjetas de crédito . . .
6. La gente no ahorra su dinero . . .

- **a.** porque el peso no vale lo que cotiza el banco.
- **b.** porque todo costará más caro mañana y lo que tienen en el banco valdrá menos.
- **c.** porque no pierde su valor como la moneda nacional.
- **d.** porque los sueldos compran menos cada día.
- **e.** porque el dinero valdría mucho menos para cuando recibieran las tiendas su dinero . . .
- **f.** porque quieren comprar objetos valiosos a precios de hoy.

III. Conclusiones y opiniones

1. Imagine que Ud. está en el Hotel Libertador de La Paz, Bolivia. Va a pagar su cuenta. El empleado dice que es 6.600.000 pesos. ¿Cuántos billetes de los populares de 1.000 va a necesitar?
2. Ud. es una boliviano(a) típico(a). Según el artículo, ¿qué haría y que no haría o no podría hacer?

   - **a.** ahorrar dinero
   - **b.** obtener crédito
   - **c.** cambiar monedas o dólares en el banco
   - **d.** cambiar monedas o dólares en el mercado negro
   - **e.** comprar artículos no perecederos en cantidad
   - **f.** acaparar toda la comida posible

3. ¿Por qué dice el autor que el mundo de la hiperinflación, como él lo ha vivido en Bolivia es «un mundo irreal»?

IV. Vocabulario

A. Vea el vocabulario glosado de la lectura. Complete cada oración con una palabra relacionada con la palabra en itálica.

1. Durante períodos de hiperinflación *florecen* muchas actividades ilegales. Hay un verdadero . . . del mercado negro.
2. Para ver los efectos de la hiperinflación por *dentro* uno debe visitar un país como Bolivia. Así se puede . . . en la situación.
3. En tales circunstancias, no hay motivo para *ahorrar* el dinero porque los . . . pierden su valor.
4. Se compran alimentos y artículos no . . . en grandes cantidades porque lo que *perece* no se puede guardar.

5. En Bolivia la *inflación rápida* ha resultado en una situación peligrosa de . . .

B. Escoja la expresión que pueda completar cada frase y si es necesario, cámbiela a la forma apropiada.

convertirse en	*to change into*	**tratar de**	*to try to*
así que	*so that*	**resultar que**	*to turn out that*
a menos que	*unless*	**depender de**	*to depend on*

1. Los grandes aumentos en la tasa de inflación hacen que la inflación . . . hiperinflación.
2. . . . controlen la hiperinflación, el país no podrá superar la crisis económica.
3. No aceptan tarjetas de crédito, . . . usted tiene que pagar con efectivo.
4. Entonces . . . usted necesita un portafolio para llevar los billetes.
5. Todo . . . la tasa de inflación.
6. El gobierno . . . establecer tasas oficiales de cambio y controles.

ANTECEDENTES

Economic and social conflict are important themes of this fragment from the novel *De amor y de sombra* (1984) by Isabel Allende. Set in Chile during the turbulent times of the Pinochet dictatorship, the novel contrasts the socio-economic classes of the main characters.

What is Francisco's socio-economic background? What kind of family was Irene born into? What are the values of her mother's social class? How does her mother feel about Francisco? about Irene's fiancé, Captain Morante?

Otra primavera

(Se describe la casa en que creció Francisco Leal)

La casa de los Leal era pequeña, antigua, modesta, ávida de pintura y remiendos°. De noche crujía° suavemente, como una anciana cansada y reumática. Fue diseñada por el Profesor Leal muchos años antes, pensando que lo único indispensable era una amplia cocina donde transcurriera° la vida y donde instalar una imprenta clandestina°, un patio para colgar la ropa y sentarse a mirar los pájaros, y suficientes cuartos para poner las camas de sus hijos. Lo demás dependía de la amplitud del espíritu y la viveza del intelecto, decía cuando alguien reclamaba por la estrechez° o la modestia. Allí se acomodaron y hubo espacio y buena voluntad para acoger° a los amigos en desgracia y a los parientes llegados de Europa escapando de la guerra. Era una familia afectuosa . . .

(Francisco pasa por Irene; se describe la casa de los Beltrán)

---

remiendos *repairs* **crujía** *it creaked* **transcurriera** *would go by* **imprenta . . .** *clandestine (secret) printing press* **estrechez** *intimacy* **acoger** *to welcome*

Al tocar el timbre de la casa, Francisco deseó que Beatriz Alcántara no apareciera. En su presencia se sentía repudiado.

—Este es Francisco Leal, mamá, un compañero° —lo presentó Irene la primera vez, varios meses atrás.

—Colega ¿eh? —replicó la señora, incapaz de soportar° las implicaciones revolucionarias de la palabra compañero.

Desde ese encuentro ambos supieron cuánto podían esperar del otro, sin embargo hacían esfuerzos por ser amables, no tanto por agradarse° como por el hábito de las buenas maneras. Beatriz averiguó° sin tardanza que Francisco descendía de emigrantes españoles sin fortuna, pertenecientes a esa casta de intelectuales a sueldo de los barrios de la clase media°. Sospechó de inmediato que su oficio de fotógrafo, su morral° y su motocicleta no eran indicios de bohemia°. El joven parecía tener las ideas claras y éstas no coincidían con las suyas. Su hija Irene frecuentaba gente bastante extraña y ella no la objetaba, puesto que resultaba de todos modos inútil hacerlo, sin embargo se opuso como pudo a la amistad con Francisco. No le gustaba ver a Irene en feliz camaradería con él, unidos por los fuertes lazos° del trabajo compartido y, mucho menos, imaginar sus consecuencias para el noviazgo° con el Capitán. Lo consideraba peligroso porque incluso ella misma se sentía atraída por los oscuros ojos, sus largas manos y la voz serena del fotógrafo.

Por su parte, Francisco advirtió° a la primera mirada los prejuicios de clase y la ideología de Beatriz. Se limitó a darle un trato cortés y distante, lamentando que fuera la madre de su mejor amiga.

Al ver la casa se sintió una vez más cautivado por el ancho muro° que cercaba la propiedad, construido con piedras redondas de río, orilladas° por esa vegetación enana° nacida en la humedad del invierno. Una discreta placa de metal anunciaba «Hogar de Ancianos» y más abajo agregaba un nombre adecuado al sentido del humor de Irene: «La Voluntad de Dios». Siempre le maravillaba el contraste entre el jardín bien cuidado donde pronto florecerían dalias, glicinas°, rosas y gladiolos en una explosión de perfume y color, y la decrepitud de los habitantes del primer piso de la mansión convertido en residencia geriátrica. En la planta alta todo era armonía y buen gusto. Allí estaban las alfombras orientales, los exquisitos muebles, las obras de arte adquiridas por Eusebio Beltrán antes de desaparecer. La casa era similar a otras del mismo sector, pero a causa de la necesidad, Beatriz le hizo algunas modificaciones, manteniendo dentro de lo posible la misma fachada para que desde la calle se viera tan señorial° como las residencias vecinas.

(Se describen los padres de Irene, Eusebio Beltrán y Beatriz Alcántara)

Eusebio Beltrán fue el menor de una familia de agricultores con dinero,

---

compañero *comrade* **de soportar** *of enduring* **agradarse** *to please each other* **averiguó** *found out* **intelectuales . . .** *salaried intellectuals from middle-class neighborhoods* **morral** *knapsack* **bohemia** *unconventional* **lazos** *bonds* **noviazgo** *engagement* **ancho . . .** *wide wall* **advirtió** *noticed* **orilladas** *bordered* **enana** *dwarf* **glicinas** *wisteria* **señorial** *majestic*

tratado por sus hermanos como un irresponsable sin remedio, debido a su tendencia al despilfarro° y su inmensa alegría de vivir, en contraste con la avaricia° y melancolía de su parentela°. Tan pronto murieron sus padres, los hermanos repartieron la herencia, le dieron su parte y no quisieron saber más de él. Eusebio vendió sus tierras y partió al extranjero donde por varios años despilfarró hasta el último centavo en diversiones principescas, de acuerdo a su vocación de tarambana°. Regresó repatriado° en un barco de carga, lo cual bastaba para desacreditarlo definitivamente a los ojos de cualquier muchacha casadera°, pero Beatriz Alcántara se enamoró de su porte° aristocrático, su apellido y el ambiente que lo rodeaba. Ella pertenecía a una familia de clase media y desde niña su única ambición fue ascender en la escala social. Su capital consistía en la belleza de sus rasgos°, el artificio de sus maneras y algunas frases chapuceadas° en inglés y francés con tanto desparpajo° que parecía dominar esas lenguas. Un barniz de cultura le permitía hacer buen papel en los salones y su habilidad para el cuidado de su persona le dieron prestigio de mujer elegante. Eusebio Beltrán estaba prácticamente arruinado y había tocado fondo° en muchos aspectos de su vida, pero confiaba en que eso sólo sería una crisis pasajera, pues tenía la idea de que la gente con linaje siempre sale a flote°. Además era radical. La ideología de los radicales en aquella época podía resumirse en pocas palabras: ayudar a los amigos, fregar° a los enemigos y hacer justicia en los demás casos. Sus amigos lo ayudaron y a poco andar jugaba golf en el club más exclusivo, disponía de un abono° en el Teatro Municipal y un palco° en el Hipódromo°. Con el respaldo° de su encanto y su aire de noble británico, consiguió socios para toda suerte de empresas°. Empezó a vivir con opulencia porque le parecía estúpido hacerlo de otro modo y se casó con Beatriz Alcántara porque tenía debilidad por las mujeres hermosas.

(Francisco e Irene van a investigar una ocurrencia para la revista donde trabajan; se explica cómo Francisco dejó su carrera de psicólogo)

Atravesaron toda la ciudad, las umbrosas° calles del barrio alto entre árboles opulentos y mansiones señoriales, la zona gris y ruidosa de la clase media y los anchos cordones de miseria°. Mientras el vehículo volaba, Francisco Leal sentía a Irene apoyada° en su espalda y pensaba en ella. La primera vez que la vio, once meses antes de esa primavera fatídica°, creyó que había escapado de un cuento de bucaneros° y princesas, pareciéndole en verdad un prodigio que nadie más lo percibiera. Por esos días él buscaba trabajo fuera de los confines de su profesión. Su consultorio privado estaba siempre vacío, produciendo mucho gasto y ninguna ganancia. También lo habían suspendido de su cargo en la Universidad, porque cerraron la Escuela de Psicología considerada un semillero° de ideas perniciosas°. Pasó meses recorriendo liceos, hospitales e industrias sin más resul-

---

despilfarro *squandering* **avaricia** *greed* **parentela** *relatives* **tarambana** *madcap* **Regresó . . .** *He returned to his country* **casadera** *marriageable* **porte** *bearing* **rasgos** *features* **chapuceadas** *botched* **desparpajo** *confidence, ease* **había . . .** *he had touched bottom* **sale . . .** *float to the top* **fregar** *to irritate (coll.)* **abono** *season ticket* **palco** *box* **Hipódromo** *race track* **respaldo** *backing* **empresas** *enterprises* **umbrosas** *shady* **anchos . . .** *broad rings of poverty* **apoyada** *leaning against* **fatídica** *prophetic* **bucaneros** *pirates* **semillero** *hotbed* **perniciosas** *harmful* **desánimo** *discouragement*

tado que un creciente desánimo°, hasta convencerse de que sus años de estudio y su doctorado en el extranjero de nada servían en la nueva sociedad . . .

La vida de Francisco Leal, plena de buenos augurios° en la adolescencia, al terminar la veintena° parecía un fracaso° a los ojos de cualquier observador imparcial y con mayor razón a los suyos. Por un tiempo obtuvo consuelo y fortaleza de su trabajo en la clandestinidad, pero pronto fue indispensable contribuir al presupuesto° de su familia. La estrechez en casa de los Leal se estaba convirtiendo en pobreza.

Las sombras

(Se explica la actitud de Francisco hacia el Capitán Morante, novio de Irene, y la actitud de Morante hacia Francisco. Se descríbe al Capitán Morante.)

Cuando conoció al Capitán Gustavo Morante, Francisco ya amaba tanto a Irene que apenas se cuidó de ocultar su disgusto. En aquella época ni él mismo reconocía esa emoción que arrebataba como amor y al pensar en ella lo hacía en términos de pura amistad. Desde el primer encuentro con Morante se detestaron con cortesía, uno por el desprecio del intelectual hacia los uniformados y el otro por el mismo sentimiento a la inversa. El oficial lo saludó con una breve inclinación sin ofrecerle la mano y Francisco notó su tono altanero que de partida establecía distancia, sin embargo se dulcificaba al dirigirse a su novia. No existía otra mujer para el Capitán. Desde temprano la señaló para convertirla en su compañera, adornándola con todas las virtudes. Para él no contaban las emociones fugaces ni las aventuras de un día, inevitables durante los largos períodos de separación cuando las exigencias de su profesión lo mantenían alejado. Ninguna otra relación dejó sedimento en su espíritu o recuerdo en su carne. Amaba a Irene desde siempre, aun niños jugaban en casa de los abuelos despertando juntos a las primeras inquietudes de la pubertad. Francisco Leal temblaba al pensar en esos juegos de niños.

Morante tenía el hábito de referirse a las mujeres como damas, marcando así la diferencia entre esos seres etéreos y el rudo universo masculino. En su comportamiento social empleaba modales algo ceremoniosos en el límite de la pedantería, contrastando con la forma tosca° y cordial de su trato con los compañeros de armas. Su aspecto de campeón de natación resultaba atrayente. La única vez que callaron las máquinas de escribir del quinto piso de la editorial, fue cuando él apareció en la sala de redacción° en busca de Irene, bronceado, musculoso, soberbio. Encarnaba la esencia del guerrero . . .

---

augurios *omens* **al terminar . . .** *at the end of his 20s* **fracaso** *failure* **presupuesto** *budget* **tosca** *coarse* **sala . . .** *editorial room*

Durante toda su carrera Gustavo estuvo destinado en guarniciones° de provincia, pero iba a la capital a ver a Irene cuando le era posible. En esas ocasiones ella no se comunicaba con Francisco aunque hubiera trabajo urgente en la revista. Se perdía con su novio bailando en la penumbra° de las discotecas, de la mano en teatros y paseos, amartelados° en hoteles discretos donde se resarcían de tantos anhelos°. Esto ponía a Francisco de humor tortuoso. Se encerraba en su habitación a escuchar sus sinfonías predilectas y deleitarse en su propia tristeza.

Isabel Allende, Chile
trozo de *De amor y de sombra*

I. Primera lectura ¿Qué? ¿Quién? ¿Cuándo? ¿Dónde?

1. ¿A qué casa se refiere cada descripción, la casa de Irene o la casa de Francisco?

a. Era pequeña, antigua, modesta, ávida de pintura y remiendos.
b. Una discreta placa de metal anunciaba «Hogar de Ancianos» y abajo, «La Voluntad de Dios».
c. Tenía instalada en la cocina una imprenta clandestina.
d. Era una mansión convertida en residencia geriátrica.
e. Allí se acogieron a los amigos en desgracia y a los parientes llegados de Europa escapando de la guerra.
f. Un ancho muro cercaba la propiedad.
g. El jardín estaba bien cuidado y pronto florecerían dalias, glicinas, rosas y gladiolos.
h. Lo principal de la casa era una cocina grande, un patio y suficientes cuartos para poner las camas de los hijos.
i. En la planta alta había alfombras orientales, muebles muy finos y obras de arte.

2. Diga a quién se refiere cada descripción—Francisco, Irene, Beatriz (la madre de Irene), Eusebio (el padre de Irene) o el Capitán Morante.

a. Tenía oficio de fotógrafo y andaba en motocicleta.
b. Fue el menor de una familia de agricultores con dinero.
c. La primera vez que la vio, creyó que había escapado de un cuento de bucaneros y princesas.
d. Era encantador y tenía aire de noble británico.
e. Amaba a Irene desde siempre, aun niños jugaban en casa de los abuelos.
f. Frecuentaba gente bastante extraña.
g. Tenía el porte aristocrático y un apellido importante.

---

guarniciones *garrisons* **penumbra** *semi-darkness* **amartelados** *absorbed in one another*
se resarcían . . . *they satisifed so many desires*

h. Aunque parecía dominar el inglés y el francés, en realidad sólo sabía unas cuantas frases en esas lenguas y las decía mal.
i. Tenía los ojos oscuros, las manos largas y la voz serena.
j. Su única ambición fue ascender en la escala social.
k. Tenía el hábito de referirse a las mujeres como damas.
l. Es la novia de un capitán.
m. Era una mujer bella y elegante.

II. **Segunda lectura** ¿Cómo? ¿Por qué?

Encuentre en la lectura dónde se explica:

1. por qué el Profesor Leal creía que la casa familiar no tenía que ser grande ni lujosa
2. por qué Francisco temía que la madre de Irene contestara el timbre
3. por qué Beatriz prefería la palabra «colega» a la palabra «compañero» para referirse a Francisco
4. por qué Beatriz no objetaba a las amistades de Irene
5. cómo se sentía atraída Beatriz a Francisco
6. cómo trataba Francisco a Beatriz
7. cómo contrastaban los jardines de la mansión y los residentes de la primera planta
8. por qué Beatriz se sentía atraída a Eusebio
9. por qué Eusebio se sentía atraído a Beatriz
10. por qué habían cerrado la Escuela de Psicología de la Universidad
11. por qué parecía un fracaso la vida de Francisco
12. cómo se sintió Francisco al conocer al Capitán Morante

III. Conclusiones y opiniones

1. Contraste los valores de la familia de Francisco con los de la familia de Irene.
2. ¿Cree Ud. que las diferencias políticas son importantes en cuestiones de amistad o de amor? ¿Por qué sí o por qué no?
4. ¿Cree Ud. que las diferencias de clase socio-económica son importantes en cuestiones del corazón? ¿Por qué sí o por qué no?

IV. Vocabulario

A. **Palabras relacionadas.** Vea el vocabulario glosado de la lectura y complete cada oración con una palabra relacionada con la palabra en itálica.

1. En casa de Francisco siempre había muchos *parientes* y toda esta . . . estaba dispuesta a ayudarse mutuamente.
2. La universidad había cerrado la Escuela de Psicología porque temía que ahí se sembraran° las *semillas* de la disensión. En efecto, decían que era un . . . del comunismo.

---

sembraran *sowed*

3. Beatriz quería *casarse* con Eusebio aunque cualquier muchacha . . . debía haberse dado cuenta de que era un despilfarrador.
4. Francisco estaba *desanimado* al salir de la Universidad y pasó meses recorriendo escuelas y hospitales; el único resultado fue un creciente . . .
5. Francisco era *doctor* de psicología; había sacado su . . . en el extranjero.

B. Significados. Explique en español lo que quiere decir lo siguiente:

1. una imprenta clandestina
2. una casa señorial
3. un cuento de bucaneros y princesas

Discusión

Intercambie sus ideas con otra persona. Después pueden compartir sus opiniones con sus compañeros(as) y con el (la) profesor(a).

A. La importancia del dinero. ¿Cuál es la importancia del dinero en los siguientes casos?

1. entre amigos
2. entre hombre y mujer que viven juntos
3. entre novios
4. entre esposos

B. Conflictos económicos. Cuando se casan dos personas de diferentes clases socioeconómicas, ¿cuáles son algunos problemas que pueden tener?

C. Piense en un país. ¿En qué naciones piensa Ud. al oír las siguientes palabras?

1. la hiperinflación
2. la deuda nacional
3. los intereses altos
4. riqueza y pobreza en extremo
5. el desempleo
6. el acaparamiento
7. una gran clase media

D. ¿Qué haría Ud.? Ud. está en un viaje de negocios en Bolivia. ¿Va a comprar pesos bolivianos en el mercado negro o en el banco? (¿Por qué? ¿Es un crimen? ¿Todos lo hacen? ¿Hace peor la inflación? ¿Es peligroso?)

Expresión escrita

DESCRIBIR LAS CIRCUNSTANCIAS Y RECOMENDAR ACCIÓN

Un problema económico. Ud. es un(a) consejero(a) fiscal° que va a ayudar a personas que tienen problemas económicos. Piense en una situación, por ejemplo:

---

fiscal *financial*

un matrimonio que gasta más de lo que gana
una madre o un padre que vive solo(a) con los hijos
un(a) estudiante de minoría
un(a) estudiante que quiere asistir a la universidad pero no tiene fondos
un(a) anciano(a) con una entrada fija
otro caso imaginario

Escriba su reporte sobre el problema según el siguiente esquema.

Párrafos 1 y 2. Describa las circunstancias. El vocabulario siguiente puede ser útil.

aumentar *to increase*
bajar *to go down, lower*
bancarrota *bankruptcy*
crecer *to grow*
deuda *debt*
entrada fija *fixed income*
entrada mensual *monthly income*
falta de fondos *lack of funds*
impuestos *taxes*
insolvencia *insolvency*
insolvente *insolvent*
invertir (ie, i) *to invest*
pagar en efectivo *to pay cash*
presupuesto *budget*
equilibrar el presupuesto *balance the budget*
saldo *balance* (of an account)
solicitar un préstamo *to apply for a loan*
subir *to rise*
tasa (de interés) *(interest) rate*

Párrafo 3: Haga recomendaciones para solucionar el problema. Puede usar frases como las siguientes + un sujeto + el presente del subjuntivo. (Si no hay sujeto, use la frase y el infinitivo.)

Es importante que (la familia consiga . . .)
Es urgente que . . .
Es imposible que . . .
(No) es necesario / preciso que . . .
No es verdad que . . .
No es cierto que . . .
No deben permitir que . . .
Recomiendo que . . .

También se pueden usar frases como:

En mi opinión lo que deben hacer es . . .
Hay que . . .
Tienen que . . .

Cultura

Algo que todos hacemos con el dinero es comprar. Madrid tiene toda clase de tiendas para todos los gustos, pero tanto los madrileños como los visitantes van con frecuencia a El

Rastro y a la Plaza Mayor. Allí se encuentran gangas y curiosidades para tentar al comprador.

Otro lugar de carácter completamente distinto es la Calle Ocho en Miami. No es un mercado típico sino todo un barrio. Una visita allí es una aventura cultural.

¿Le gustaría pasar unas horas curioseando en estos lugares? ¿Qué cosas le gustaría comprar?

De compras

Una parte esencial de nuestra vida es ir de compras. Sea uno turista o residente, vaya uno a ver o a comprar frecuentemente o raras veces, lo cierto es que una de las actividades financieras más importantes y más divertidas es examinar, probar y comprar cosas. Lugares famosos para comprar y comer que tienen ambiente e historia muy diferentes son El Rastro y la Plaza Mayor de Madrid y la Calle Ocho de Miami.

El Rastro

El Rastro es un mercado al aire libre en el centro antiguo de Madrid que sólo se abre los domingos y los días de fiesta por la mañana. Gente de todas clases se aglomera° allí, unos a vender, otros a buscar gangas° y aún otros simplemente a curiosear°. La variedad de artículos que allí se exhiben en tenduchos y puestos° asombra al visitante: desde antigüedades°, objetos de arte, cerámica, pinturas, y muebles hasta baratijas y chucherías° semejantes a las que uno pudiera encontrar en una venta de garaje o un mercado de «pulgas»° en los Estados Unidos.

La Plaza Mayor

No lejos del Rastro se encuentra la Plaza Mayor, rica en historia y tradición, donde hoy se encuentran restaurantes al aire libre, tiendas turísticas, y un mercado dominguero de sellos y monedas°.

Esta plaza fue terminada en 1619 durante el reinado de Felipe III y pronto se convirtió en el centro cultural de la creciente villa. Allí se celebraban festejos y ceremonias, corridas de toros, y autos de fe° durante la Inquisición.

Hoy en día conserva el esplendor de sus primeros tiempos. Cada domingo vuelve a ser centro de febril actividad y a través de sus nueve puertas confluyen vendedores y coleccionistas a exponer sus mercancías y a tratar de adquirir artículos de interés y valor a precios reducidos.

---

se aglomera *congregate* **gangas** *bargains* **curiosear** *to browse* **tenduchos . . .** *stalls and booths* **antigüedades** *antiques* **baratijas . . .** *trinkets and baubles* **mercado . . .** *flea market* **sellos . . .** *stamps and coins* **autos . . .** *trials of heretics*

La Calle Ocho

Para los exilados cubanos, Miami es su segunda patria. Viven por todas partes de la cuidad, pero el verdadero centro de la comunidad cubana es el área comprendida por la Calle Ocho y sus alrededores. Le llaman «Little Habana» y lo es en realidad.

En los portales de los comercios y en los cafés al aire libre se congregan los amigos a pasar el rato contando chistes, conversando de tiempos pasados y de política, y haciendo proyectos y planes para un futuro incierto . . . mientras juegan al dominó y toman café o cerveza.

Por las calles, puestos de todas clases venden guarapo, el jugo fresco de la caña de azúcar; café acabadito de colar°, fuerte, dulce y caliente para tomar de un traguito° al pasar; puestos de dulces y de frutas de todas clases y, para completar, los ostiones°, que se venden en un vasito con limón y salsa de tomate «pa' su cerebro» y «pa' sus riñones°». A este escenario le da ambiente la música cubana y latina en general que llena las ondas° y ahoga° la conversación de los transeúntes° imperturbables.

Es un pedacito del suelo cubano transplantado a la tierra yanqui donde los exilados viven sustentados por sus esperanzas hasta que algún día . . .

DISCUSIÓN

Discuta con otra persona adónde irían Uds. si quisieran . . .

1. ver jugar al dominó
2. comprar objetos de arte
3. comer ostiones
4. comer al aire libre un domingo
5. tomar guarapo
6. comprar chucherías y baratijas
7. ver un sitio antiguo e histórico
8. conversar con los exilados y escuchar su música
9. comprar recuerdos de España
10. comprar sellos y monedas

---

café . . . *freshly made* **traguito** *swallow* **ostiones** *oysters* **riñones** *kidneys* **ondas** *airwaves* **ahoga** *drowns* **transeúntes** *passers-by*

8 Relaciones familiares

▷ **ESTRATEGIAS DEL BUEN LECTOR**
Leer para persona y tiempo verbal

▷ **LECTURAS**
«Técnica matrimonial muy avanzada» Octavio Jordán
«Mujer» Irene Campos Carr
«Meciendo» Gabriela Mistral
La mordaza (trozo) Alfonso Sastre

▷ **DISCUSIÓN**

▷ **EXPRESIÓN ESCRITA**
Expresiones de transición y tiempo
Reporte del terapista familiar

▷ **CULTURA**
Velázquez y Goya: Retratos de dos familias reales

Estrategias del buen lector

LEER PARA PERSONA Y TIEMPO VERBAL

In order to read easily in Spanish, you need to learn to interpret clues. Finding words and parts of words that express time and person can enhance your understanding.

Reading for time. Time falls into three main perspectives: past, present, and future. For the most part, adverbs and verbs are the keys to understanding time references.

- Look for adverbs and adverbial phrases that tie the reading to a particular time. You can often recognize the time frame, even without knowing the verb conjugations, if adverbs of time are present or the context is clear. Notice the time frames indicated by the following expressions.

Past	*Present*	*Future*
ayer	ahora	mañana
anoche	hoy (en día)	el (la) . . . que viene

  Ha pasado ya algún tiempo y ambos mantienen estable esa unión.

- Review verb endings. Think of the verb endings not as tenses, but as indicators of time and person. Both are expressed in the verbs in the above sentence.

  Remember that verb stems plus endings like **-as** or **-an** refer to present time. Verb stems plus endings like **-aste, -aron** or **-aran** refer to past time.

Reading for person. *Subjects* may be nouns or pronouns that name persons, places, objects, things, or ideas. The position of subjects varies in Spanish.

- Look for the subject either before or after the verb.

  El viejo preside la mesa. Preside la mesa **el viejo.**

- Read beyond intervening phrases or clauses to find the subject. Look at the verb ending and then try to find the subject that "matches" it.

  Ⓢ Ⓥ Ⓥ
  Antonia, que es una mujer muy vieja y semiciega, se mueve con inquietud y tiola de espiar, entornado los ojos, el rostro del viejo.

- In Spanish, unlike English, it isn't necessary to use a noun or a pronoun to indicate the subject if it is already clear from the context: **Después van a la cocina.** (Following the action of picking up the silverware, they both go to the kitchen.) Subject pronouns and prepositional pronouns are for the most part easy to understand. The pronouns that may cause problems are the *object* pronouns that cluster around verbs. These may serve as direct objects, indirect objects, or reflexives.

- Associate the pronouns with persons or things: **me,** *me;* **te,** *you;* **nos,** *us.* Object pronouns that begin with the letter **l** refer to *him, her, it, them, you* (formal).
- **Se** may have many meanings. Find the subject of the verb and then consider some of the meanings **se** may have.

  1. Reflexive pronoun
     El hijo se puso rápidamente en pie.
  2. Indirect object
     La criada trajo la comida a Juan y se la sirvió.
  3. Indicate the person involved in the action
     Con el primer cheque, ella se compró un par de zapatos.
  4. State a customary practice
     La cena se come tarde en el verano.
  5. Indicate *each other*
     Luisa y el padre se miran furiosos.
  6. Passive voice
     Eso no se hace.

- If **se** seems unnecessary to understanding the reading, ignore it.

  Se me ocurrió esta idea. — *This idea occurred to me.* (Lit., *This idea occurred itself to me.*)

ACTIVIDAD

1. **Sujetos y verbos.** Busque los sujetos y los verbos. También busque otras expresiones que indiquen el tiempo. Diga si se refieren al tiempo pasado, presente o futuro.

   a. Pero antes de comenzar la historia, déjeme decirle algo.
   b. Su primer matrimonio fue a los 25 años.
   c. Allí durmió el matrimonio felizmente durante un año justo.
   d. Dios padre sus miles de mundos mece° sin ruido.

2. **Pronombres.** Encuentre los pronombres en las siguientes oraciones y explique su significado. Indique el tiempo de la selección.

   a. Así, cuando nos veamos, le damos a la cita cierto carácter romántico, como si se tratase de una aventura prohibida.
   b. Mujer, acuéstate, se pone tarde . . .
   c. Si tú no eres capaz de sujetarla°, algún día tendré que hacerlo yo.
   d. No eres precisamente tú, Luisa, la más indicada para decir cuándo se nos desprecia o no. Eso es cosa mía. Y sé que lo que te molesta es mi modo de ser.
   e. Si he hablado de eso es para que no te olvides nunca de lo que en esta casa se ha hecho por ti . . .
   f. Yo no quisiera que te enfadaras tanto. . . y me pongo nerviosa. . . Sí, tengo que confesártelo. . . que me pongo nerviosa. . . No me gusta oíros discutir.

---

mece *rocks* **sujetarla** *to control her*

3. **Verbos y adverbios.** Subraye las palabras que indican el tiempo verbal de la oración. ¿Cuál es?

   a. Desde joven, mostró inclinaciones que presagiaban un buen record matrimonial.
   b. Al poco tiempo otra hermosa mujer lo llevó al altar.
   c. Le daremos a la cita cierto carácter romántico.
   d. Algunas veces pienso que hemos criado cuervos, Antonia.

Lecturas

ANTECEDENTES

Octavio Jordán, a Cuban-born journalist who lives in Miami, has a friend who has developed a very advanced matrimonial strategy to alleviate the friction of cohabitation.

Who do you think the "friend" who tells the story is? What changes does the friend make in bedroom furniture and in living arangements in each successive marriage?

Esta, por supuesto, no es la pareja del artículo

Técnica matrimonial muy avanzada

[1]La historia que voy a contarle es auténticamente cierta. Le ocurrió a un viejo y querido amigo que siempre fue muy dado a las aventuras amorosas. Desde joven mostró inclinaciones que presagiaban° un buen record matrimonial o de ‹arrimaos°›, presagio que se cumplió exactamente. Pero ahora verá cómo.

[2]Pero antes de comenzar la historia déjeme decirle algo. Sin duda el matrimonio es cosa seria, aunque a veces ocurren situaciones complicadas y hasta simpáticas, como en el caso que quiero relatarle de mi viejo amigo que ya lleva cinco matrimonios en línea, sin más tropiezos° que los correspondientes divorcios.

¡Qué hombre más malo! —diría una mujer. —Algo debe tener —diría otra. ¡Al Diablo° con el tipo ése! —diría una tercera. Pero no, créame, mi amigo ni es malo, ni tiene nada que ocultar y, desde luego no merece irse al diablo. Sólo que . . .

[3]Su primer matrimonio fue a los 25 años. Se casó intensamente enamorado de una bellísima trigueña° con silueta de modelo y cara de «cover girl». Como era de ritual entonces, compró su primer juego de cuarto° con cama camera°. Allí durmió el matrimonio felizmente durante un año justo. Después. . . bueno, después ocurrieron cosas que determinaron un rápido divorcio. El primero.

[4]Pero, mi amigo, que es persona normal, volvió a enamorarse. Nuevo noviazgo° y nueva boda. Pero esta vez, al comprar sus muebles, adquirió su juego de cuarto con camas gemelas°. Camas separadas con la mesa de noche entre las dos. Todo marchaba a pedir de boca°, cada cual en su cama, y de vez en cuando, los dos en una. Muy bien todo. Sin embargo, parece que la mala estrella° le perseguía. Nuevos problemas, nuevos líos°. Nuevo divorcio.

[5]A los pocos meses se volvió a casar con la misma mujer, pues decía quererla mucho. Sin embargo, aquello no lograba enderezarse° de nuevo°. Otro divorcio.

Pasó entonces algunos años diciendo que no se casaría más. Para qué —decía— todo me sale mal. La presión del hogar, los familiares de la mujer, los parientes de la mujer, en fin todo aquello conspiraba contra su felicidad, contra sus deseos de ser un buen esposo. Mejor no reincidir°.

[6]Pero como el hombre propone y Dios dispone, al poco tiempo otra hermosa mujer lo llevó al altar. Pensando tal vez si los anteriores fracasos° se debieron a dormir tan juntos, dispuso un cuarto para cada uno. Así él podría leer hasta la madrugada° y la mujer fumarse dos paquetes de cigarrillos sin molestarle. En ocasiones ella tocaba su puerta y viceversa, y todo marchaba bien.

[7]Al poco tiempo, no me dijo si porque «las llamadas» a su puerta eran muy

---

presagiaban *foretold* **«arrimaos»** (coll.) *living together* **tropiezos** *troubles, obstacles* **Al diablo** *to hell* **trigueña** *dark-haired woman* **juego . . .** *bedroom set* **cama . . .** *double bed* **noviazgo** *engagement* **camas . . .** *twin beds* **a pedir . . .** *just as desired* **mala . . .** *bad luck* **líos** *mess* **no lograba . . .** *did not succeed in straightening itself out* **de nuevo** *again* **reincidir** *to relapse* **fracasos** *failures* **madrugada** *dawn*

espaciadas°, o al revés°, comenzaron a pelear°. Broncas°, líos. Otra vez el divorcio. Incidentalmente, créame que mi amigo quedaba siempre muy afectado por esas separaciones. El era muy sincero en sus amores, sólo que no parecía haber nacido para el matrimonio.

8Sin embargo, no pasó mucho tiempo sin que otra muchacha le hiciera cosquillas° de nuevo y ¡a casarse tocan! Pero entonces llega lo insólito°, lo inconcebible y lo inesperado para mí. Y tal vez si para usted y para cualquier persona normal. Mi amigo le propone a la novia que al casarse ambos vivieran en apartamentos distintos. Tú en el tuyo y yo en el mío, así podremos ser felices. ¿Por qué?, pregunta la novia llena de asombro°.

9Mira mi amor —le cuenta— llevo cuatro matrimonios viviendo bajo el mismo techo° y todo me ha salido mal. ¿Por qué no probamos ahora, cada uno en su propio apartamento? Así, cuando nos veamos, le damos a la cita cierto carácter romántico, como si se tratase de una aventura prohibida, ¿entiendes? Tú, visitando el apartamento de un hombre casado. ¿No te parece insinuante° el asunto°? Después. . . después cada uno a su casa y ya.

10Pues si quiere no me lo crea, pero la muchacha aceptó el reto°. Ha pasado ya algún tiempo y ambos mantienen estable esa unión tan extraña pero romántica. Todo parece marchar bien ahora y mi amigo se ve contento. Pero conversando con él la otra tarde le pregunté qué haría si tuviera que divorciarse otra vez. No creas, me contestó, varias veces he pensado en el asunto, pero si tuviera que hacerlo yo creo que sería entonces en dos ciudades distintas. Ella en Sidney, Australia, que me dicen es una ciudad muy interesante y yo en New York, que me gusta mucho. ¿Qué te parece?

11¡Estupendo, mi amigo, estupendo! Tu filosofía sobre las mujeres y el matrimonio es única, inigualable. Te felicito.

¿No le decía a usted que mi amigo tenía técnica matrimonial única y muy avanzada?, pues ahí lo tiene.

Cualquier parecido con persona viva, muerta o conocida, mi palabra° que es mera coincidencia, pero por si acaso, no averigüe mucho o vaya a ser que esté hablando con ella.

Octavio M. Jordán EE. UU.
Réplica, Miami

I. Primera lectura ¿Qué? ¿Quién? ¿Cuándo? ¿Dónde?

Escoja la palabra o frase que mejor refleje el contenido del ensayo.

1. ¿El relato es ficción, reportaje, u opinión?
2. ¿Ocurrió su primer matrimonio a los 25 o a los 26 años? ¿Y su primer divorcio? ¿Compraron juego de cuarto con cama camera o camas gemelas?

---

espaciadas *spread out* **al revés** *just the opposite* **pelear** *to fight* **broncas** *arguments* **le hiciera . . .** *tickled his fancy* **lo insólito** *the unexpected* **asombro** *amazement* **techo** *roof* **insinuante** *suggestive* **asunto** *matter* **reto** *challenge* **mi palabra** *(you have) my word*

3. En el segundo matrimonio, ¿compraron juego de cuarto con cama camera o camas gemelas?
4. ¿Se casó nuestro amigo dos veces con la primera o con la segunda esposa? ¿Tuvo problemas con las familias de las mujeres o no?
5. ¿Decidió el amigo no volver a casarse por consideraciones de dinero o de su felicidad?
6. Para el cuarto matrimonio, ¿propuso camas gemelas o cuartos separados?
7. ¿Esas separaciones y divorcios afectaron mucho al amigo o no le afectaron nada?
8. Al casarse la quinta vez, ¿propuso que vivieran en cuartos separados o apartamentos separados?
9. ¿Convenció a la nueva novia de que sería más romántico vivir en apartamentos separados o no casarse?
10. Si se casara otra vez, ¿cada uno viviría en una ciudad diferente o en un barrio diferente?
11. ¿Aprueba el amigo su técnica matrimonial o se la critica?

II. **Segunda lectura** ¿Cómo? ¿Por qué?

1. Durante el curso de los matrimonios, ¿cómo vive el matrimonio? Asocie una manera de vivir con cada mujer: la primera, la segunda, la cuarta, si hubiera una quinta mujer.

   a. camas gemelas
   b. cuartos de dormir separados
   c. diferentes ciudades en diferentes países
   d. cama camera
   e. apartamentos separados
   f. volvió a casarse con la misma mujer

2. Encuentre en el artículo dónde se explica lo siguiente:

   a. cómo era la primera esposa
   b. la esposa con quien se casó dos veces y por qué lo hizo
   c. por qué decidió no volver a casarse
   d. el argumento que usó para convencer a la novia que vivieran en apartamentos separados

III. Conclusiones y opiniones

1. En el artículo, el autor habla al lector, a su amigo, o a su mujer. ¿En qué tono, formal o familiar, le habla a cada uno? ¿Cómo lo sabe Ud.?
2. Encuentre ejemplos en el artículo que muestran el tono irónico que usa el autor.
3. ¿Qué opina Ud. de la técnica matrimonial del señor de la narración?
4. En las situaciones descritas, ¿quién pierde más, el hombre o la mujer?

IV. Vocabulario

A. Familias de palabras. Escoja las palabras del esquema para completar cada oración.

Sustantivo	Verbo	Adjetivo	Adverbio
amor	amar	amoroso(a)	amorosamente
	enamorarse	enamorado(a)	
conspiración	conspirar	conspirador(a)	X
conversación	conversar	conversador(a)	X

1. La hora de la comida es generalmente una buena oportunidad para . . . e intercambiar impresiones del día.
2. Sus amigos sabían que el hombre era un . . . pero no tenían pruebas evidentes de su intervención en la política.
3. El joven mostraba un temperamento muy . . .
4. Confiesa que se casó estando muy . . . de su eposa.
5. Este cuento comprueba que no siempre van juntos el . . . y el matrimonio.
6. Los problemas personales y los familiares . . . contra la felicidad del matrimonio.
7. La . . . es un arte que debe cultivarse.
8. No todos los miembros del partido tomaron parte en la . . . contra el estado.
9. La mujer habló . . . a su esposo.

B. Definiciones. Termine la oración con una frase o palabra de la lista.

madrugada noviazgo camera techo fracaso de nuevo líos

1. Si uno no tiene éxito es un . . .
2. Una cama para dos personas es una cama . . .
3. El amigo del escritor quiere casarse . . .
4. La primera parte del día es la . . .
5. En los matrimonios sucesivos, el amigo tenía nuevos problemas y nuevos . . .
6. El señor volvió a enamorarse y se anunció el nuevo . . .
7. Decidió que sería mejor no vivir bajo el mismo . . .

ANTECEDENTES

Campos Carr's lean, hard poetry is as serious as Jordán's article is humorous. This poem was published in the *Revista chicano-riqueña* (1984). What are some of the things the husband commands the wife to do? What kind of relationship do they have?

Mujer

mujer calla° al niño que llora
    mujer la niña te llama
mujer la chiquilla° se ha golpeado°
    mujer los niños derraman° la leche
mujer tráeme la cerveza
    mujer la comida tengo hambre
mujer estoy cansado déjame en paz
    mujer acúestate
        se pone tarde
            y
        necesito
            tu
        cuerpo
            . . .

Irene Campos Carr, EE. UU.
Revista chicano-riqueña

I. Primera lectura ¿Qué? ¿Quién? ¿Cuándo? ¿Dónde?

1. La repetición de la palabra «mujer» indica quién habla en el poema. ¿Quién es?
2. ¿Cuáles son los verbos que expresan las acciones de los niños?
3. ¿Cuáles son los verbos y sustantivos que expresan lo que quiere el hombre?

II. Segunda lectura ¿Cómo? ¿Por qué?

1. ¿Qué efecto produce la repetición de la palabra mujer?
2. ¿Cuál es la actitud del hombre hacia la mujer?
3. ¿Cuál es el papel de la mujer en esta situación?
4. El poema no tiene ni puntuación ni mayúsculas. ¿Qué efecto produce?

III. Conclusiones y opiniones

1. Imagínese que han pasado quince años después de haberse escrito el poema. ¿Cómo cree Ud. que el matrimonio esté ahora?
2. ¿Qué emociones le hace sentir el poema. Escoja algunas que reflejen sus sentimientos y añada otras:

angustia	desprecio	tristeza	preocupación
lástima	enojo	monotonía	¿otra emoción?

---

calla *quiet* **chiquilla** *kid* **se ha golpeado** *has hurt herself* **derraman** *are spilling*

IV. Vocabulario

Conteste las preguntas usando vocabulario del poema.

1. ¿Por qué hay que callar al niño?
2. ¿Qué ha hecho la chiquilla?
3. ¿Qué derraman los niños?
4. ¿Qué quiere tomar el hombre?

ANTECEDENTES

The writings of Gabriela Mistral, Nobel laureate from Chile, are notable for their exquisite sensibility, tenderness, love of the land and of humanity. Many of her poems deal with the pain she feels for the lost lover who has died, her concern for children, those she has taught and the world of children she knows in her heart, and the tenderness of a motherhood imagined but never experienced. The poem presented here, «Meciendo», is from *Ternura,* published in 1924.

As the mother rocks her child, how does she express her communion with God and nature?

Meciendo°

El mar sus millares° de olas°
mece divino.
Oyendo a los mares amantes°
mezo° a mi niño.
El viento errabundo° en la noche
mece los trigos°.
Oyendo a los vientos amantes
mezo a mi niño.
Dios padre sus miles de mundos
mece sin ruido.
Sintiendo su mano en la sombra°
mezo a mi niño.

Gabriela Mistral, Chile
Ternura

I. Primera lectura ¿Qué? ¿Quién? ¿Cuándo? ¿Dónde?

Describa las acciones de los siguientes.

1. el mar
2. Dios padre
3. el viento
4. la poetisa

---

meciendo *rocking* **millares** *thousands* **olas** *waves* **amantes** *loving* **mezo** *I rock* **errabundo** *wandering* **trigos** *wheat stalks* **sombra** *shadow*

II. Segunda lectura ¿Cómo? ¿Por qué?

¿Cómo se analiza el poema?

1. ¿Cuáles son las palabras en el poema que empiezan con la letra **m**? ¿Qué efecto producen?
2. ¿Cómo personifica la poetisa a la naturaleza?
3. ¿Cómo son similares en su sintaxis los dos primeros versos° de cada estrofa°? ¿Los dos últimos versos de cada estrofa? ¿Qué efecto produce esta repetición de estilo?
4. ¿Cuál es la actitud de la poetisa hacia Dios?

III. Conclusiones y opiniones

1. ¿Qué sentimiento expresa en el poema la palabra *mecer*?
2. El mar, el viento y Dios padre son masculinos. Por qué cree Ud. que ha escogido Mistral entes° masculinos para expresar sentimientos de ternura casi maternales.
3. Describa qué sentimientos despierta el poema en usted.

IV. Vocabulario

Dé otras palabras que Ud. asocie con los siguientes vocablos.

1. el mar **2.** el trigo **3.** el mundo **4.** la sombra **5.** Dios

ANTECEDENTES

In *La mordaza,* or *The Gag* (1965), contemporary Spanish playwright Alfonso Sastre presents a study in family relationships revolving around a tyrannical father and husband. Out of custom, fear, or the inability to make decisions, the members of the family obey Isaías Krappo, thus perpetuating his dictatorship. On another level, with its theme of tyranny, the play may be interpreted as an allegory of the limitations on freedom during the Franco regime.

The fragment included here is the opening of the play.

How does Isaías Krappo reduce his wife to a non-entity? How does he crush the self-esteem of his sons Juan, Teo, and Jandro? How does he treat Juan's wife Luisa?

La mordaza

Cuadro Primero

Habitación que sirve de cuarto de estar y comedor en una casa rural de grandes proporciones, de sombría° y pesada° arquitectura. Hay una gran lámpara encendida; una lámpara que no consigue iluminar todos los rincones de la habitación.

---

versos *lines of poetry* **estrofa** *stanza* **entes** *beings* **sombría** *dark* **pesada** *heavy*

Las ventanas están abiertas. La gran chimenea apagada°. Es una cálida noche de agosto. El viejo Isaías Krappo preside la mesa en que la familia está comiendo. Antonia, Luisa, Juan y Jandro terminan de cenar silenciosamente. Isaías enciende su pipa. Antonia, que es una mujer muy vieja y semiciega°, se mueve con inquietud y trata de espiar, entornando los ojos, el rostro° del viejo.

ANTONIA: (*Con voz débil y temblorosa.*) No creo que ya tarde mucho. Habrá tenido algo que hacer. (*Isaías Krappo no dice nada.*) Encuentro al muchacho desde hace algún tiempo, como si tuviera disgustos° por ahí. No sé qué pensar de él. (*El viejo guarda silencio.*) ¿Verdad, Isaías, que yo tengo razón? ¿No le notas tú. . . ? Está como distraído. ¿Tú no lo has notado?

ISAÍAS: ¿Por qué no ha venido a cenar a su hora? Eso es lo que quisiera saber. Eso es lo único que me preocupa en este momento.

ANTONIA: Habrá tenido. . .

ISAÍAS: Calla. Me repugna que todavía trates de disculparlo°. Lo que hace con nosotros no tiene perdón. Estamos aquí todos reunidos a la mesa. Es un desprecio° que hace a la familia. (*Luisa murmura algo, inclinada sobre su plato.*)

LUISA: No. Es decir, pensaba que yo no me siento despreciada en lo más mínimo. . . porque Teo tarde esta noche.

ISAÍAS: No eres precisamente tú, Luisa, la más indicada para decir cuándo se nos desprecia o no. Eso es cosa mía. Y sé que lo que te molesta es mi modo de ser, podías haberte evitado° el fastidio de sufrirme°. Bastaba con que no hubieras entrado a formar parte de esta familia que, por lo visto, te desagrada tanto.

LUISA: Yo me casé con Juan, y no tengo más familia que Juan. En mí, por si usted quiere saberlo, no manda nadie más que él.

JUAN: (*En voz baja, nervioso.*) Cállate. Cállate ya.

ISAÍAS: Si Juan fuera un hombre, no hablarías como hablas, Luisa. Están insultando a tu padre, Juan. ¿No te das cuenta? Si tú no eres capaz de sujetarla°, algún día tendré que hacerlo yo.

LUISA: ¿Qué quiere decir?

JUAN: (*La coge por un brazo; entre dientes.*) ¿Te vas a callar de una vez?

LUISA: (*Se suelta.*) Estáte quieto. Me haces daño.

ISAÍAS: Déjala. Está endemoniada°. ¿No lo ves? Tiene cien gatos en el cuerpo. Es una pena que no tuvieras mejor ojo para elegir a tu mujer, Juan. El mundo está lleno de mujeres honestas, limpias y obedientes.

JUAN: (*Con poca voz.*) Padre.

ISAÍAS: ¿Qué quieres?

JUAN: (*Con voz humilde.*) No diga esas cosas de Luisa. Yo estoy muy contento de haberme casado con ella.

---

chiminea . . . *unlighted fireplace* **semiciega** *half blind* **rostro** *face* **disculparlo** *excuse him* **desprecio** *contempt, scorn* **disgustos** *troubles* **evitado** *avoided* **fastidio . . .** *nuisance of putting up with me* **sujetarla** *to control her* **endemoniada** *possessed by the devil*

ISAÍAS: No me extraña. (*Con una cierta dulzura° irónica.*) Tú eres un muchacho de muy poco talento, Juan. De pequeño llegaste a preocuparnos a tu madre y a mí. Eras como un animalillo torpe°. El médico nos dijo que la culpa de todo la tenían tus nervios. No tenías memoria y hablabas con dificultad. . . te costaba trabajo. . . No sabes la tristeza que nos dio haber tenido un hijo así, ¿verdad, Antonia? Nuestro primer hijo. Nos dio mucha tristeza.

JUAN: (*Ha bajado la cabeza.*) No debería contar esas cosas delante de todos, padre.

ISAÍAS: ¿Por qué? Un hijo mío no tiene de qué avergonzarse°. Si he hablado de esto es para que no te olvides nunca de lo que en esta casa se ha hecho por ti. . . ; de que a fuerzas de sacrificios y de preocupaciones hemos conseguido sacarte adelante y hacer de ti un hombre del que no se ría la gente en el pueblo. Es que. . . resulta muy doloroso ver que os olvidáis de todo lo que se ha hecho por vosotros y que os tiene sin cuidado herir° a unos pobres viejos. Algunas veces pienso que hemos criado cuervos°,† Antonia. . . , que hemos criado unos seres extraños que acabarán sacándonos los ojos. . .

ANTONIA: Vamos, qué cosas dices. ¿Cómo puedes pensar. . . ? Nuestros hijos son buenos. Los chicos nos quieren y harían cualquier cosa por nosotros. Si de algo estoy contenta en la vida, es de haber tenido hijos. Me encuentro a gusto entre ellos. Y cuando se van me doy cuenta de lo sola que estoy.

ISAÍAS: Está bien, Antonia. . . me gusta que sueñes. . . No puedes hacer otra cosa ya. . . , y hay que disculparte esas pequeñas debilidades. . . Pobre Antonia. . . ¿cómo has llegado a esto? Ni siquiera puedes vernos claramente. . . Te mueves entre sombras. . . No ves más que unos cuerpos que se mueven; eso es el mundo para ti. . . Escuchas y cuando oyes una voz fuerte, te echas a temblar. . . Tienes miedo. ¿De qué Antonia? No tienes que tener miedo entre nosotros.

ANTONIA: Yo no tengo miedo, Isaías. . . Yo no tengo miedo. ¿Cómo voy a tener miedo si estoy con mis hijos? Solamente a veces, cuando tú te enfadas° con algunos de los chicos —cuando te enfadas con razón, claro—, yo no quisiera que te enfadaras tanto. . . y me pongo nerviosa. . . Sí, tengo que confesártelo. . . que me pongo nerviosa. . . No me gusta oíros discutir°.

ISAÍAS: Y sin embargo, es preciso que nos oigas, Antonia, y tú misma deberías ayudarme a educar a los hijos. . . si todavía sirvieras para algo. . . Pero no puedo contar contigo para nada. . . desde hace tiempo. . . Es un poco triste mi situación rodeado de todos vosotros, débiles y enfermos. El más viejo tiene aún que daros lecciones de fuerza y de co-

---

dulzura *sweetness* **torpe** *slow, dumb* **avergonzarse** *to be ashamed* **herir** *to hurt*
cuervos *crows* **te enfadas** *you get angry* **discutir** *argue*

†Refers to the proverb: "Cría cuervos y te sacarán los ojos."

raje. . . (*Añade amargamente.*°) Una pandilla° de inservibles, eso es lo que le ha tocado en suerte al viejo Krappo para consuelo° de sus últimos años. . . (*Sonríe irónicamente.*) Una pandilla por la que siente un gran amor, a pesar de todo. . . (*Vacía su pipa y se levanta. Va a una ventana.*) Hace demasiado calor esta noche. Casi no puedo respirar.

(*Luisa se levanta y empieza a quitar la mesa. Andrea, la criada, ha entrado silenciosamente. Entre Luisa y Andrea recogen los cubiertos° y el mantel°. Isaías se acerca a Jandro, el menor de los hijos, y le da un pescozón cariñoso°.*)

Vamos, Jandro, ¿qué te pasa? No has hablado nada en toda la noche. Estás muy serio.

JANDRO: No pasa nada, padre. Tengo mucho sueño. Esta tarde me he cansado mucho en el campo. Ha habido tanto trabajo. . .

ISAÍAS: Eres muy joven y el trabajo resulta todavía muy fuerte para ti, tienes que ir acostumbrándote. Cuando seas mayor me lo agradecerás. Ahora ve a acostarte si quieres.

(*Jandro se levanta.*)

JANDRO: (*Bosteza*°.) Hasta mañana, padre. (*Se vuelve a todos.*) Hasta mañana.

Alfonso Sastre, España
trozo de *La mordaza*

I. Primera lectura ¿Qué? ¿Quién? ¿Cuándo? ¿Dónde?

Conteste las preguntas.

1. ¿Quiénes toman parte en esta escena?
2. ¿De quién hablan que no está presente?
3. ¿Cuándo tiene lugar la escena?
4. ¿Qué estación del año es?
5. ¿Qué está haciendo la familia en este momento?
6. ¿Qué dice Antonia para disculpar a Teo?
7. ¿Cuándo critica Isaías a Antonia?

II. Segunda lectura ¿Cómo? ¿Por qué?

¿Cómo son los personajes? Encuentre el personaje que corresponde a cada descripción. Algunas descripciónes pueden aplicarse a más de un personaje.

Luisa **Juan** **Jandro** **Isaías** **Antonia** **Teo**

Añade . . . *He adds bitterly* **pandilla** *gang* **consuelo** *comfort* **cubiertos** *place settings* **mantel** *table cloth* **pescozón . . .** *an affectionate slap on the back of the neck* **Bosteza** *He yawns*

1. Cree que todos son débiles menos él.
2. Es rebelde.
3. Disculpa a sus hijos.
4. Critica a todos.
5. Es el esposo de Luisa.
6. Isaías lo describe como un animal torpe.
7. Llega tarde a la casa.
8. Es temerosa y sumisa.
9. Es cruel.
10. Tiene dentro el demonio, según Isaías.
11. Es feliz con su familia.
12. Siempre le da la razón a Isaías.
13. El único que recibe demostración de afecto del padre.
14. Es bueno.
15. Es el más joven.

III. Conclusiones y opiniones

1. El personaje de Isaías se define no en acciones, sino en lo que dice. Dé ejemplos de frases que muestran su carácter fuerte.
2. El apellido Krappo parece ser de una lengua eslávica. ¿Por qué el autor usará un apellido que obviamente no es español?
3. Mire la descripción del escenario. Si Ud. fuera director(a) de la pieza, ¿qué colores usaría para el escenario y para los vestidos? ¿Puede dibujar su versión del escenario?
4. Imagine que se va a presentar en televisión el trozo de *La mordaza* traducido al inglés. Si Ud. fuera director(a) del programa, ¿a quiénes escogería para hacer los papeles de Isaías, Antonia, Juan y Luisa?

IV. Vocabulario

A. Escoja la palabra o frase con significado semejante a la frase en letra itálica. Cambie la forma si es necesario.

elegir	**desdeñar**	**avergonzarse**
enfadarse	**causar**	**guardar silencio**

1. El joven menor *se calló* durante varios minutos.
2. Isaías cree que Juan no *escogió* a una esposa adecuada.
3. Isaías *se enojó* mucho con su hijo mayor.
4. El hijo nunca supo lo que *motivó* el enojo de su padre.
5. El padre le dice a su mujer que sus hijos lo *desprecian.*
6. El hijo no tiene por que *tener vergüenza.*

B. Explique bajo qué circunstancias uno puede hacer lo siguiente:

1. bostezar
2. sacrificar(se)
3. criticar a alguien
4. confesar algo
5. reírse
6. disculparse

Discusión

Intercambie sus ideas con otra persona. Después, Ud. y su pareja pueden compartir sus opiniones con sus compañeros(as) de clase y con el (la) profesor(a).

A. **El divorcio.** ¿Es el divorcio una buena solución a los problemas matrimoniales? ¿La única solución? ¿Cuándo? Las siguientes sugerencias son útiles para discutir el problema.

Problemas	*Soluciones*
incompatibilidad	requerir más tiempo antes de casarse
problemas financieros	hacer más difícil el divorcio
infidelidad	sesiones de terapia con un consejero o un pastor
abuso físico	vivir separados
abuso psicológico	un programa especial como «Marriage Encounter»
¿. . .?	¿. . .?

B. **Una encuesta°.** Supongamos que un estudiante de psicología les va a dar una encuesta a la mujer y al hombre en el poema «Mujer» por Irene Campos Carr. ¿Cómo imagina Ud. que responderán? Compare los resultados con un(a) compañero(a) de clase. Use los números de 4 a 1:

4 muy satisfecho
3 poco satisfecho
2 algo insatisfecho
1 muy insatisfecho

Mujer	Hombre	
_______	_______	**1.** Mi esposo(a) me respeta mucho.
_______	_______	**2.** Puedo arreglar las actividades del día a mi gusto.
_______	_______	**3.** Mi pareja comparte las reponsabilidades en la crianza de los niños.
_______	_______	**4.** Mi pareja espera demasiado de mí.
_______	_______	**5.** Yo hago la mayoría de las decisiones en la casa.
_______	_______	**6.** Estoy muy contento(a) con mi vida tal como es.

C. **Reacciones a la poesía.** Compare con otra persona sus reacciones a los dos poemas: «Meciendo» y «Mujer».

D. **Caracteres antipáticos.** ¿Conoce Ud. a alguien con carácter tan desagradable como Isaías en *La mordaza*? ¿Qué cosas pueden causar esa actitud?

---

encuesta *opinion poll*

Expresión escrita

EXPRESIONES DE TRANSICIÓN Y TIEMPO

Reporte del terapista familiar. Ud. es consejero(a) para familias. Escoja uno de los personajes de las lecturas de este capítulo y escriba un reporte sobre el caso. Por ejemplo, podría escoger la mujer del poema de este título, el «amigo» del autor de «Técnica matrimonial muy avanzada», o la madre, Antonia, de *La mordaza.* O si prefiere, puede escoger un personaje de otra selección literaria o usar un personaje imaginario.

Para escribir su informe, use algunas de las expresiones siguientes:

Para expresar acciones en orden

primero, segundo, tercero	antes / después	
entonces	luego	por fin
fechas / datos (a los 18 años)		

Para expresar contrastes

pero   sino   sino que   en cambio   por otra parte

Para expresar continuación o adición

a continuación   además   también

Para expresar causa, resultado y efecto

por eso	hace + período de tiempo + pretérito
sin embargo	al + *infinitivo* + *cláusula en el pretérito*
por lo tanto	

Organice su reporte de la siguiente manera:

Párrafo 1: Explique en detalle el caso: la persona, sus circunstancias, y los problemas

Párrafo 2: Explique sus ideas sobre el caso y lo que va a recomendar. Use expresiones como: Le voy a aconsejar que, dudo que, creo que, en mi opinión . . .

Párrafo 3: Termine su informe usando los tiempos perfecto y pretérito para resumir lo que ha pasado en el caso. *Ejemplo* Hace dos semanas la señora de Rodríguez se separó de su esposo. Ha conseguido un empleo . . .

Cultura

Los retratos de Velázquez y Goya nos dan un indicio de la vida de la familia real de su tiempo, las relaciónes entre los miembros de la familia, y la reacción del artista frente a ella.

Observe las ilustraciones antes de leer las selecciones. ¿Qué detalles ha notado? ¿Le interesaría aprender más acerca del período histórico o de los pintores?

Dos retratos de familias reales

Un retrato° familiar puede darnos una idea de una familia y su época. Tomemos por ejemplo retratos de dos familias reales°: *Las Meninas* o *La familia real,* como fue llamado originalmente, pintado por Diego de Silva y Velázquez en 1656, y *La familia de Carlos IV* pintado por Francisco de Goya y Lucientes en 1808.

Diego Velázquez. *Las Meninas (The Maids of Honor).* 1651. Oil on canvas, 10'5" by 9' (3.8 by 2.74 m). Prado, Madrid.

Las Meninas

Esta obra maestra° ha sido descrita como única y absoluta en la historia del arte. Dicen que cuando Velázquez fue a pintar el retrato del rey Felipe IV y la reina Mariana, la infanta° Margarita y las meninas°, que le servían de damas, en-

---

retrato *portrait* **reales** *royal* **obra maestra** *masterpiece* **infanta(e)** *child of the king of Spain, except the eldest* **meninas** *ladies-in-waiting*

traron en el estudio como acostumbraban cuando el pintor trabajaba. La infanta y las meninas empezaron a danzar por el estudio y formaban un grupo tan gracioso que los reyes le sugirieron al pintor que las pintara a ellas también.

En primer plano se ve un grupo formado por la infanta Margarita y dos meninas: doña María Agustina Sarmiento y doña Isabel de Velasco. La primera joven ofrece a la infanta un vaso de agua mientras la otra hace una reverencia°. También en primer plano, hacia la derecha, están la enana° María de Bárbola mirando a los reyes y Nicolasito Pertusato que pone un pie sobre el perro dormido. El artista, con su paleta en la mano, parece contemplar a los modelos que inspiraron el título de la obra.

Hacia atrás, en la sombra°, está doña Marcela de Ulloa, dama de palacio, conversando con un escolta° vestido de negro. Al fondo el oficial don José Nieto abre la puerta y la cortina. Un espejo refleja las siluetas del rey y la reina.

Cuando el espectador mira el cuadro tiene la impresión de estar entrando al estudio y poder moverse entre las figuras, colocarse° entre Velázquez y la lona°, acercarse a doña Marcela de Ulloa y pasar por la puerta que don José Nieto le abre. Tal es el realismo de la pintura, sus perspectivas, su atmósfera y su luz.

Francisco Goya. *The Family of Charles IV.* 1800. Oil on canvas, 9'2" by 11' (2.79 by 3.35 m). Prado, Madrid.

---

reverencia *curtsy* **enana** *dwarf* **en la sombra** *in the shadows* **escolta** (m.) *escort*
colocarse *to place onself* **lona** *canvas*

La familia de Carlos IV

En este grupo familiar vemos a Carlos IV y su esposa María Luisa de Parma con el niño don Francisco Paula en medio. El brazo derecho de la reina descansa sobre su hija, María Isabel. A su lado hay un grupo de cuatro personas paradas°: en frente, don Fernando, el príncipe asturiano; a su lado, una joven doblando la cabeza; y por detrás, el infante don Carlos, María Isidro y la hermana mayor de Carlos IV, María Josefa. Detrás de Carlos IV hay cuatro figuras más; de izquierda a derecha se ven la infanta María Luisa con un niño en brazos y su esposo el príncipe don Luis de Parma; doña Carlota Joaquina, hija mayor del rey, y Antonio de Pascal, hermano del rey. Al fondo hacia la izquierda se encuentra el autorretrato° de Goya.

Un aspecto notable del retrato real es la presencia de la joven que oculta su cara hacia el fondo. ¿Quién es ella? «La dama desconocida» representa la futura esposa del príncipe Fernando. Evidentemente el retrato de la familia real era un documento importante, por lo tanto la futura esposa del heredero° al trono fue incluida en él aunque todavía no había sido escogida. Cuatro años después de que el retrato fue terminado, el príncipe Fernando contrajo matrimonio y María Antonia de Sicilia ocupó el lugar de la mujer desconocida.

En este retrato todo es brillante y deslumbrante°, desde las sedas°, joyas y cintas° que usan las mujeres hasta las decoraciones suntuosas. Pero al mirar el cuadro, uno se pregunta cómo los patrones de Goya pudieron aceptar un retrato tan realista pero tan poco halagador°.

Los críticos consideran que el cuadro «Las Meninas» de Velázquez fue la inspiración para «La familia de Carlos IV» de Goya. Las dos obras tienen grupos dispuestos al azar° y ambas muestran al artista parado detrás del caballete°. Pero ¿dónde está el espejo en la obra de Goya? De acuerdo con el crítico Fred Licht de la Universidad de Basel, el cuadro completo de Goya es un reflejo en un espejo. Esto explica que Goya esté situado detrás de los sujetos que pinta. Además explica que la familia real le permita a él hacer un retrato tan poco halagador. Goya no pinta a sus sujetos como él los ve sino como ellos se ven a sí mismos en el espejo.

DISCUSIÓN

Con otra persona, haga las actividades siguientes.

1. Identifique a algunas de las personas retratadas en las dos pinturas.
2. Haga una lista de lo que tienen en común los dos retratos.

---

paradas *standing* **autorretrato** *self-portrait* **heredero . . .** *heir to the throne* **deslumbrante** *dazzling* **sedas** *silks* **cintas** *ribbons* **halagador** *flattering* **dispuestos . . .** *randomly arranged* **caballete** *easel*

9 Relaciones con extraños

▷ **ESTRATEGIAS DEL BUEN LECTOR**
Comprender causas y resultados

▷ **LECTURAS**
«Rosamunda» Carmen Laforet
«Diario de una víctima de robo de auto» Mauro Rodríguez
«Carta a Dios» Gregorio López y Fuentes

▷ **DISCUSIÓN**

▷ **EXPRESIÓN ESCRITA**
Expresar causas, conflictos y resultados
Diario secreto

▷ **CULTURA**
La burocracia

Estrategias del buen lector

COMPRENDER CAUSAS Y RESULTADOS

Understanding cause and effect in a narration enables you to more readily follow the gist of the story. The action in short narrations is usually centered on cause and effect; that is, the characters in a story, or real people in a factual narration, perform actions that cause reactions or conflicts in others. Obviously, conflicts may result when people or characters have different viewpoints, goals, or purposes, but conflicts may also be internal.

Each of the narrations in this chapter reflects different causes and effects. In «Rosamunda», for example, the causes, conflicts, and effects are external as well as internal—between Rosamunda and a soldier she meets on a train and between her real self and her fantasy self. In «Diario de una víctima de robo de auto», the stealing of a car brings about a series of causes and effects as the owners deal with one bureaucracy after another. In «Carta a Dios», because of a bad storm, a poor farmer writes a letter to God, which has an effect on the postal employees who read it, and this in turn develops into the climax of the story.

A narration usually begins with description rather than action. Descriptions, because they contain more nouns and adjectives, tend to have more words that will be new to you. It's worth taking the time to understand the opening descriptions, because they enable you to better understand the causes and effects of the actions.

ACTIVIDAD

Lea la primera parte del cuento «Rosamunda». Analice las causas y los resultados contestando las preguntas que siguen. Los números de las preguntas se refieren a los trozos numerados del cuento. El cuento empieza con una descripción que sirve de introducción a la acción.

1. Explique dónde va a tener lugar la acción del cuento.
2. ¿Cuáles son las causas de la incomodidad de Rosamunda? Por eso, ¿a dónde va?
3. ¿Qué recuerdos despierta el soldado en Rosamunda?
4. Explique cómo reacciona el soldado frente a Rosamunda.
5. Al seguirla contemplando el soldado, ¿qué otros efectos produce Rosamunda en él?
6. ¿Qué causa la confesión de Rosamunda?
7. ¿Cómo reacciona Rosamunda a su propia confesión?

Lecturas

ANTECEDENTES

In her story «*Rosamunda*», from *La niña y otros relatos* (1970), Carmen Laforet of Spain writes of the reality and fantasy of an aging woman. On a third-class train trip, returning from the capital to her home in the south of Spain, Rosamunda reveals her life story to a young soldier she meets on the train. As Rosamunda alternates between conversations with the soldier and interior monologues, the reader becomes aware that she has created for her listener a world more to her liking than the one she actually inhabits.

According to Rosamunda, what did she give up when she married? How does she describe her recent return to public life? In reality, what happened?

Rosamunda

[1]Estaba amaneciendo°, al fin. El departamento de tercera clase olía° a cansancio, a tabaco y a botas de soldado. Ahora se salía de noche como de un gran túnel y se podía ver a la gente acurrucada°, dormidos hombres y mujeres en sus asientos duros. Era aquél un incómodo vagón-tranvía°, con el pasillo atestado° de cestas y maletas. Por las ventanillas se veía el campo y la raya plateada° del mar.

[2]Rosamunda se despertó. Todavía se hizo una ilusión placentera° al ver la luz entre sus pestañas semicerradas. Luego comprobó que su cabeza colgaba° hacia atrás, apoyada° en el respaldo del asiento y que tenía la boca seca de llevarla abierta. Se rehizo, enderezándose°. Le dolía el cuello—su largo cuello marchito°—. Echó una mirada a su alrededor y se sintió aliviada al ver que dormían sus compañeros de viaje. Sintió ganas de estirar° las piernas entumecidas°—el tren traqueteaba°, pitaba°—. Salió con grandes precauciones, para no despertar, para no molestar, «con pasos de hada°»—pensó—, hasta la plataforma.

[3]El día era glorioso. Apenas se notaba el frío del amanecer. Se veía el mar entre naranjos. Ella se quedó como hipnotizada por el profundo verde de los árboles, por el claro horizonte de agua.

—«Los odiados°, odiados naranjos . . . Las odiadas palmeras . . . El maravilloso mar . . .»

—¿Qué decía usted?

A su lado estaba un soldadillo. Un muchachito pálido. Parecía bien educado. Se parecía a su hijo. A un hijo suyo que se había muerto. No al que vivía; al que vivía, de ninguna manera.

[4]—No sé si será usted capaz de entenderme —dijo, con cierta altivez°—. Estaba recordando unos versos míos. Pero si usted quiere, no tengo inconveniente en recitar . . .

---

amaneciendo *dawning* **olía** *smelled* **acurrucada** *curled up* **vagón-tranvía** *electric train car* **atestado** *crowded* **plateada** *silvery* **placentera** *pleasant* **colgaba** *was hanging* **apoyada** *resting* **enderezándose** *straightening up* **marchito** *wilted* **estirar** *to stretch out* **entumecidas** *numb* **traqueteaba** *clattered* **pitaba** *whistled* **con pasos . . .** *with fairy steps* **odiados** *hated* **altivez** *haughtiness*

El muchacho estaba asombrado°. Veía a una mujer ya mayor, flaca, con profundas ojeras°. El cabello oxigenado°, el traje de color verde, muy viejo. Los pies calzados en unas viejas zapatillas de baile . . . , sí unas asombrosas zapatillas de baile, color de plata, y en el pelo una cinta° plateada también, atada° con un lacito° . . . Hacía mucho que él la observaba.

[5]¿Qué decide usted? —preguntó Rosamunda, impaciente— ¿Le gusta o no oír recitar?

—Sí, a mí . . .

El muchacho no se reía porque le daba pena mirarla. Quizá más tarde se reiría. Además, él tenía interés porque era joven, curioso. Había visto pocas cosas en su vida y deseaba conocer más. Aquello era una aventura. Miró a Rosamunda y la vio soñadora°. Entornaba° los ojos azules. Miraba al mar.

—¡Qué difícil es la vida!

Aquella mujer era asombrosa. Ahora había dicho esto con los ojos llenos de lágrimas.

[6]—Si usted supiera, joven . . . Si usted supiera lo que este amanecer significa para mí, me disculparía. Este correr hacia el Sur. Otra vez hacia el Sur . . . Otra vez a mi casa. Otra vez a sentir ese ahogo° de mi patio cerrado, de la incomprensión de mi esposo . . . No se sonría usted, hijo mío; usted no sabe nada de lo que puede ser la vida de una mujer como yo. Este tormento infinito . . . Usted dirá que por qué le cuento todo esto, por qué tengo ganas de hacer confidencias, yo, que soy de naturaleza reservada . . . Pues, porque ahora mismo, al hablarle, me he dado cuenta de que tiene usted corazón y sentimiento y porque esto es mi confesión. Porque, después de usted, me espera, como quien dice la tumba . . . El no poder hablar a ningún ser humano . . . , a ningún ser humano que me entienda.

[7]Se calló, cansada quizá, por un momento. El tren corría, corría . . . El aire se iba haciendo cálido, dorado°. Amenazaba un día terrible de calor.

2

—Voy a empezar a usted mi historia, pues creo que le interesa . . . Sí. Figúrese usted una joven rubia, de grandes ojos azules, una joven apasionada por el arte . . . De nombre, Rosamunda . . . Rosamunda, ¿ha oído? . . . Digo que si ha oído mi nombre y qué le parece.

El soldado se ruborizó° ante el tono imperioso.

—Me parece bien . . . bien.

—Rosamunda . . . —continuó ella, un poco vacilante.

Su verdadero nombre era Felisa; pero, no se sabe por qué, lo aborrecía°. En su interior siempre había sido Rosamunda, desde los tiempos de su adolescencia. Aquel Rosamunda se había convertido en la fórmula mágica que la salvaba de la estrechez de su casa, de la monotonía de sus horas; aquel Rosamunda era para

---

asombrado *astonished* **profundas . . .** *deep, dark circles under her eyes* **oxigenado** *bleached* **cinta** *ribbon* **atada** *tied* **lacito** *little bow* **soñadora** *dreamy* **Entornaba** *She half-closed* **ahogo** *smothering* **dorado** *golden* **se ruborizó** *he blushed* **lo aborrecía** *she hated it*

ella un nombre amado, de calidades exquisitas . . . Pero ¿para qué explicar al joven tantas cosas?

—Rosamunda tenía un gran talento dramático. Llegó a actuar con éxito brillante. Además, era poetisa. Tuvo ya cierta fama desde su juventud . . . Imagínese, casi una niña, halagada°, mimada° por la vida y, de pronto, una castástrofe . . . El amor . . . ¿Le he dicho a usted que era ella famosa? Tenía dieciséis años apenas, pero la rodeaban por todas partes los admiradores. En uno de los recitales de poesía, vio al hombre que causó su ruina. A . . . A mi marido, pues Rosamunda, como usted comprenderá, soy yo. Me casé sin saber lo que hacía con un hombre brutal, sórdido y celoso. Me tuvo encerrada° años y años. ¡Yo! . . . Aquella mariposa° de oro que era yo . . . ¿Entiende?

(Sí, se había casado, si no a los dieciséis años, a los veintitrés; pero ¡al fin y al cabo°! . . . Y era verdad que le había conocido un día que recitó versos suyos en casa de una amiga. El era carnicero°. Pero, a este muchacho, ¿se le podían contar las cosas así? Lo cierto era aquel sufrimiento suyo, de tantos años. No había podido ni recitar un solo verso, ni aludir a sus pasados éxitos°—éxitos quizás inventados, ya que no se acordaba bien; pero . . . Su mismo hijo único solía decirle que se volvería loca de pensar y llorar tanto. Era peor esto que las palizas° y los gritos de él cuando llegaba borracho°. No tuvo a nadie más que al hijo aquél, porque las hijas fueron descaradas° y necias°, y se reían de ella, y el otro hijo, igual que su marido, había intentado hasta encerrarla.)

—Tuve un hijo único. Un solo hijo. ¿Se da cuenta? Le puse Florisel . . . Crecía delgadito, pálido, así como usted. Por eso quizá le cuento a usted estas cosas. Yo le contaba mi magnífica vida anterior. Sólo él sabía que conservaba un traje de gasa°, todos mis collares° . . . Y él me escuchaba, me escuchaba . . . como usted ahora, embobado°.

Rosamunda sonrió. Sí, el joven la escuchaba absorto.

—Este hijo se me murió. Yo no lo pude resistir° . . . El era lo único que me ataba a aquella casa. Tuve un arranque, cogí mis maletas y me volví a la gran ciudad de mi juventud y de mis éxitos . . . ¡Ay! He pasado unos días maravillosos y amargos. Fui acogida con entusiasmo, aclamada de nuevo por el público, de nuevo adorada . . . ¿Comprende mi tragedia? Porque mi marido, al enterarse de esto, empezó a escribirme cartas tristes y desgarradoras°: no podía vivir sin mí. No puede, el pobre. Además es el padre de Florisel, y el recuerdo del hijo perdido estaba en el fondo de todos mis triunfos, amargándome°.

El muchacho veía animarse por momentos a aquella figura flaca y estrafalaria° que era la mujer. Habló mucho. Evocó un hotel fantástico, el lujo derrochado° en el teatro el día de su «reaparición». Evocó ovaciones delirantes y su propia figura, una figura de «sílfide° cansada», recibiéndolas.

—Y, sin embargo, ahora vuelvo a mi deber . . . Repartí mi fortuna entre los pobres y vuelvo al lado de mi marido como quien va a un sepulcro.

---

halagada *flattered* **mimada** *spoiled* **encerrada** *locked up* **mariposa** *butterfly* **¡al fin . . . !** *after all* **carnicero** *butcher* **éxitos** *successes* **palizas** *beatings* **borracho** *drunk* **descaradas** *shameless* **necias** *foolish* **gasa** *chiffon* **collares** *necklaces* **embobado** *fascinated* **no lo pude . . .** *I couldn't bear it* **desgarradoras** *heart-breaking* **amargándome** *making me bitter* **estrafalaria** *outlandish* **derrochado** *squandered* **sílfide** *nymph*

Rosamunda volvió a quedarse triste. Sus pendientes° eran largos, baratos; la brisa los hacía ondular . . . Se sintió desdichada, muy «gran dama» . . . Había olvidado aquellos terribles días sin pan en la ciudad grande. Las burlas° de sus amistades ante su traje de gasa, sus abalorios° y sus proyectos fantásticos. Había olvidado aquel largo comedor con mesas de pino cepillado°, donde había comido el pan de los pobres entre mendigos° de broncas toses°. Sus llantos°, su terror en el absoluto desamparo° de tantas horas en que hasta los insultos de su marido había echado de menos°. Sus besos a aquella carta del marido en que, en su estilo tosco° y autoritario a la vez, recordando al hijo muerto, le pedía perdón y la perdonaba.

El soldado se quedó mirándola. ¡Qué tipo más raro, Dios mío! No cabía duda° de que estaba loca la pobre . . . Ahora le sonreía . . . Le faltaban dos dientes.

El tren se iba deteniendo en una estación del camino. Era la hora del desayuno, de la fonda de la estación venía un olor apetitoso . . . Rosamunda miraba hacia los vendedores de rosquillas.

—¿Me permite usted convidarla°, señora?

En la mente del soldadito empezaba a insinuarse una divertida historia. ¿Y si contara a sus amigos que había encontrado en el tren una mujer estupenda y que . . . ?

—¿Convidarme? Muy bien, joven . . . Quizá sea la última persona que me convide . . . Y no me trate con tanto respeto, por favor. Puede usted llamarme Rosamunda . . . no he de enfadarme° por eso.

Carmen Laforet, España
La niña y otros relatos

I. Primera lectura ¿Qué? ¿Quién? ¿Cuándo? ¿Dónde?

¿Quién es Rosamunda y quién es Felisa? Lea las oraciones siguientes y decida si se refieren a la realidad o a la fantasía.

1. La mujer se llama Rosamunda.
2. La mujer se llama Felisa.
3. Se casó a los dieciséis años.
4. Se casó a los veintitrés años.
5. Antes de casarse, tenía mucha fama como actriz y poetisa.
6. Tenía un hijo único a quien amaba mucho, pero se murió.
7. Tiene cuatro hijos, uno de los cuales murió.
8. Las hijas son necias y descaradas y el hijo quiere encerrarla.
9. Ella se viste con ropa vieja y barata.
10. Cuando volvió al teatro tuvo mucho éxito.

---

pendientes *earrings* **burlas** *mockery* **abalorios** *beads* **pino . . .** *smooth pine* **mendigos** *beggars* **broncas . . .** *hoarse coughs* **llantos** *sobbing* **desamparo** *helplessness* **había echado . . .** *had missed them* **tosco** *coarse* **no cabía duda** *there was no doubt* **convidarla** *invite you to have something* **no he de enfadarme** *I won't get angry*

11. Ganó mucho dinero y se lo dio todo a los pobres.
12. En la ciudad, vivía en un lugar muy pobre con gente pobre.
13. Su esposo le ha escrito una carta perdonándola.
14. Su esposo le ha escrito varias cartas tristes diciéndole que no puede vivir sin ella.

II. Segunda lectura ¿Cómo? ¿Por qué?

Explique las causas, los resultados y los conflictos siguientes.

1. ¿Cómo reacciona el soldado al tono que usa Rosamunda?
2. ¿Cómo reacciona Rosamunda interiormente a lo que ella le ha dicho al soldado?
3. ¿Cómo era Rosamunda antes de casarse? ¿y después?
4. En su monólogo interior, ¿cómo contradice Rosamunda lo que le ha dicho al soldado?
5. ¿Cómo escuchaba a Rosamunda su hijo?
6. Según Rosamunda, ¿cómo reaccionó el esposo cuando ella volvió a la ciudad?
7. ¿Cómo reacciona el soldado?
8. ¿Qué efecto tiene en Rosamunda la fantasía interior que ella ha creado?
9. Después de oírla hablar, ¿cómo se siente el soldado hacia ella?
10. ¿Cómo piensa el soldado contar el encuentro a sus amigos?
11. ¿Cómo reacciona Rosamunda a la invitación?

III. Conclusiones y opiniones

1. Rosamunda le dice al soldado que «después de usted, me espera, como quien dice, la tumba . . .» y al final del cuento «Quizás sea la última persona que me convide». ¿Por qué cree Ud. que ella dice esas cosas?
2. ¿Le gustaría haberse encontrado con Rosamunda? ¿O cree Ud. conocer a una persona así?
3. ¿Por qué será que muchas veces en un avión, un tren o un autobús los extraños se confiesan cosas muy íntimas?

IV. Vocabulario

A. Complete cada oración con una de las expresiones siguientes.

daba pena	tenía ganas de	se volvía loca	echaba de menos
al fin y al cabo	de nuevo	echó una mirada	

1. La mujer . . . alrededor y veía que dormían sus compañeros de viaje.
2. El soldado no se reía porque le . . . mirar a la mujer.
3. La mujer . . . hacer confidencias.
4. Cuando Rosamunda volvió a Madrid, dice que fue aclamada . . . por el público.
5. A veces Rosamunda sentía como que . . . de pensar y llorar tanto.
6. Su esposo le escribió que debía volver a casa porque le. . . .
7. . . . había sufrido tantos años casada con él.

B. Complete cada explicación con un participio pasado de la lista. Cambie la forma de la palabra si es necesario.

aclamado	mimado	dorado	apoyado
amado	encerrado	plateado	atestado

1. Cuando uno se encuentra en un espacio muy pequeño se siente. . . .
2. Si uno descansa el cuerpo contra un objeto uno está . . . en él.
3. Cuando uno le da a un niño todo lo que desee, el niño está. . . .
4. Si una persona es muy popular y famosa podemos decir que es. . . .
5. Si una cosa es de color de plata podemos decir que es. . . .
6. Si una cosa es de color de oro podemos decir que es. . . .
7. Cuando hay mucha gente en un lugar podemos decir que está . . . de gente.
8. Un ser . . . es una persona a quien uno quiere mucho.

ANTECEDENTES

This article records excerpts from the seventeen frustrating days that the author spent dealing with the bureaucracy of various agencies in an effort to get back his stolen car.

Does the author eventually get his car back? What is unexpected? How does the insurance agency let him down?

Diario de una víctima de robo de auto

Día 1: Hoy a las 10 de la mañana, a la puerta de mi casa, Martín, un empleado, arreglaba un detalle del auto familiar cuando se le acercaron dos empistolados: —Si te mueves, te mueres —le dijeron antes de arrebatarle° el vehículo. Pocos minutos más tarde llegué a la casa, me explicaron lo sucedido y con Martín fuimos a formular la denuncia° a la caseta policial más cercana. De allí mismo me comuniqué con la compañía de seguros°. El resto del día se fue en formalizar denuncias, narrar los hechos una y otra vez y describir y volver a describir los detalles.

Día 2: Tuvimos una nueva reunión con el ajustador° de la compañía de seguros°. Después de repasar otra vez los detalles del robo, nos anunció que debíamos obtener un oficio o «carta de colaboración» de la policía judicial de Naucalpan, documento donde deben constar° los datos de nuestra denuncia del robo. La carta debe ser gratuita pero, nos advirtió° el ajustador, seguramente nos dirán que las secretarias están muy ocupadas y habrá que darles 3.000 pesos de mordida° para que al fin redacten° el documento.

Día 3: Mi esposa, que figura como propietaria del auto robado, fue por la «carta de colaboración». Efectivamente, tuvo que pagar 3.000 pesos de mordida.

---

arrebatarle *seize* **denuncia** *report of the theft* **compañía . . .** *insurance company* **ajustador** *claims adjuster* **constar** *be recorded* **nos advirtió** *he warned us* **mordida** *bribe* **redacten** *they draw up*

Día 4: Mi esposa perdió todo el día tratando infructuosamente° de conseguir una copia del acta de denuncia del robo elaborada por el Ministerio Público, documento que también nos es demandado por la compañía de seguros.

Día 5: Mi esposa consiguió la copia del acta: sólo tuvo que pagar 3.000 pesos de mordida.

Día 6: Llamó el comandante de la judicial° de Naucalpan: ¡Detuvieron° a los ladrones y recuperaron el coche!

Día 7: Hoy mismo nos llamaron del Ministerio Público: mi mujer debe ir mañana con todos los documentos que acreditan la propiedad del vehículo, y ya.

Día 8: Llevamos todos los papeles del coche y esperábamos recibir las llaves, pero un licenciado° con cara de piedra nos dijo: —Muy bien: sólo que el coche ya no está aquí, sino en el reclusorio° de Barrientos. Tienen que ir mañana por el vehículo.

Día 9: Mi mujer y una amiga abogada, que la acompañaba, no consiguieron la devolución del auto: el vehículo, les explicaron, es parte del «cuerpo del delito°» y hace falta como prueba para poder condenar a los ladrones. Dentro de una o dos semanas, tal vez . . .

Día 10: (Dos semanas más tarde) ¡Los reos° ya están convictos! ¡Mañana mismo nos devolverán el coche, la prueba que los hundió°! ¡Mañana nos entregarán el auto!

Día 12: Estuvimos allí a las 11 y antes de las 2 de la tarde, todo un récord, ya estaba listo el machote° con la descripción del vehículo. Sólo faltaba fotocopiarlo, en la tienda de ahí enfrente, y entregarlo, para recibir a cambio un escrito, dirigido al C.° Delegado de Trañsito de Naucalpan y en el cual se solicita oficialmente la devolución del vehículo.

Día 13: Mi mujer y Martín llegaron temprano a la Delegación de Tránsito de Naucalpan pero el auto no estaba allí. En cambio los mandaron a una dirección en el otro confín del municipio. Cuando al fin hallaron el lugar descubieron que no era una dependencia oficial sino un negocio de grúas°, particular°. Allí los obligaron a pagar 24.800 pesos por uso de la grúa y estacionamiento°. Como no llevaban dinero, tuvieron que regresar sin coche.

Día 14: Hoy fuimos con el dinero. Pagamos y nos dijeron que ahora sí podíamos retirar el auto. Pero no pudimos traerlo, porque no arrancó°: tiene una batería inservible en reemplazo de la nueva que yo le había colocado una semana antes del robo; las vestiduras°, también nuevas, están arruinadas porque la lluvia se le metió durante veinte días por las ventanillas, que a nadie se le ocurrió cerrar. Le faltan los espejos, moldaduras° y adornos; le falta la llanta de refacción° y la herramienta°.

Día 15: Hoy volví con una batería nueva pero tampoco logré hacerlo arrancar. Mañana iré con un mecánico.

---

infructuosamente *fruitlessly* **judicial** *department of justice* **detuvieron** *they arrested* **licenciado** *lawyer* **reclusorio** *car pound* **cuerpo del delito** *body of evidence* **reos** *criminals* **hundió** *sank, incriminated (coll.)* **machote** *rough draft* **C.-Ciudadano** *Citizen* **negocio . . .** *towing service* **particular** *private* **estacionamiento** *parking (lot)* **no arrancó** *it wouldn't start* **vestiduras** *upholstery* **moldaduras** *moldings* **llanta . . .** *spare tire* **herramienta** *tool, jack*

Día 16: Hoy fui con el mecánico. Con una grúa nos llevamos el auto. Ya es mío, pero no funciona. El mecánico me pasará un presupuesto° . . . Mientras tanto, sigo con mi coche rentado, y sigo sin saber cómo lo pagaré. En fin: mañana presentaré a la compañía de seguros todos los comprobantes° de gastos° ocasionados por el robo, así como el presupuesto del mecánico; seguramente, me cubrirán buena parte de lo gastado, ya que mi seguro era de la más amplia cobertura°.

Día 17: La compañía de seguros no pagará nada. Explicaron que el auto no me fue robado sino que fui víctima de un asalto, eventualidad no prevista en la póliza. Decidí vender el coche al mecánico, quien me ofreció la mitad° de lo que valía.

Mauro Rodríquez, México
Contenido

I. Primera lectura ¿Qué? ¿Quién? ¿Cuándo? ¿Dónde?

Diga si la oración es verdad o no. Si no es verdad, corríjala.

1. Los ladrones hablaron al señor Rodríguez.
2. Lo primero que hicieron Martín y el señor después del robo del auto fue ir a la estación de policía para hacer una denuncia.
3. Tuvieron que pagar 3.000 pesos de mordida a la compañía de seguros.
4. El día 4 la señora Rodríguez trató de conseguir cierto documento pero no pudo.
5. El día 6 el comandante les dijo que habían arrestado a los ladrones pero no habían podido encontrar el coche.
6. El día 9 les dijeron que el coche era parte de la evidencia contra los ladrones.
7. No encontraron el coche en el depósito oficial sino en el reclusorio de Barrientos.
8. Cuando encontraron el coche no tenía la batería nueva pero por lo demás estaba en buenas condiciones.
9. Por fin el señor Rodríguez condujo el coche a casa.

II. Segunda lectura ¿Cómo? ¿Por qué?

Encuentre en la segunda lista un resultado para cada causa en la primera lista.

Causas

1. Robaron el auto.
2. Las secretarias de la policía judicial estaban muy ocupadas.
3. El vehículo era parte del cuerpo del delito.

---

presupuesto *estimate* **comprobantes** *receipts* **gastos** *expenses* **cobertura** *coverage*
mitad *half*

4. El auto estaba en un negocio de grúas particular.
5. Después de todos los problemas el coche no arrancó.
6. La compañía declaró que no se trataba de un robo sino de un asalto.

Resultados

a. No podían conseguir la devolución del auto.
b. La compañía de seguros no pagó nada.
c. Tuvieron que hacer una denuncia.
d. Tuvieron que darles una mordida.
e. Vendió el coche al mecánico.
f. Tuvieron que pagar por el uso de la grúa y el estacionamiento.

III. Conclusiones y opiniones

1. Cuando por fin encontraron el coche en un depósito particular, le faltaban: la batería nueva, los espejos, las molduras, los adornos, la llanta de refacción y la herramienta. ¿Cómo cree Ud. que pasó esto?
2. ¿Cree Ud. que el autor de esta historia exagera lo que en realidad pasó? Piense en lo siguiente:

   a. ¿Cuántas mordidas pagó la familia?
   b. ¿Cuántas veces tuvieron que ir a buscar el coche?
   c. El coche no arranca ni con batería nueva.
   d. Al final, decide venderle el coche al mecánico.
   e. La compañía de seguros no va a pagar nada.

3. ¿Cuál es el tono del artículo? ¿Cómico? ¿Satírico? ¿Optimista? Dé ejemplos del artículo para apoyar su opinión.
4. ¿Ha tenido Ud. (o una persona a quien Ud. conoce) una experiencia con un auto robado? ¿Qué pasó? ¿Cuál fue el resultado?

IV. Vocabulario

A. Mire el vocabulario del artículo. Organice una lista de palabras relacionadas bajo las categorías *el auto, la compañía de seguros, y la policía.* Escriba ocho oraciones usando algunas de las palabras.

la batería	la llanta de refacción	detener a los reos
las llaves	las ventanillas	los comprobantes de gastos
la póliza	el ajustador	arrancar
la denuncia	la caseta policial	las vestiduras
la cobertura	el reclusorio	el comandante de la judicial
la mordida	el seguro	

B. Defina en español las palabras siguientes:

1. estacionamiento 2. mordida 3. documento 4. denuncia

ANTECEDENTES

This short story is one of the *Cuentos campesinos* (1940) by Mexican writer Gregorio López y Fuentes. The themes of faith in God and suspicion of fellow man are juxtaposed.

How does Lencho lose all his crops? To whom does he write? How do the postal employees react?

Una carta a Dios

La casa—única en todo el valle—estaba subida° en uno de esos cerros truncados° que, a manera de pirámides rudimentarias, dejaron algunas tribus al continuar sus peregrinaciones° . . . Entre las matas del maíz°, el frijol con su florecilla morada, promesa inequívoca de una buena cosecha°.

Lo único que estaba haciendo falta a la tierra era una lluvia, cuando menos un fuerte aguacero°, de esos que forman charcos° entre los surcos°. Dudar de que llovería hubiera sido lo mismo que dejar de creer en la experiencia de quienes, por tradición, enseñaron a sembrar° en determinado día del año.

Durante la mañana, Lencho—conocedor del campo, apegado° a las viejas costumbres y creyente a puño cerrado°—no había hecho más que examinar el cielo por el rumbo del noreste.

—Ahora sí que se viene el agua, vieja.

Y la vieja, que preparaba la comida, le respondió.

—Dios lo quiera.

Los muchachos más grandes limpiaban de hierba la siembra°, mientras que los más pequeños correteaban° cerca de la casa, hasta que la mujer les gritó a todos:

—Vengan que les voy a dar en la boca° . . .

Fue en el curso de la comida cuando, como lo había asegurado Lencho, comenzaron a caer gruesas gotas° de lluvia. Por el noreste se veían avanzar grandes montañas de nubes. El aire olía a jarro° nuevo.

—Hagan de cuenta, muchachos —exclamaba el hombre mientras sentía la fruición° de mojarse° con el pretexto de recoger algunos enseres° olvidados sobre una cerca° de piedra, —que no son gotas de agua las que están cayendo: son monedas nuevas; las gotas grandes son de a diez y las gotas chicas son de a cinco . . .

Y dejaba pasear sus ojos satisfechos por la milpa° a punto de jilotear°, adornada con las hileras frondosas° del frijol, y entonces toda ella cubierta por la transparente cortina de la lluvia. Pero, de pronto, comenzó a soplar° un fuerte viento y con las gotas de agua comenzaron a caer granizos° tan grandes como bellotas°. Esos sí que parecían monedas de plata nueva. Los muchachos, exponiéndose a la lluvia, correteaban y recogían las perlas heladas de mayor tamaño.

---

subida *high up* **peregrinaciones** *pilgrimages* **cerros . . .** *truncated hills* **matas . . .** *stalks of corn* **cosecha** *harvest* **aguacero** *shower, downpour* **charcos** *puddles* **surcos** *furrows* **sembrar** *to plant* **apegado** *attached* **creyente . . .** *firm believer* **limpiaban . . .** *were weeding the planted land* **correteaban** *ran around* **dar . . .** *to feed* **gruesas** *heavy drops* **jarro** *clay jug* **fruición** *pleasure* **mojarse** *getting wet* **enseres** *implements* **cerca** *fence* **milpa** *cornfield* **jilotear** *begin to ripen* **hileras . . .** *leafy rows* **soplar** *to blow* **granizos** *hailstones* **bellotas** *acorns*

—Esto sí que está muy mal —exclamaba mortificado° el hombre—; ojalá que pase pronto . . .

No pasó pronto. Durante una hora, el granizo apedreó° la casa, la huerta°, el monte, la milpa y todo el valle. El campo estaba tan blanco que parecía una salina°. Los árboles, deshojados°. El máiz, hecho pedazos. El frijol, sin una flor. Lencho, con el alma llena de tribulaciones. Pasada la tormenta, en medio de los surcos, decía a sus hijos:

—Más hubiera dejado una nube de langosta° . . . El granizo no ha dejado nada: ni una sola mata de maíz dará una mazorca°, ni una mata de frijol dará una vaina°.

La noche fue de lamentaciones:

—¡Todo nuestro trabajo, perdido!

—¡Y ni a quién acudir°!

—Este año pasaremos hambre . . .

Pero muy en el fondo espiritual de cuantos convivían bajo aquella casa solitaria en mitad del valle, había una esperanza: la ayuda de Dios.

—No te mortifiques tanto, aunque el mal es muy grande. ¡Recuerda que nadie se muere de hambre!

—Eso dicen: nadie se muere de hambre . . .

Y mientras llegaba el amanecer, Lencho pensó mucho en lo que había visto en la iglesia del pueblo los domingos: un triángulo y dentro del triángulo un ojo, un ojo que parecía muy grande, un ojo que, según le habían explicado, lo mira todo, hasta lo que está en el fondo de las conciencias.

Lencho era hombre rudo y él mismo solía decir que el campo embrutece°, pero no lo era tanto que no supiera escribir. Ya con la luz del día y, aprovechando la circunstancia de que era domingo, después de haberse afirmado en su idea de que sí hay quien vele° por todos, se puso a escribir una carta que él mismo llevaría al pueblo para echarla al correo.

Era nada menos que una carta a Dios.

—«Dios —escribió—, si no me ayudas pasaré hambre con todos los míos durante este año: necesito cien pesos para volver a sembrar y vivir mientras viene la otra cosecha, pues el granizo . . .»

Rotuló° el sobre «A Dios», y metió el pliego° y, aun preocupado, se dirigió al pueblo. Ya en la oficina de correos, le puso un timbre° a la carta y echó ésta en el buzón°.

Un empleado, que era cartero y todo en la oficina de correos, llegó riendo con toda la boca ante su jefe: le mostraba nada menos que la carta dirigida a Dios. Nunca en su existencia de repartidor° había conocido ese domicilio. El jefe de la oficina—gordo y bonachón°—también se puso a reír, pero bien pronto se

---

mortificado *upset* **apedreó** *stoned* **huerta** *garden* **salina** *salt marsh* **deshojados** *stripped of leaves* **nube . . .** *cloud of locusts* **mazorca** *ear of corn* **vaina** *pod* **acudir** *to turn to* **embrutece** *makes one brutish* **vele** *watches out for* **Rotuló** *He labeled* **pliego** *piece of paper* **timbre** *stamp* **buzón** *mailbox* **repartidor** *mail carrier* **bonachón** *good-natured*

le plegó el entrecejo° y, mientras daba golpecitos en su mesa con la carta, comentaba:

—¡La fe! ¡Quién tuviera la fe de quien escribió esta carta! ¡Creer como él cree! ¡Esperar con la confianza con que él sabe esperar! ¡Sostener correspondencia con Dios! —Y, para no defraudar aquel tesoro de fe, descubierto a través de una carta que no podía ser entregada, el jefe postal concibió una idea: contestar la carta. Pero una vez abierta, se vio que contestar necesitaba algo más que buena voluntad°, tinta° y papel. No por ello se dio por vencido: exigió a su empleado una dádiva°, él puso parte de su sueldo, y a varias personas les pidió su óbolo° «para una obra piadosa».

Fue imposible para él reunir los cien pesos solicitados por Lencho, y se conformó con enviar al campesino cuando menos lo que había reunido: algo más que la mitad. Puso los billetes en un sobre dirigido a Lencho y con ellos un pliego que no tenía más que una palabra, a manera de firma: DIOS.

Al siguiente domingo Lencho llegó a preguntar, más temprano que de costumbre, si había alguna carta para él. Fue el mismo repartidor quien le hizo entrega de la carta, mientras que el jefe, con la alegría de quien ha hecho una buena acción espiaba a través de un vidrio raspado°, desde su despacho.

Lencho no mostró la menor sorpresa al ver los billetes—tanta era su seguridad—, pero hizo un gesto de cólera° al contar el dinero . . . ¡Dios no podía haberse equivocado, ni negar lo que se le había pedido!

Inmediatamente, Lencho se acercó a la ventanilla para pedir papel y tinta. En la mesa destinada al público, se puso a escribir, arrugando° mucho la frente a causa del esfuerzo que hacía para dar forma legible a sus ideas. Al terminar, fue a pedir un timbre, el cual mojó° con la lengua y luego aseguró de un puñetazo°.

En cuanto la carta cayó al buzón, el jefe de correos fue a recogerla. Decía:

—«Dios: Del dinero que te pedí sólo llegaron a mis manos sesenta pesos. Mándame el resto, que me hace mucha falta; pero no me lo mandes por conducto de la oficina de correos, porque los empleados son muy ladrones. —Lencho».

Gregorio López y Fuentes, México
Cuentos campesinos de México

I. Primera lectura ¿Qué? ¿Quién? ¿Cuándo? ¿Dónde?

Encuentre en el texto las frases que explican lo siguiente.

1. que hay falta de lluvia
2. lo que hacían los hijos
3. cuándo empiezan a caer granizos muy grandes
4. que todo en el valle quedó destruido
5. lo que Lencho había visto los domingos en la iglesia

---

se le plegó . . . *he furrowed his brow* **voluntad** *will* **tinta** *ink* **dádiva** *contribution* **óbolo** *donation* **vidrio . . .** *etched glass* **cólera** *anger* **arrugando** *wrinkling* **mojó** *moistened* **puñetazo** *blow with the fist*

6. lo que le pide Lencho a Dios
7. la reacción del cartero y el jefe al leer la carta
8. la idea que concibió el jefe
9. lo que les exigió el jefe a los empleados
10. la reacción de Lencho al leer la carta de Dios
11. lo que le dijo Lencho a Dios en la segunda carta

II. Segunda lectura ¿Cómo? ¿Por qué?

Ponga en orden las siguientes causas y resultados.

1. Solamente pudo recoger 60 pesos.
2. Comenzó a soplar un fuerte viento y empezaron a caer granizos tan grandes como bellotas.
3. Lencho concibió la idea de pedir ayuda a Dios y le escribió una carta.
4. Le pidió a Dios que le pagara lo que faltaba pero que no le enviara el dinero por el correo.
5. Todo quedó destruido.
6. Parecía que iba a ser una buena cosecha sólo que hacía falta una buena lluvia.
7. Al leer la carta, los empleados se rieron pero el jefe decidió recoger dinero para ayudar a Lencho.
8. Cuando Lencho recibió la carta creía que los empleados del correo le habían robado 40 pesos.
9. Mientras la familia comía, empezó a llover.
10. Durante una hora el granizo apedreó la casa, la milpa y todo el valle.

III. Conclusiones y opiniones

1. La fe de Lencho forma el tema central del cuento. Dé Ud. algunos ejemplos de esa gran fe.
2. Contraste los conceptos que tiene Lencho de Dios y de los empleados del correo.
3. ¿Cuáles de los temas del cuento parecen universales? ¿Cuáles parecen más hispanos o mexicanos?

IV. Vocabulario

A. Haga listas de las palabras siguientes organizándolas bajo las categorías: a) un fenómeno natural, b) el resultado de un fenómeno natural, c) algo que se asocia con el cultivo de la tierra, o d) parte de una planta.

1. aguacero	**5.** bellota	**9.** cosecha	**13.** charco
2. granizo	**6.** hacer pedazos	**10.** hilera	**14.** mata
3. mazorca	**7.** milpa	**11.** mojarse	**15.** sembrar
4. siembra	**8.** surco	**12.** vaina	**16.** viento

B. Emplee palabras de la lista de la Actividad A para terminar la descripción. Cambie la forma de la palabra si es necesario.

La huerta prometía una buena . . . , sólo faltaba agua. Entonces empezaron los . . . con lluvias suaves. Siguió lloviendo hasta que había . . . entre los surcos. Los niños salieron de la casa para sentir el gozo de . . . en el agua. Después el . . . se hizo más fuerte y empezaron a caer . . . tan grandes como. . . . La tormenta duró una hora y después en la milpa no quedaba ni una. . . . El granizo y el viento habían deshojado toda la. . . . Lecho tendría que buscar el dinero para . . . los campos de nuevo.

Discusión

Intercambie sus ideas con otra persona. Después, Ud. y su pareja pueden compartir sus opiniones con sus compañeros(as) y con el (la) profesor(a).

A. **Los robos de autos.** ¿Hay muchos robos de autos en su ciudad? Comente con su pareja:

1. ¿Por qué hay muchos o pocos?
2. ¿Quiénes roban los autos?
3. ¿Por qué?
4. ¿Qué precauciones se deben tomar para evitar el robo del auto?

B. **Una encuesta.** Tome la siguiente encuesta y compare las diferencias de opinión con su pareja. Use los números de 4 a 1:

4 Estoy completamente de acuerdo.
3 Estoy más o menos de acuerdo.
2 No lo creo.
1 De ninguna manera.

1. Las pólizas de seguro para automóviles cuestan demasiado.
2. En general, los ajustadores tratan bien a los asegurados.
3. Los reclusorios de autos son empresas honestas.
4. Generalmente la policía en mi ciudad no acepta mordidas.

C. **Las fantasías.** Comente con su pareja cómo las fantasías o la imaginación puede ayudarnos en la vida. ¿Cómo puede ser peligroso tener fantasías? Haga una lista de los pros y contras de las fantasías.

D. **Exprese su opinión.** Con otra persona, compare las tres narraciones de este capítulo.

1. ¿Cuál es la más divertida?
2. ¿La más exagerada?
3. ¿La más fantástica?
4. ¿Cuál le gustó más? ¿Por que?

Expresión escrita

EXPRESAR CAUSAS, CONFLICTOS Y RESULTADOS

Diario secreto. Use el esquema de un diario como en *Diario de una víctima de robo de auto* para describir algo que le pasó. Si prefiere puede ser un relato imaginario como una aventura romántica o un episodio de un espía o un criminal.

En su diario, trate de explicar las causas, los conflictos y los resultados de acciones durante una semana. Trate de usar tiempos diferentes. Las sugerencias siguientes le pueden ayudar.

Día 1: ¿Qué ha pasado? ¿Por qué va a escribir un diario? ¿Qué va a incluir en él?

Día 2: ¿Qué acciones tomó Ud.? ¿Por qué? ¿Qué conflictos o resultados produjeron? ¿Qué habían hecho otras personas anteriormente? ¿Qué posibilidades hay para el futuro?

Día 3: ¿Qué pasó después? ¿Qué creía Ud. que iba a pasar? ¿Qué piensa Ud. hacer ahora? ¿Qué ha hecho otra persona?

(Siga así su narración durante el resto de la semana.)

Cultura

Al tratar con los extraños en el mundo moderno hay algo que no podemos eludir: el papeleo. Es como si los papeles se multiplicaran en progresión geomética. Esta selección explica lo que es la burocracia y las tácticas que se emplean para tratar con ella.

¿Ha tenido Ud. dificultades o demoras para resolver un asunto en la universidad o en alguna agencia pública o privada? ¿Ha tenido dificultades en llenar una reclamación para seguros médicos por ejemplo?

La burocracia

Para que una sociedad funcione adecuadamente es necesario establecer ciertas normas de conducta para satisfacer así las necesidades humanas y evitar el caos. Por lo tanto las leyes y los reglamentos son necesarios. En un mundo ideal, las leyes funcionan adecuadamente para la protección del individuo y del grupo . . . Pero el mundo no es ideal y con frecuencia se cometen abusos para beneficio de algunos. Otras veces los errores resultan de la ignorancia, indiferencia o laxitud de los mismos que deben estar al servicio del público.

Llamamos burocracia al grupo formado por los empleados públicos, y existe como resultado de la sociedad organizada. Para comprender cómo la burocracia funciona en el mundo hispánico, es necesario examinar sus raíces históricas. El sistema legal de los países hispanos es herencia del sistema impersonal de la ley romana que exige exactitud de forma y un sistema complicado de documentación. Del mismo modo, hoy, el comercio y la industria tienen dificultades para tratar con la burocracia del gobierno. Uno tiene que usar papeles con sellos° de diferentes valores cuyo costo varía de acuerdo con el costo de la petición. Los procesos legales y los litigios° generalmente se llevan a cabo° por medio de una serie de trámites escritos que resultan en un papeleo° interminable. Los documentos deben ir en forma específica de una oficina a otra, y generalmente requieren la firma de muchos funcionarios°. Es algo similar pero exagerado de lo que en los Estados Unidos comúnmente se llama "*red tape.*"

Aun así, existen modos de evitar tales funcionarios y el papeleo excesivo. El refrán dice «el que hizo la ley, hizo la trampa°». Un modo de evadir la burocracias es por medio del «personalismo».

Si uno tiene un «contacto» con alguien dentro del sistema, esa persona puede acelerar el proceso de la petición, es decir, facilitar los trámites° para uno. En cambio, él espera su recompensa. A eso se llama tener «palanca°» o «enchufe°». «¿Podrías hablar con tu tío que es director de . . . ?» «Tengo un amigo que trabaja en . . .» «¿Conoces a alguien en el departamento de . . . ?»

Dicen que uno de los orígenes del personalismo en el carácter hispánico es el individualismo. El ensayista español, Ángel Ganivet, dice que el español ve la justicia como algo individual y subjetivo. Otros ensayistas han notado que el español se considera sobre todo un individuo. De ahí la tendencia a tratar de evitar los procedimientos oficiales aplicables a todo el mundo y a resolver sus problemas al margen del sistema burocrático. Además, el historiador Salvador de Madariaga ha indicado que en la jerarquía de valores sociales del español, la familia viene en primer lugar, después los amigos y finalmente, el estado.

Otro modo de evadir el papeleo de rigor es «la mordida», o sea, lo que se paga para evitar una sanción o conseguir un favor. La mordida tiene sus raíces históricas en los pagos que de costumbre se hacían a los oficiales de la corte para que realizaran sus servicios. Por lo tanto y en general, el hispano considera la mordida como parte de la realidad al hacer sus transacciones con las instituciones y se exime° de hacer un juicio° moral acerca de ella.

DISCUSIÓN

Comente lo siguiente con otra persona.

1. ¿Cuál es la actitud típica del hispano ante la burocracia?
2. ¿En qué sentido es diferente esta actitud de la del norteamericano?
3. Si Ud., o alguien que Ud. conoce, ha tenido experiencias interesantes con la burocracia, el personalismo, o las mordidas, cuéntelas y coméntelas. ¿Puede Ud. pensar en alguna situación semejante? (¿Contribuciones que hacen individuos o negocios a candidatos políticos? ¿«Favores» como viajes, vacaciones o regalos?)

---

sellos *stamps* **litigios** *litigation, lawsuits* **se llevan . . .** *are carried out* **papeleo** *paperwork, red tape* **funcionarios** *functionaries, officials* **trampa** *loophole, way to cheat* **trámites** *procedures, steps* **palanca** *influence* (lit., *lever*) **enchufe** *influence* (lit., *plug, socket*) **se exime** *he exempts himself from* **juicio** *judgment*

10 Entre bastidores

▷ **ESTRATEGIAS DEL BUEN LECTOR**
Comprender cómo los autores expresan y defienden sus opiniones

▷ **LECTURAS**
«¿Quién fue en realidad Carlos Gardel?» Bernarda Martínez
«Esa boca» Mario Benedetti
«Los toros» (trozos) José Ortega y Gasset

▷ **DISCUSIÓN**

▷ **EXPRESIÓN ESCRITA**
Defender su opinión
Creo que sí o creo que no

▷ **CULTURA**
Bailes hispanos: el flamenco, el tango y la bamba

Estrategias del buen lector

COMPRENDER CÓMO LOS ESCRITORES EXPRESAN Y DEFIENDEN SUS OPINIONES

In this chapter, "Entre bastidores°," you will read about events and ideas behind the scenes in the world of entertainment. Similarly, you will slip behind the scenes and learn to analyze the kinds of strategies authors use to express and defend their ideas, propositions, and assertions. By understanding these techniques, you can more readily follow the organization of a reading and thus more easily grasp the main ideas. Authors develop their ideas in deliberate ways. They carefully use facts, opinions, examples, observations, comparisons, and definitions, strategically combining and contrasting them to convince the reader.

Consider some of the readings in this chapter. In his essay on bullfighting, for example, the philosopher Ortega y Gasset uses observations, factually grounded opinions, and historical facts to persuade the reader to accept his premise. In the case of fiction, the arguments may be presented through a narrator or through the characters themselves. In the story "Esa boca," a seven-year-old boy, after great effort and careful thought, makes an eloquent proposition that his father allow him to attend a circus performance.

In the article on Carlos Gardel, famous Argentine singer of tangos in the 30's, the author juxtaposes facts about the life of Carlos Gardel to make the case for two possible identities for the singer. The organization of the article is designed to increase the mystery of the title question: "¿Quién fue en realidad Carlos Gardel?" The author suggests her point of view, but leaves the resolution of the mystery to the reader.

In the following inset piece, which appeared along with the main article on Gardel, the author cites theories, stories, and rumors to argue that there remains a mystery concerning the plane crash that took the singer's life.

ACTIVIDAD

Lea el artículo y explique las estrategias del autor contestando las preguntas al final.

¡Nunca se han esclarecido las causas que provocaron que el avión en que volaba Carlos Gardel se estrellara en Medellín (Colombia)!

En una fiesta que tuvo lugar en un apartamento de la ciudad de Nueva York, en 1935, una señora que se hallaba en la reunión—de nacionalidad rusa y esposa de un

---

Entre bastidores *Behind the scenes*

músico mexicano—tiró las cartas° a varios de los allí reunidos. Al llegar a Carlos Gardel, la mujer, muy nerviosa, le arrebató° el pañuelo del bolsillo superior, diciéndole con voz emocionada que le permitiese conservar ese recuerdo. El cantante, sorprendido y molesto a la vez, se alejó a bailar con una dama. Entonces la mujer comentó en voz baja, ante el grupo que la escuchaba: «Ese joven va a morir en forma horrible». Muchos le prestaron atención . . . ¡pero nadie la tomó en serio! Pocas semanas más tarde, Gardel moría en un accidente de aviación.

Nunca pudieron ser aclaradas las causas del accidente aéreo en que perdió la vida Carlos Gardel. El avión en que volaba, con sus músicos y amigos, comenzó su rutina para levantar vuelo . . . pero, inexplicablemente, el aparato desvió su curso° y se estrelló° contra otro avión, provocando la tragedia.

Se culpó° a una ráfaga° de viento, a un problema en la rueda° derecha, a una mala maniobra° del piloto . . . ¡pero la realidad es que ningún peritaje° verificó ninguna de estas causas! Hubo sospechas (que todavía persisten) de que el accidente se debió a hechos acaecidos° dentro del avión, incluyendo el disparo° de un revólver. Según una de las teorías, Gardel tuvo un altercado° «de palabras» con uno de sus músicos, Le Pera. Gardel estaba muy enojado por la forma en que Le Pera había planificado la gira°, y en particular por algunos lugares en los cuales había tenido que actuar con pésimas° condiciones de acústica.

Además, Gardel fue informado antes de subir al avión que Le Pera había depositado todo el dinero de la gira en una cuenta personal. Apenas ubicados° en los asientos, Gardel increpó° a Le Pera, y se produjo un intercambio de palabras insultantes. Entonces, Le Pera sacó un revólver y disparó; la bala° alcanzó a Gardel . . . y también al piloto del avión.

PREGUNTAS

1. *Example.* What story does the author present to substantiate that Gardel was fated to die tragically?
2. *Facts.* What facts are known about the plane crash?
3. *Opinions.* What theories exist about the reasons for the plane crash?
4. *Facts and opinions.* Why might Gardel have been angry with Le Pera?

Lecturas

ANTECEDENTES

Shortly after the centennial of his birth, articles began to appear concerning the true identity of Carlos Gardel, internationally famous singer of tangos and movie idol. This article by Bernarda Martínez is from *Hombre de mundo,* a men's magazine popular with Spanish speakers throughout the Americas.

Is Carlos Gardel really Charles Romuald Gardes, born in France, or Carlos Escayola Ocaño, born in Uruguay? Who was his mother? How old was he when he died? Did his attorney conspire to inherit Gardel's wealth after his death?

---

tiró . . . *read fortunes with cards* **arrebató** *snatched* **aparato . . .** *plane veered off course* **estrelló** *it exploded* **Se culpó** *They blamed* **ráfaga** *gust* **rueda** *wheel* **maniobra** *maneuver* **peritaje** *expert authority* **hechos . . .** *acts that happened* **disparo** *gunshot* **altercado** *altercation, dispute* **gira** *tour* **pésimas** *extremely poor* **ubicados** *located* **increpó** *rebuked* **bala** *bullet*

¿Quién fue en realidad Carlos Gardel?

Todo a su alrededor es polémica, confusión y misterio . . . sus orígenes, el lugar exacto donde nació, quiénes fueron sus padres, y hasta la verdadera causa del accidente en que perdió la vida, justamente cuando gozaba de fama y fortuna en toda la América y en Europa. Por ejemplo, el pasado mes de diciembre, la ciudad francesa de Toulouse festejó el Centenario del Nacimiento de uno de sus hijos predilectos: Charles Romuald Gardes, también conocido como Carlos Gardel. Y resulta difícil comprender por qué en otro punto del planeta, también el 11 de diciembre, se conmemoran los 103 años de nacimiento del mismo ídolo. Tal es el caso de Uruguay, país que igualmente se atribuye el honor de ser la tierra natal del legendario cantante de tangos. Y, por si fuese poca la confusión, algunos historiadores rioplatenses° continúan insistiendo que Gardel nació en Argentina. Todo esto, desde luego, tiene una razón: Gardel declaraba que era argentino, francés o uruguayo según las circunstancias.

---

rioplatenses *inhabitants of the basin of the Río de la Plata*

Después de su trágica muerte en Medellín, Colombia, el 24 de junio de 1935, se dio a conocer° públicamente su testamento ológrafo°, confesando su nacionalidad francesa y legando todos sus bienes a la señora Berta Gardes, su supuesta madre. Para muchas personas, esta noticia cayó como un balde de agua helada°, ya que pocos creían que Gardel era realmente francés . . . una mayoría estaba segura de la nacionalidad uruguaya, incluso amigos cercanos al cantante. El testamento fue revisado una y otra vez . . . y las dudas sobre su autenticidad se mantienen hasta el día de hoy.

Historia del Gardel uruguayo

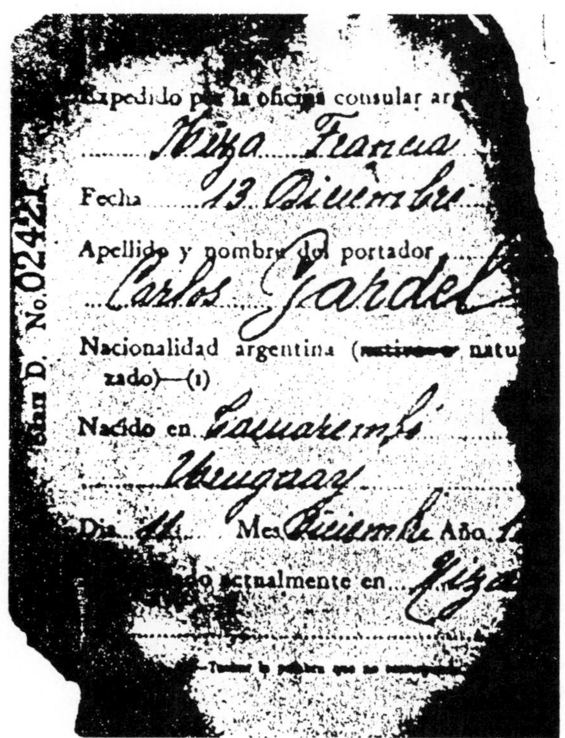

D. No. 02421

Expedido por la oficina consular ar...

Niza Francia

Fecha 13 Diciembre

Apellido y nombre del portador

Carlos Gardel

Nacionalidad argentina (~~nativo~~ naturalizado)—(1)

Nacido en Tacuarembó

Uruguay

Día 11 Mes Diciembre Año 1...

...do actualmente en Niza

La historia del Gardel uruguayo aduce° que fue hijo adoptivo de una francesa, Berta Gardes, quien llegó al Uruguay en 1884 para trabajar en el cabaret *La Rosada* de Tacuarembó, región norteña del territorio uruguayo, rica en esa época por el descubrimiento de oro.

En el cabaret la jovencita Berta conoció a un Coronel del ejército uruguayo,

---

se dio . . . *was made known* **testamento . . .** *holographic (hand-written) will* **como un balde . . .** *like a bucket of ice water* **aduce** *cites as proof* **estancia** *ranch* **alrededores** *outskirts*

Carlos Escayola, dueño de una estancia° en los alrededores°. Después de un largo romance, Escayola le arrendó° una casa a su «querida Berta», pero a cambio, le pidió un gran favor: que cuidase de un hijo de otro romance fugaz° . . . un niño llamado Carlitos.

Un embarazo° y una amenaza° de muerte para que el niño no naciera . . .

Tiempo después quedó embarazada del Coronel Escayola, a la par que° recibía dinero de éste por criar° a *Carlitos,* quien tenía tres años de edad. Amenazada de muerte por el Coronel si conservaba la criatura, Berta decidió irse sola a Francia, dejando a Carlitos al cuidado de una amiga, también francesa, de nombre Anais Beaux.

El 11 de diciembre de 1890, en el Hospital La Grave (en Toulouse, Francia), nació el hijo de Berta, bautizado Charles Romuald, con quien retornó a Río de la Plata en el año 1893. En la ciudad de Buenos Aires, Argentina, donde vivía Anais Beaux, Berta se hizo cargo nuevamente de *Carlitos* y entregó su otro hijo, el verdadero, a una señora llamada Rosa Franchini porque todavía temía las amenazas de muerte del Coronel Escayola y no quería que nadie supiese de la existencia de *Charles Romuald.* Ya mayor, Gardel envió numerosas cartas con muestras de afecto para una mujer . . . Anais Beaux, su madre de la infancia.

Cuando Río de la Plata enmudeció° con la muerte de Carlos Gardel, vecinos de Tacuarembó confesaron que la señora Manuela Ocaño de Suárez enloqueció° y falleció° al poco tiempo.

Algunos viejos testigos continúan asegurando que la señora Manuela fue la única madre de Gardel . . . que contaba una y otra vez la historia de su hijo, incluso mucho antes de que el cantante fuese famoso. Pero . . . ¿por qué Manuela no crió a su propio hijo? La pregunta se repite, como el caso de Berta con Charles Romuald.

Según las historias recopiladas, el conflicto surgió cuando un hombre de apellido Suárez propuso matrimonio a Manuela, pero con una condición: que entregara° a su hijo natural, nacido de la unión con el Coronel Escayola, porque no deseaba tener problemas ni con el niño, ni con el Coronel. En ese momento, Suárez era precisamente el capataz° en la estancia de Escayola. La mujer así accedió, pero pese a° la separación, Carlos Gardel y Manuela nunca perdieron contacto . . . y más de una vez, según documentos, *Carlitos* envió dinero a su madre de Tacuarembó. Si todos estos datos son ciertos, Carlos Gardel se llamó en realidad Carlos Escayola Ocaño.

El sorpresivo testamento de Carlos Gardel

Cuando Carlos Gardel murió, su apoderado°, Armando Defino, viajó rápidamente a Francia en búsqueda° de Berta Gardes. Ambos—Defino y Gardes—se presentaron el 14 de agosto de 1935 en el Juzgado Civil de Primer Turno, en Buenos Aires, adjuntando° lo que dijeron era el Testamento Ológrafo de Carlos

---

arrendó *leased* **fugaz** *fleeting* **embarazo** *pregnancy* **amenaza** *threat* **a la par** *at the same time* **criar** *raise, rear* **enmudeció** *fell silent* **enloqueció** *became crazy* **falleció** *she died* **que entregara** *that she give up* **capataz** *foreman* **pese a** *in spite of* **apoderado** *attorney, legal representative* **búsqueda** *search* **adjuntando** *carrying*

Gardel. Al detectar la urgencia por cobrar la herencia°, algunos investigadores acusaron a Defino de crear un testamento, permitiendo identificar en una única persona a *Carlitos y Charles Romuald,* beneficiando a Berta Gardes.

Un conflicto de fechas que nunca ha sido aclarado

En su libro, *La verdad de una vida,* Defino subraya° que muchas personas (él incluido) convencieron a Carlos Gardel de cambiar su nacionalidad francesa por la uruguaya, evitando así el peligro de que lo llamasen *desertor* en la guerra de 1914 . . .

Ante la pregunta evidente, ¿por qué eligió la nacionalidad uruguaya?, se dijo que fue para evitar el servicio militar en Argentina . . . Pero aquí también la situación es muy dudosa: si Carlos Gardel nació en 1890, en 1920—cuando recibió la documentación que lo acredita como uruguayo—tenía ya 30 años de edad, ¡edad alejada de° los requisitos necesarios para realizar el servicio militar argentino!

Las interrogantes se repiten una y otra vez: si Gardel quería cambiar la nacionalidad francesa . . . ¿por qué entonces conservó un apellido francés? Cuando cambió la nacionalidad, lo hizo con otro año de nacimiento, 1897 y no 1890. Más dudas, ya que si el cantante era admirado por su voz, también lo era por su eterna estampa joven y varonil°. La razón no puede ser otra que Carlos Gardel sí nació en 1887 . . . en Tacuarembó, Uruguay.

Dentro de lo curioso del Testamento, éste fue abierto sin que se cumpliera° una condición legal imprescindible°, y la más importante: exhibir la partida de defunción°.

¿Por qué Carlos Gardel redactó un testamento momentos antes de partir en el que fuera su último viaje?

Cuando la partida de defunción fue expedida (el 14 de diciembre de 1935), el muerto se llamó Carlos Gardel, de nacionalidad uruguaya, nacido en 1887 . . . mientras el testamento hizo referencia a Carlos Romualdo Gardes, francés, nacido en 1890.

Extraño es, también, el hecho de que un hombre que supuestamente tenía 42 años de edad en el momento de redactar el testamento, se dispusiera a un acto de tal naturaleza, gozando de muy buena salud, y eligiendo para ello el mismo día de su partida a Europa . . . ¡su séptimo recorrido° por el viejo continente! En ninguno de sus viajes anteriores, a Europa y Estados Unidos, Gardel habló de herencia, o firmó documento alguno . . . Pero (¡y resulta increíble!) sí redactó un testamento a puño y letra° momentos antes de partir en el que fuera su último viaje.

¿Qué pasó con el otro Carlos Gardel?

El otro Carlos Gardel, Charles Romuald—según diferentes testimonios—

---

herencia *inheritance* **subraya** *underscores* **alejada de** *far from* **estampa . . .** *youthful, manly appearance* **sin que . . .** *without fulfilling* **imprescindible** *indispensable* **partida . . .** *death certificate* **recorrido** *journey* **a puño . . .** *handwritten*

también recibió parte de la herencia para mantenerse callado . . . Más tarde se cambió el nombre, vivió sin sobresaltos económicos, viajando por Europa, y murió soltero en Francia, alejado de la curiosidad pública.

Bernarda Martínez
Hombre de Mundo

I. Primera lectura ¿Qué? ¿Quién? ¿Cuándo? ¿Dónde?

Asocie una persona o un lugar con cada descripción numerada.

a. Armando Defino
b. Charles Romuald Gardes
c. Toulouse, Francia
d. Carlitos
e. Tacuarembó, Uruguay
f. Carlos Gardel
g. Coronel Escayola
h. Berta Gardes
i. Manuela Ocaño de Suárez
j. Carlos Escayola Ocaño
k. Medellín, Colombia

1. nombre que usó el cantante
2. lugar donde estalló el avión en que viajaba Carlos Gardel
3. hijo adoptivo de Berta; hijo natural de otra mujer y el coronel
4. francesa que fue a trabajar en un cabaret de Tacuarembó
5. dueño de una estancia cerca de Tacuarembó; supuesto padre de Carlitos y Charles
6. hijo natural de Manuela Ocaño y el coronel Escayola
7. ciudad donde nació el hijo de Berta Gardes
8. hijo natural de Berta Gardes y el coronel Escayola
9. supuesta madre de Carlitos; esposa del capataz de la estancia del coronel
10. ciudad en o cerca de la cual nació Carlitos
11. abogado de Carlos Gardel

II. Segunda lectura ¿Cómo? ¿Por qué?

Haga una lista de los argumentos que presenta Martínez para convencer al lector de los casos siguientes.

1. que Charles Romuald Gardes no es Carlos Gardel
2. que Berta Gardes puede ser la madre de Carlos Gardel
3. que Manuela Ocaño de Suárez puede ser la madre de Carlos Gardel
4. por qué Berta Gardes pudiera haber permitido que otra mujer criara a su hijo
5. por qué Manuela Ocaño de Suárez pudiera haber permitido que otra mujer criara a su hijo
6. por qué y cómo Armando Defino hubiera podido falsificar el testamento de Carlos Gardel

III. Conclusiones y opiniones

1. ¿Quién cree Ud. que es el verdadero Carlos Gardel?
2. ¿Cree Ud. que Armando Defino falsificó el testamento de Carlos Gardel? ¿Por qué sí o por qué no?
3. ¿Cuál cree Ud. que fue la causa del accidente del avión?
4. ¿Qué otras personas famosas que han muerto trágicamente? ¿Cómo afectan al público tales muertes?

IV. Vocabulario

A. El siguiente párrafo resume la vida de Berta Gardes. Escoja palabras de la lista para completar el párrafo, cambiándolas de forma si es necesario.

estancia	bautizado	ejército	criatura
embarazada	entregar	amenazar	descubrimiento
norteño	territorio	estancia	nacer

Berta Gardes llegó de Francia en 1884 para trabajar en un cabaret en Tacuarembó, región . . . del . . . uruguayo, rica en esa época por el . . . de oro. En el cabaret conoció a un coronel del . . . uruguayo, Carlos Escayola, quien era dueño de una . . . en los alrededores. Después de algún tiempo, el coronel alquiló una casa para su amante Berta, a condición de que ella cuidase de una . . . , producto de otro romance fugaz. Después de eso, Berta quedó . . . del coronel. El la . . . de muerte si nacía el hijo, así es que ella decidió volver a Francia. El hijo . . . en Toulouse, Francia y fue . . . Charles Romuald. Después Berta volvió a Buenos Aires, pero por miedo a las amenazas del coronel, le . . . el hijo a una amiga para que lo criara.

B. Dé una explicación o definición de cada palabra o expresión.

1. fallecer
2. testamento
3. enloquecer
4. partida de defunción
5. herencia
6. confesar

ANTECEDENTES

Mario Benedetti, from Uruguay, is best known for his short fiction. He creates moving stories out of situations that, at first glance, seem prosaic and ordinary.

Such a narrative is «Esa boca» (*Montevideanos,* 1960) which tells about a seven-year-old whose fondest wish is to go to the circus, as have his older brothers and classmates. His parents have refused to let him go because at that time trapeze artists did not use safety nets, and the parents feel an accident would be traumatic.

What does the child especially want to see? What compromise is reached? Why is the child's experience at the circus painful and disillusioning?

Esa boca

Su entusiasmo por el circo se venía arrastrando° desde tiempo atrás. Dos meses, quizá. Pero cuando siete años son toda la vida y aún se ve el mundo de los mayores como una muchedumbre° a través de un vidrio esmerilado°, entonces dos meses representan un largo, insondable° proceso. Sus hermanos mayores habían ido dos o tres veces e imitaban minuciosamente° las graciosas desgracias° de los payasos° y las contorsiones y equilibrios° de los forzudos°. También los compañeros de la escuela lo habían visto y se reían con grandes aspavientos° al recordar este golpe° o aquella pirueta. Sólo que Carlos no sabía que eran exageraciones destinadas a él, a él que no iba al circo porque el padre entendía que era muy impresionable y podía conmoverse demasiado° ante el riesgo° inútil que corrían los trapecistas. Sin embargo, Carlos sentía algo parecido a un dolor en el pecho siempre que pensaba en los payasos. Cada día le iba siendo más difícil soportar° su curiosidad.

Entonces preparó la frase y en el momento oportuno se la dijo al padre: «¿No habría forma de que yo pudiese ir alguna vez al circo?» A los siete años toda frase larga resulta simpática y el padre se vio obligado primero a sonreír, luego a explicarse: «No quiero que veas a los trapecistas». En cuanto oyó esto, Carlos se sintió verdaderamente a salvo, porque él no tenía interés en los trapecistas. «¿Y si me fuera cuando empieza ese número?» «Bueno», contestó el padre, «así, sí».

La madre compró dos entradas y lo llevó el sábado de noche. Apareció una mujer de malla° roja que hacía equilibrio sobre un caballo blanco. Él esperaba a los payasos. Aplaudieron. Después salieron unos monos° que andaban en bicicleta, pero él esperaba a los payasos. Otra vez aplaudieron y apareció un malabarista°. Carlos miraba con los ojos muy abiertos, pero de pronto se encontró bostezando°. Aplaudieron de nuevo y salieron—ahora sí—los payasos.

Su interés llegó a la máxima tensión. Eran cuatro, dos de ellos enanos°. Uno de los grandes hizo una cabriola°, de aquellas que imitaba su hermano mayor. Un enano se le metió entre las piernas y el payaso grande le pegó sonoramente° en el trasero°. Casi todos los espectadores se reían y algunos muchachitos empezaban a festejar el chiste mímico° antes aun de que el payaso emprendiera° su gesto. Los dos enanos se trenzaron° en la milésima versión de una pelea absurda, mientras el menos cómico de los otros dos los alentaba° para que se pegasen. Entonces el segundo payaso grande, que era sin lugar a dudas el más cómico, se acercó a la baranda° que limitaba la pista°, y Carlos lo vio junto a él, tan cerca que pudo distinguir la boca cansada del hombre bajo la risa pintada y fija del

---

se venía ... *was dragging along* **muchedumbre** *crowd, multitude* **vidrio ...** *ground (distorted) glass* **insondable** *unfathomable* **minuciosamente** *meticulously* **graciosas ...** *comic mishaps* **payasos** *clowns* **equilibrios** *balancing* **forzudos** *muscle men* **aspavientos** *exaggerated demonstrations* **golpe** *blow* **conmoverse ...** *be too upset* **riesgo** *risk* **soportar** *to bear* **malla** *tights* **monos** *monkeys* **malabarista** *juggler* **bostezando** *yawning* **enanos** *dwarfs* **cabriola** *somersault* **pegó ...** *slapped loudly* **trasero** *behind* **festejar ...** *laughed at the mimicry* **emprendiera** *could undertake* **trenzaron** *capered* **los alentaba** *urged them on* **baranda** *railing* **pista** *ring*

payaso. Por un instante el pobre diablo vio aquella carita asombrada y le sonrió, de modo imperceptible, con sus labios verdaderos. Pero los otros tres habían concluído y el payaso más cómico se unió a los demás en los porrazos° y saltos° finales, y todos aplaudieron, aun la madre de Carlos. Y como después venían los trapecistas, de acuerdo a lo convenido la madre lo tomó de un brazo y salieron a la calle. Ahora sí había visto el circo, como sus hermanos y los compañeros de colegio. Sentía el pecho vacío y no le importaba qué iba a decir mañana. Serían las once de la noche, pero la madre sospechaba algo y lo introdujo en la zona de luz de una vidriera°. Le pasó despacito, como si no lo creyera, una mano por los ojos, y después le preguntó si estaba llorando. El no dijo nada. «¿Es por los trapecistas? ¿Tenías ganas de verlos?»

Ya era demasiado. A él no le interesaban los trapecistas. Sólo para destruir el malentendido°, explicó que lloraba porque los payasos no lo hacían reír.

Mario Benedetti, Uruguay
Montevideanos

I. Primera lectura ¿Qué? ¿Quién? ¿Cuándo? ¿Dónde?

Diga si la oración es verdad o no. Si no lo es, corríjala.

1. El entusiasmo que el niño sentía por el circo iba en aumento.
2. Cuando sus hermanos imitaban a los payasos y a los forzudos, Carlos se reía.
3. Al padre le preocupaba la posible reacción emocional del niño al ver a los payasos.
4. El interés de Carlos era ver a los trapecistas.
5. Después de ver varios actos el niño estaba aburrido.
6. Cuando salieron los cuatro payasos el interés del niño aumentó.
7. Los espectadores aplaudían y celebraban las gracias de los payasos.
8. El payaso más cómico era uno de los enanos.
9. Carlos se divirtió mucho cuando el payaso le sonrió.
10. Camino a casa, la madre creía que Carlos se reía de los payasos.

II. Segunda lectura ¿Cómo? ¿Por qué?

Explique lo siguiente.

1. ¿Cómo consiguió el niño que su padre cambiara de opinión?
2. ¿Cómo se sentía Carlos al ver que sus hermanos y sus amigos se divertían tanto con el circo?
3. ¿Por qué lloraba Carlos camino a casa?

---

porrazos *blows* **saltos** *jumps* **vidriera** *shop window* **malentendido** *misunderstanding*

III. Conclusiones y opiniones

1. ¿Cree Ud. que el padre tenía razón en prohibir que el niño fuera al circo? ¿Qué haría Ud. si fuera el padre?
2. ¿Cree Ud. que el niño demuestra madurez emocional? ¿Un carácter tierno? Explique.
3. ¿Por qué no hacían reír al niño los payasos? ¿Qué produjo la desilusión del niño?
4. ¿Recuerda Ud. una experiencia de la niñez que le produjo desilusión?

IV. Vocabulario

A. Escoja una palabra de la lista para cada definición.

malabarista payaso circo trapecista pista forzudo

1. Personaje cómico que actúa en los espectáculos de circo.
2. Un hombre que tiene mucha fuerza.
3. Una persona que mantiene diversos objetos en equilibrio, lanzándolos a lo alto y recogiéndolos.
4. Espectáculo en el cual se ejecutan varias actividades: ejercicios ecuestres y gimnásticos, actuación de payasos y otros.
5. Terreno o lugar destinado a cierta actividad como un deporte o un espectáculo.
6. Acróbata o equilibrista que hace ejercicios en el trapecio.

B. Escriba una oración interesante con cada verbo o expresión. Cambie el infinitivo al tiempo presente o pasado.

1. soportar
2. pensar en
3. distinguir
4. correr riesgo
5. aplaudir

ANTECEDENTES

José Ortega y Gasset is a twentieth century Spanish philosopher whose penetrating analyses probe universal humanistic questions.

He has also devoted several studies to philosophical analyses of Spanish life and character, such as the fragments included here about bullfighting. The first fragment was originally published as the epilogue to a book by the bullfighter Domingo Ortega (*El arte del toreo,* 1950). The other fragments are from Ortega y Gasset's unedited manuscripts. All of these fragments were later included in the book *La caza y los toros* (1960).

Was Ortega y Gasset an **aficionado** of bullfighting? Why does he think it is important to understand the bullfight? What role has it played in Spain's past and present?

Los toros (trozos)

. . . Yo no soy un «aficionado° a los toros». Después de mi adolescencia son contadísimas las corridas de toros° a que he asistido, las estrictamente necesarias para poder hacerme cargo de «cómo iban las cosas». En cambio, he hecho con «los toros» lo que no se había hecho: prestar mi atención con intelectual generosidad al hecho sorprendente que son las «corridas de toros», espectáculo que no tiene similaridad con ningún otro, que ha resonado° en todo el mundo y que, dentro de las dimensiones de la historia española en los dos últimos siglos, significa una realidad de primer orden. Era cuestión de honor para un hombre de pensamiento explicarse su origen, su desarrollo°, su porvenir°, las fuerzas y resortes° que lo engendraron y lo han sostenido. Sobre las «corridas de toros» se han publicado no pocos libros, algunos excelentes, producto de un esfuerzo meritísimo. Pero han sido compuestos desde el punto de vista del «aficionado», no del analizador de humanidades. Siempre sentí como algo penoso° e indebido° que no se hubiese estudiado con el mismo rigor de análisis que cualquier otro hecho humano éste que es de muy sobrado° calibre. No es, pues, cuestión de afición o desafección, de que parezca bien o parezca mal este espectáculo tan extraño. Cualquiera que sea el modo de pensar sobre él—y el mío es hasta ahora completamente inédito—no hay más remedio que esclarecerlo°.

* * *

Constituyen toro y torero lo que los matemáticos llaman un «grupo en transformación», y lo así llamado es tema de una de las disciplinas más abstrusas y fundamentales de la ciencia matemática. Y como es sabido que la geometría reclama en sus cultivadores una peculiarísima dote° nativa para la intuición de las relaciones espaciales, ello acontece° también con la geometría del toreo. Sólo que ésta es una geometría actuada, aun en el caso insólito° de esta conferencia° que busca la formulación teórica de lo que antes se ejecutó°. En la terminología taurina°, en vez de espacio y sistemas de puntos, se habla de «terrenos», y esta intuición de los terrenos—el del toro y el del torero—es el don congénito° y básico que el gran torero trae al mundo. Merced a él sabe estar siempre en su sitio, porque ha anticipado infaliblemente el sitio que va a ocupar el animal. Todo lo demás, aun siendo importante, es secundario: valor, gracia, agilidad de músculo. El esfuerzo y un continuado ejercicio permiten que quien carece° de ese don llegue a aprender algunos rudimentos de la ciencia de los terrenos y consiga realizar, sin ser atropellado°, algunas suertes gruesas° como los capotazos° de los peones°. Pero el toreo° auténtico y pleno presupone ineludiblemente° aquella ex-

---

aficionado *fan* **corridas . . .** *bullfights* **resonado** *resounded* **desarrollo** *development* **porvenir** *future* **resortes** *means* **penoso** *disturbing* **indebido** *improper* **sobrado** *salient* **afición . . .** *liking or disliking* **no hay . . .** *there is nothing else to be done but explain it* **dote** *gift* **acontece** *it happens* **insólito** *unusual* **conferencia** *lecture* **se ejecutó** *was performed* **taurina** *relating to bullfighting* **don . . .** *inborn talent* **carece** *lacks* **atropellado** *trampled* **suertes . . .** *dull maneuvers* **capotazos** *flourishes with the cape* **peones** *bullfighter's helper* **toreo** *bullfighting* **ineludiblemente** *unavoidable*

traña inspiración cinemática que es, a mi juicio, el más sustantivo talento del gran torero. Por eso la excelencia de éste aparece inmediatamente desde sus primeras actuaciones. Tampoco el torero se hace, sino que nace.

* * *

La historia de las corridas de toros revela algunos de los secretos más recónditos° de la vida nacional española durante casi tres siglos. Y no se trata de vagas apreciaciones, sino que de otro modo no se puede definir con precisión la peculiar estructura social de nuestro pueblo durante esos siglos, estructura social que es, en muy importantes órdenes, estrictamente inversa de la normal en las otras grandes naciones de Europa.

Lo que llamamos corrida de toros apenas tiene que ver con la antigua tradición de las fiestas de toros en que actuaba la nobleza. Precisamente en esos últimos años del siglo XVII en que, según mi idea, el pueblo español se decide a vivir de su propia sustancia, es cuando por vez primera nos tropezamos con° alguna frecuencia en estos ritos y documentos con el vocablo «torero» aplicado a ciertos hombres plebeyos° que en bandas de un profesionalismo todavía tenue recorren villas y aldeas. No era aquello aún la «corrida de toros», en el sentido de un espectáculo rigurosamente conformado, sometido a reglas de arte y a normas de estética. La gestación fue lenta: duró medio siglo. Puede decirse que es en torno a 1740 cuando la fiesta cuajó° como obra de arte. La lentitud del proceso y la causa de que poco antes de esa fecha la modelación artística del juego popular con los toros llegase a estar en punto, son temas que aquí sobran y me llevarían a largos desarrollos. Ello es que en la cuarta década del siglo aparecen las primeras «cuadrillas°» organizadas que reciben el toro del toril° y, cumpliendo ritos ordenados y cada día más precisos, lo devuelven a los corrales muerto «en forma». El efecto que esto produjo en España fue fulminante° y avasallador°. Muy pocos años después los ministros se preocupaban del frenesí que producía el espectáculo en todas las clases sociales . . . Pocas cosas en todo lo largo de su historia han apasionado tanto y han hecho tan feliz a nuestra nación como esta fiesta en la media centuria a que nos referimos. Ricos y pobres, hombres y mujeres dedican una buena porción de cada jornada a prepararse para la corrida, a ir a ella, a hablar de ella y de sus héroes. Es una auténtica obsesión. Y no se olvide que el espectáculo taurino es sólo la faz o presencia momentánea de todo un mundo que vive oculto tras él y que incluye desde las dehesas° donde se crían las reses bravas° hasta las botillerías° y tabernas donde se reúnen las tertulias° de toreros y aficionados.

José Ortega y Gasset, España
La caza y los toros

---

recónditos *hidden* **nos tropezamos . . .** *we stumble upon* **plebeyos** *plebeian, common* **cuajó** *solidified* **cuadrillas** *bullfighting troupe* **toril** *bull pen* **fulminante** *sudden* **avasallador** *overwhelming* **dehesas** *pasture lands* **reses . . .** *fighting animals* **botillerías** *kiosks, eating stands* **tertulias** *social gatherings*

I. Primera lectura ¿Qué? ¿Quién? ¿Cuándo? ¿Dónde?

Escoja la alternativa correcta y explíquela.

1. ¿Es Ortega y Gasset aficionado a las corridas de toros o no?
2. ¿Tiene el toreo mucha importancia en la historia de España o no?
3. ¿Es parecido el espectáculo a otros espectáculos o no?
4. ¿Se han publicado pocos libros o muchos sobre el toreo?
5. ¿Han sido escritos los libros sobre el toreo por aficionados o por analizadores de las humanidades?
6. ¿Requiere la geometría del toreo un sistema de puntos o un sistema de terrenos?
7. ¿Es más importante que el torero anticipe el lugar que va a ocupar el toro o que tenga valor, gracia y agilidad?
8. Según Ortega y Gasset, ¿el torero nace o se hace?
9. ¿Revela la historia de la corrida de toros secretos recónditos de la vida nacional española o tiene poca importancia social?
10. ¿Tiene el toreo moderno mucho o poco que ver con las fiestas de toros en que actuaba la nobleza?
11. ¿Cuajó la corrida de toros como arte en el siglo XVIII o el siglo XIX?
12. Para mediados del siglo, ¿entusiasmaba la corrida de toros a todas las clases sociales o solamente a los pobres?

II. Segunda lectura ¿Cómo? ¿Por qué?

Haga una lista de los argumentos que usa Ortega y Gasset para apoyar las tesis siguientes. Nombre el tipo de argumento: **comparaciones, ejemplos, hechos históricos** u **opiniones.**

1. por qué es necesario que Ortega y Gasset se exprese sobre el toreo
2. por qué la geometría de «grupo en transformación» es importante en la corrida de toros
3. cómo es el gran torero
4. cómo llegó a tener tanta importancia el toreo en España

III. Conclusiones y opiniones

1. ¿Quiénes son algunas de las personas que nombra Ortega y Gasset que viven del espectáculo taurino? ¿Cuáles son algunos otros trabajos que él no menciona? ¿Cuáles son las implicaciones económicas para España?
2. España ya forma parte de la Comunidad Europea pero hay mucha crítica de la corrida de toros entre los miembros de la Comunidad Europea sobre todo de Inglaterra. Se dice que es un espectáculo cruel y que la Comunidad Europea no debe permitirlo. ¿Qué cree Ud.?
3. ¿Cuál es su opinión personal de la corrida de toros?

IV. Vocabulario

A. Estudie las palabras asociadas con la tauromaquia y complete cada oración con una de ellas, cambiándola de forma si es necesario.

tauromaquia *the art of bullfighting*
taurino *related to bullfighting*
toro *bull*
torero *bullfighter*
corrida de toros *bullfight*
toril *bull pen*
toreo *bullfighting*
torear *to fight bulls*

1. La . . . empieza a las cinco de la tarde.
2. Antes de la corrida, los . . . están encerrados en el . . . cerca de la plaza.
3. En una corrida hay tres. . . . A cada uno le toca . . . dos toros.
4. El . . . es un arte y un espectáculo pero no es un deporte.
5. Hasta los filósofos han escrito sobre el arte . . . porque la . . . es una parte importante de la vida nacional en los países donde se presenta la fiesta brava.

B. Encuentre un modismo apropiado para cada oración, cambiándolo de forma si es necesario.

tropezarse (ie) con *to stumble upon*
no haber más remedio *to be no other way*
merced *thanks (to)*
tener que ver con *to have to do with*

1. Lo que hoy se llama corrida de toros apenas . . . la antigua tradición de las fiestas de toros en que actuaba la nobelza.
2. Para José Ortega y Gasset es importante analizar el espectáculo de los toros; para él . . . que esclarecer su actitud sobre el fenómeno.
3. . . . al don nativo que tiene el torero, él ha podido anticipar el sitio que va a ocupar el animal.
4. En documentos del Siglo XVII, por primera vez el lector . . . la palabra «torero».

Discusión

Intercambie sus ideas con otra persona. Después, Ud. y su pareja pueden compartir sus opiniones con sus compañeros(as) y con el (la) profesor(a).

A. Asociación libre. Lea las palabras y diga en qué o en quiénes piensa Ud.

1. el circo
2. el cine
3. el fútbol americano
4. el tenis
5. el toreo
6. los bailes
7. el baloncesto
8. la música

B. **Me gusta más . . .** ¿Cuáles de los espectáculos siguientes le gustan más y por qué?

1. los deportes (¿cuál?)
2. el teatro
3. las revistas musicales
4. el cine
5. los conciertos (¿qué tipo?)
6. la ópera

C. **Factores emotivos.** ¿Qué aspectos de su espectáculo favorito le emocionan mucho?

D. **En mi opinión.** Comente las siguientes ideas con otra persona. Defienda su opinión terminando la oración.

1. El toreo es un buen espectáculo porque . . .
   El toreo es cruel porque . . .
2. El boxeo es un buen deporte porque . . .
   El boxeo no es un buen deporte porque . . .
3. El fútbol americano es un buen deporte porque . . .
   El fútbol americano es demasiado violento porque . . .
4. El fútbol americano es mejor que el fútbol° porque . . .
   El fútbol es mejor que el fútbol americano porque . . .
5. Los deportistas famosos merecen los altos sueldos que reciben porque . . .
   Los deportistas famosos reciben demasiado dinero porque . . .

Expresión escrita

DEFENDER SU OPINIÓN

Creo que sí o creo que no. Escoja Ud. una polémica° del mundo de los espectáculos. Puede ser sobre el toreo, el boxeo, la estrella femenina como objeto sexual, los altos sueldos que reciben algunos atletas o cualquier otro tema que Ud. pueda defender.

Escriba tres párrafos defendiendo su punto de vista sobre el tema. Use algunas de las estratégias en la página 163 para defender sus opiniones.

Cultura

Es imposible tratar de asuntos de teatro y entretenimiento sin incluir el baile. El baile es un reflejo de la cultura de un pueblo.

¿Conoce Ud. el flamenco, baile español? ¿O el tango argentino? ¿O la bamba, que se ha hecho popular por medio de la película del mismo nombre? ¿Cuál de ellos le gustaría bailar y por qué?

fútbol *soccer* **polémica** *controversy*

Los bailes hispanos

Quizás no haya actividad más arraigada° en el carácter hispano que el baile. En las fiestas todos bailan, desde los jóvenes hasta los ancianos. Hay también salones y discotecas donde se baila desde lo más tradicional hasta lo más nuevo. Entre los jóvenes hispanos hay gran influencia de los Estados Unidos por medio del cine y de la televisión, así que lo que bailan ellos es muy similar a lo que bailan los jóvenes de los Estados Unidos. En el mundo de los espectáculos, sin embargo, se conservan ciertos bailes tradicionales, regionales o folklóricos. Tres de los que se bailan en diferentes partes del mundo hispano son el flamenco, el tango y la bamba.

El flamenco

El flamenco es un baile vigoroso y rítmico de Andalucía. Lo acompaña música de guitarra más o menos improvisada. El baile se ejecuta por parejas—o

---

arraigada *deeply rooted*

grupos. Marcan el ritmo un taconeo° rápido de pasos cortos que resuena en el tablado°, los amplios movimientos de los brazos y el triquitraque° de las castañuelas°.

La música flamenca es una fusión de elementos muy diversos. Tiene raíces en la música litúrgica medieval y en la música de los gitanos de la Europa central. También debe mucho a la India y a la tradición musical árabe-judía. Todos estos elementos asimilados y transformados han producido este saleroso° baile que refleja el alma de Andalucía.

Durante años el flamenco era un espectáculo que se veía casi exclusivamente en los teatros y los tablados°. Pero recientemente los españoles se han interesado en bailar el flamenco en una versión popular, las «sevillanas». En las fiestas de hoy madrileños cosmopolitas o estudiantes universitarios bailan las sevillanas al compás° de grabaciones de los artistas favoritos.

El tango

El tango, que se originó hace unos cien años en Buenos Aires, es la expresión del espíritu de esa capital. Era un baile de los grupos que vivían en los arrabales° al margen de la sociedad y que se rebelaban contra las costumbres de la época—un baile de inmigrantes y campesinos atraídos a la capital. Expresaban su desilusión escapándose en este baile romántico y apasionado.

La pareja se mueve como una unidad con los cuerpos apretados° en un abrazo tenso con las piernas entrelazadas°. No existen pasos fijos con que seguir el compás; la música impulsa a la pareja a crear sus propios pasos. Se ha dicho que el tango une el cerebro, el corazón y las piernas.

La música es el alma del tango. El bandoneón°, instrumento de la familia de los acordeones, es el compañero inseparable del tango. Su música, con la de los violines, produce la ilusión romántica que da al tango su cadencia rítmica y sensual.

La bamba

La bamba es un baile folklórico típico de Veracruz, México, cuyos nativos se llaman jarochos. Los jarochos bailan con mucha gracia e inspiran admiración por la agilidad con que ejecutan el taconeo. Mientras bailan hacen algunos trucos° como llevar un vaso de agua en la cabeza sin derramar° ni una gota°, o bailar sobre un pañuelo° que ponen en el suelo o atar y desatar un lazo° usando solamente los pies.

Los pasos de la bamba son realmente espectaculares y el movimiento de las caderas es casi imperceptible en contraste con el rápido y preciso movimiento de los pies.

---

taconeo *heel tapping* **tablado** *stage floor* **triquitraque** *clatter* **castañuelas** *castanets* **saleroso** *saucy* **tablados** *flamenco stages* **compás** *rhythm* **arrabales** *slums* **apretados** *closely held* **entrelazadas** *intertwined* **bandoneón** *large concertina* **trucos** *tricks* **derramar** *spill* **gota** *drop* **pañuelo** *handkerchief* **atar . . .** *to tie and untie a knot*

El vestido de la mujer es muy elegante: la falda está adornada con dos volantes de encaje ancho°, la blusa con flores bordadas° en colores, y el pañuelo de seda de colores vivos. El hombre usa pantalones de dril° blanco, una guayabera blanca con pañuelo de seda en el cuello y un fajín° de seda en la cintura. Un sombrero de paja de alas grandes completa el vestido jarocho campesino.

El flamenco, el tango y la bamba son muy diferentes—antiguos, modernos, folklóricos o populares. Sin embargo, los tres demuestran que el baile en toda su variedad sigue siendo una parte importante de la cultura hispana.

DISCUSIÓN

1. Con otra persona identifique los bailes de la ilustración y explique un poco sobre cada uno.
2. Compare los bailes hispanos con los típicos de los Estados Unidos. Indique semejanzas y diferencias (como ritmo, tiempo, instrumentos, movimientos).

---

volantes . . . *wide lace ruffles* **bordadas** *embroidered* **dril** *coarse linen* **fajín** *sash*

11 Vida en riesgo

▷ **ESTRATEGIAS DEL BUEN LECTOR**
Comprender punto de vista y propósito de una lectura

▷ **LECTURAS**
«Al chigüiro con amor» Gloria Beltrán G.
«Un día de éstos» Gabriel García Márquez
La historia de Mayta (fragmento) Mario Vargas Llosa

▷ **DISCUSIÓN**

▷ **EXPRESIÓN ESCRITA**
Expresar su punto de vista
La vida del futuro

▷ **CULTURA**
El Sendero Luminoso

Estrategias del buen lector

COMPRENDER EL PUNTO DE VISTA Y EL PROPÓSITO DE UNA LECTURA

The author's point of view is the stance the author takes with reference to the writing; along with other aspects of the material, it enables you to understand the author's purpose. When you understand the author's point of view, you approach the reading with further information, which helps you make predictions about the text.

In a general sense, the purpose of writing is either to inform or to entertain. But within each category are numerous subcategories. For example, authors that write to inform may be stating facts, defending premises, expressing opinions, trying to influence the reader, or explaining how to do something.

Authors that write to entertain may want to tell a good story, or to make the reader see the foibles or plights of their characters. They may display their characters' (or their own) psychological insights. Or they may use passion, pathos, or satire to create emotional responses in the reader.

To achieve these purposes, authors write in different voices or, in the case of fiction, in the guise of different persons.

First person. Speaking in the first person, the writer may be witness, protagonist, or narrator/character. For example, in «La casa tomada», (Chapter 6) the narrator recounts in first person the "taking" of the house by a mysterious force. The first person narration of an unreal event forces the reader to consider the fantasy as reality.

You and We. The author may speak to the reader directly in the reading, using a familiar or formal tone. This point of view is often found in articles giving advice, explanations, or instructions. In addition, the first person plural may be used to invite the reader to join the author in a belief or course of action. A narrator might address another person, not the reader, as the husband does in the poem «Mujer», (Chapter 8).

Third person. The author's point of view may be that of an omniscient observer, either neutral or biased in regard to the characters. Or the author may be simply a reporter of facts, actions, or dialogue. In «El guardagujas» (Chapter 4), Arreola is the ominiscient observer of the train platform, the characters, and their dialogue. Through descriptions of the eerie scene, the frustrations of the stranger, and the "mad" conversation of the switchman, the author draws the reader into the absurdity of the whole situation.

Personal point of view. In a sense, every work has a personal point of view. Since every writer is unique, s/he creates and selects material to express his or her own viewpoints. But the author's point of view is particularly evident in editorials, critiques, and reminiscences. A title may indicate a personal point of view. The title «Recordando nuestro miedo de la Migra» (Chapter 3), for example, informs the reader that the author is going to reminisce about his past.

Multi-perspective viewpoints. In some works, several characters narrate a story so that the reader experiences the action from several perspectives. The interviews by the people of Jauja that the narrator reports in *Historia de Mayta* in this chapter are a good example of multiple points of view.

ACTIVIDAD

A continuación se da una lista de lecturas que Ud. ha leído y que debe repasar. Diga: a) en qué persona escribe el autor; y b) cómo expresa el autor su propósito. Escoja tres lecturas y explique cómo hubieran sido diferentes si hubieran sido escritas en una persona diferente.

1. «Encuentro», Capítulo 1, página 10
2. «El vestido de terciopelo», Capítulo 2, página 26
3. «Lo que Ud. debe saber sobre su vuelo», Capítulo 4, página 58
4. «El vaso de leche», Capítulo 5, página 71
5. «Dos butacas se trasladan de habitación», Capítulo 6, página 88
6. «Búcate plata», Capítulo 7, página 109
7. *La mordaza,* Capítulo 8, página 134
8. «Diario de una víctima de robo de auto», Capítulo 9, página 151

Lecturas

ANTECEDENTES

In all parts of the world, certain species of animals face the danger of extinction. In this article from *Medio ambiente*°, an environmental magazine in Colombia, Beltrán explores the impending extinction of an animal unique to certain regions of South America, the *chigüiro* (capybara or bushpig). An edible member of the rodent family, the chigüiro reaches over four feet in length at maturity.

Why is it important that the chigürio not become extinct? What are its habits? How do hunters kill it? What should be done about it?

Al chigüiro con amor

El chigüiro necesita amor y respeto. Al igual que muchas otras especies de animales, para poder subsistir, además de llenar sus requerimientos básicos dentro de un medio ambiente adecuado, también debe ser receptor por parte del hombre de una nueva ética de la naturaleza que se refleja en el trato que éste le dé como compañero de vida en la biósfera.

Sin embargo en Colombia nos distinguimos por todo lo contrario. En forma criminal se ha implantado su exterminio que va desde la sevicia° para matarlo hasta la indolencia para controlar el ilegal mercadeo internacional de sus carnes y pieles.

---

medio ambiente *environment* **sevicia** *extreme cruelty*

Su función

Con su figura rechoncha° y sus grandes y saltones° ojos bien abiertos, el chigüiro madruga° desde las 4 o 5 de la mañana a cumplir su función en la naturaleza. Con cortos pasos camina en ordenada fila por las llamadas zanjas° de los chigüiros a cortar con sus fuertes dientes las hierbas y malezas° bajas, o se introduce a nadar en charcas y ríos en donde consume las plantas acuáticas que invaden las aguas. El chigüiro es una poderosa podadora° natural que controla el crecimiento de la vegetación de maleza invasora de cultivos y fuentes de agua, y a su vez es un eslabón° de la cadena alimenticia° que no compite con el hombre en los alimentos.

¿Por qué lo matan?

Pero la desgracia del chigüiro está en su carne. Su sabor a pescado fresco convierte al chigüiro en presa° predilecta de los cazadores° que comercian con ella. No hay hogar° en los Llanos, adentro en Colombia o en la frontera con Venezuela en donde en la cuaresma° y durante la Semana Santa se deje de consumir. En esta época se exportan de contrabando miles de kilos de carne de chigüiros que han sido sacrificados mediante sádicos métodos por mercenarios de la naturaleza que mediante su acción depredadora° le han colocado entre las especies en vía de extinción.

---

rechoncha *chubby* **saltones** *protruding* **madruga** *rises early* **zanjas** *trenches* **malezas** *underbrush* **podadora** *pruner* **eslabón** *link* **cadena . . .** *food chain* **presa** *catch* **cazadores** *hunters* **hogar** *home* **cuaresma** *Lent* **depredadora** *plundering*

¿Cómo lo hacen?

En forma cruenta° lo cazan. Primero localizan la manada°, miles de animales, para luego acorralarlos° con alambres de púas°. Después aparecen los cazadores, quienes armados de garrotes°, cuchillos y armas de fuego comienzan a adormecerlos° con fuertes golpes, rematándolos a cuchilladas° o con tiros de escopeta°, quedando los cadáveres de los indefensos animales regados° por el suelo. El fruto de este morboso ecocidio° se convierte en una mercancía representada en millones de pesos en el mercado ilegal de la carne y de pérdidas con las pieles que quedan descompuestas° a la intemperie°.

Hacia una nueva ética

Para el chigüiro las orillas de los ríos, lagunas, pantanos° y quebradas° es el medio ideal para vivir. La caza esporádica que de él hacen los campesinos es un control biológico que necesitan, pero el asesinato colectivo a que es sometido representa una violación al derecho a la vida y a la supervivencia° que tienen las especies sobre la tierra. Más que conservación de su habitat, el chigüiro necesita que los colombianos le demos amor, representado en una nueva ética de la naturaleza, que muestre en forma franca nuestras obligaciones para con° las especies que directa o indirectamente tienen incidencia en la conservación de nuestro propio medio ambiente. Para esto se necesita respeto por sus genes que representan la evolución que le permitió conservarse a través de los años como el roedor° más grande del mundo y que servirán para seguir repoblando de chigüiros la tierra.

Gloria Beltrán G., Colombia
Medio Ambiente

I. Primera lectura ¿Qué? ¿Quién? ¿Cuándo? ¿Dónde?

Encuentre en el artículo:

1. una descripción del animal
2. en qué parte del año es costumbre comer carne de chigüiro
3. dónde dice que el chigüiro está entre las especies en peligro de extinción
4. cuánto ganan en el mercado ilegal por la carne del chigüiro
5. lo que explica la importancia de conservar el chigüiro

---

cruenta *bloody* **manada** *herd* **acorralarlos** *trap them* **alambres . . .** *barbed wire* **garrotes** *clubs* **adormecerlos** *put them to sleep* **rematándolos . . .** *finishing them off with knife blows* **tiros . . .** *gunshots* **regados** *scattered* **morboso . . .** *morbid ecocide* **descompuestas** *rotten* **intemperie** *outdoors* **pantanos** *swamps* **quebradas** *ravines* **supervivencia** *survival* **para con** *toward* **roedor** *rodent*

II. Segunda lectura ¿Por qué? ¿Cómo?

A. Complete las oraciones según la lectura.

1. *Introducción:* El chigüiro necesita amor y respeto porque . . .
2. *Su función:* El chigüiro es importante al hombre porque . . .
3. *Por qué lo matan:* Los mercenarios matan el chigüiro porque . . .
4. *Cómo lo hacen:* La manera de matar el chigüiro es muy cruel porque . . .
5. *Hacia una nueva ética:* En Colombia se necesita una nueva ética hacia la naturaleza porque . . .

B. Cada oración que usted ha completado en la seccíon A resume la idea principal de una parte del artículo. Ahora busque dos detalles que apoyen cada idea principal y úselos para formar cinco párrafos que resumen el artículo en su totalidad.

III. Conclusiones y opiniones

1. ¿En qué persona está escrito el artículo? (Vea el último párrafo.) ¿Cómo corresponde al propósito de Beltrán?
2. ¿Le gustaría a Ud. tener un chigüiro? ¿Por qué sí o por qué no?
3. ¿Cree Ud. que es importante proteger todas las especies para conservar el medio ambiente? ¿Por qué sí o por qué no?

IV. Vocabulario

A. Familias de palabras. Complete cada oración con una de las palabras del grupo cambiándola de forma si es necesario.

substancia **subsistir** **subsistencia**

1. El chigüiro necesita amor y respeto para poder. . . .
2. El chigüiro no compite con el hombre en cuanto a los alimentos que necesita para su. . . .
3. La . . . del artículo es que hay que conservar al chigüiro.

agua **acuático** **aguacero**

4. Nadan en los ríos donde consumen las plantas . . . que invaden las. . . .
5. En los llanos donde viven los chigüiros frecuentemente caen . . . fuertes.

cazador **caza** **cacería**

6. La . . . ocasional de los chigüiros controla su reproducción excesiva.
7. Para los habitantes de los llanos, la . . . de los chigüiros es común.
8. Lo malo son los . . . mercenarios que invaden el territorio en ciertas estaciones.

B. En español a) explique lo que son los siguientes y b) use cada uno en una oración.

1. el medio ambiente
2. la supervivencia
3. la cadena alimenticia
4. la naturaleza
5. una especie de animal

ANTECEDENTES

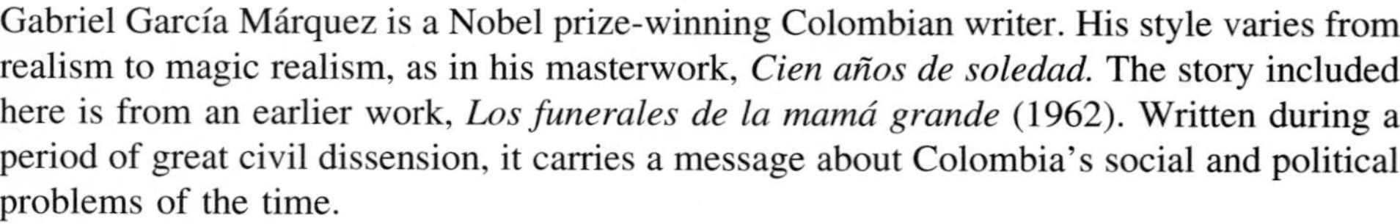

Gabriel García Márquez is a Nobel prize-winning Colombian writer. His style varies from realism to magic realism, as in his masterwork, *Cien años de soledad.* The story included here is from an earlier work, *Los funerales de la mamá grande* (1962). Written during a period of great civil dissension, it carries a message about Colombia's social and political problems of the time.

In what way does the incident of the pulling of a tooth become a duel between the dentist and the mayor? In what way is the story a commentary on revenge and violence?

Un día de estos

El lunes amaneció tibio° sin lluvia. Don Aurelio Escovar, dentista sin título y buen madrugador, abrió su gabinete° a las seis. Sacó de la vidriera° una dentadura postiza° montada aún en el molde de yeso° y puso sobre la mesa un puñado° de instrumentos que ordenó de mayor a menor, como en una exposición. Llevaba una camisa a rayas, sin cuello, cerrada arriba con un botón dorado, y los pantalones sostenidos con cargadores° elásticos. Era rígido, enjuto°, con una mirada que raras veces correspondía a la situación, como la mirada de los sordos.

Cuando tuvo las cosas dispuestas sobre la mesa rodó la fresa° hacia el sillón de resortes° y se sentó a pulir° la dentadura postiza. Parecía no pensar en lo que hacía, pedaleando en la fresa incluso cuando no se servía de ella.

Después de las ocho hizo una pausa para mirar el cielo por la ventana y vio dos gallinazos° pensativos que se secaban al sol en el caballete° de la casa vecina. Siguió trabajando con la idea de que antes del almuerzo volvería a llover. La voz destemplada° de su hijo de once años lo sacó de su abstracción.

—Papá.

—Qué.

—Dice el Alcalde° que si le sacas una muela°.

—Dile que no estoy aquí.

---

tibio *lukewarm* **gabinete** *office* **vidriera** *showcase* **dentadura . . .** *set of dentures* **yeso** *plaster* **pañado** *handful* **cargadores** *suspenders* **enjuto** *lean, wiry* **sordos** *deaf* **rodó . . .** *rolled the drill* **sillón . . .** *easy chair* **pulir** *to polish* **gallinazos** *turkey buzzards* **caballete** *roof top* **destemplada** *dissonant* **alcalde** *mayor* **muela** *tooth, molar*

Estaba puliendo un diente de oro. Lo retiró a la distancia del brazo y lo examinó con los ojos a medio cerrar. En la salita de espera volvió a gritar su hijo.

—Dice que sí estás porque te está oyendo.

El dentista siguió examinando el diente. Sólo cuando lo puso en la mesa con los trabajos terminados, dijo:

—Mejor.

Volvió a operar la fresa. De una cajita de cartón donde guardaba las cosas por hacer, sacó un puente° de varias piezas y empezó a pulir el oro.

—Papá.

—Qué.

Aún no había cambiado de expresión.

—Dice que si no le sacas la muela te pega un tiro°.

Sin apresurarse, con un movimiento extremadamente tranquilo, dejó de pedalear en la fresa, la retiró del sillón y abrió por completo la gaveta inferior° de la mesa. Allí estaba el revólver.

—Bueno, dijo. —Dile que venga a pegármelo.

Hizo girar el sillón° hasta quedar de frente a la puerta, la mano apoyada° en el borde de la gaveta. El Alcalde apareció en el umbral°. Se había afeitado la mejilla izquierda, pero en la otra, hinchada° y dolorida, tenía una barba de cinco días. El dentista vio en sus ojos marchitos° muchas noches de desesperación. Cerró la gaveta con la punta de los dedos y dijo suavemente:

—Siéntese.

—Buenos días, dijo el Alcalde.

—Buenos, dijo el dentista.

Mientras hervían° los instrumentos, el Alcalde apoyó el cráneo en el cabezal de la silla y se sintió mejor. Respiraba un olor glacial. Era un gabinete pobre: una vieja silla de madera, la fresa de pedal y una vidriera con pomos de loza°. Frente a la silla, una ventana con un cancel de tela° hasta la altura de un hombre. Cuando sintió que el dentista se acercaba, el Alcalde afirmó los talones° y abrió la boca.

Don Aurelio Escovar le movió la cara hacia la luz. Después de observar la muela dañada, ajustó la mandíbula con una cautelosa° presión de dedos.

—Tiene que ser sin anestesia, dijo.

—Por qué?

—Porque tiene un absceso.

El Alcalde lo miró a los ojos. «Está bien», dijo, y trató de sonreír. El dentista no le correspondió°. Llevó a la mesa de trabajo la cacerola con los instrumentos hervidos y los sacó del agua con unas pinzas° frías, todavía sin apresurarse. Después rodó la escupidera° con la punta del zapato y fue a lavarse las manos en el aguamanil.

---

puente *bridge* **te pega . . .** *he'll put a bullet in you* **gaveta . . .** *lower drawer* **hizo . . .** *he turned the chair around* **apoyada** *resting* **umbral** *threshold* **hinchada** *swollen* **marchitos** *withered* **hervían** *were boiling* **pomos . . .** *vials of porcelain* **cancel . . .** *cloth screen* **afirmó . . .** *he dug in his heels* **dañada** *decayed* **cautelosa** *cautious* **no le correspondió** *didn't return his smile* **pinzas** *pliers* **escupidera** *spittoon*

Era un cordal° inferior. El dentista abrió las piernas y apretó la muela con el gatillo° caliente. El Alcalde se aferró a° las barras de la silla, descargó toda su fuerza en los pies y sintió un vacío helado en los riñones°, pero no soltó un suspiro°. El dentista sólo movió la muñeca. Sin rencor, más bien con una amarga ternura°, dijo:

—Aquí nos paga veinte muertos, teniente.

El Alcalde sintió un crujido° de huesos en la mandíbula y sus ojos se llenaron de lágrimas. Pero no suspiró hasta que no sintió salir la muela. Entonces la vio a través de las lágrimas. Le pareció tan extraña a su dolor, que no pudo entender la tortura de sus cinco noches anteriores.

Inclinado sobre la escupidera, sudoroso, jadeante°, se desabotonó la guerrera° y buscó a tientas° el pañuelo en el bolsillo del pantalón. El dentista le dio un trapo limpio.

—Séquese las lágrimas, dijo.

El Alcalde lo hizo. Estaba temblando. Mientras el dentista se lavaba las manos, vio el cielo raso desfondado° y una telaraña polvorienta° con huevos de araña e insectos muertos. El dentista regresó secándose las manos. «Acuéstese —dijo— y haga buches° de agua de sal». El alcalde se puso de pie, se despidió con un displicente° saludo militar y se dirigió a la puerta estirando° las piernas, sin abotonarse la guerrera.

—Me pasa la cuenta, dijo.

—¿A usted o al municipio°?

El Alcalde no lo miró. Cerró la puerta, y dijo, a través de la red metálica:

—Es la misma vaina°.

Garbiel García Márquez, Colombia
Los funerales de la mamá grande

I. Primera lectura ¿Qué? ¿Quién? ¿Cuándo? ¿Dónde?

Escoja la alternativa que mejor resuma lo que pasa en el cuento.

1. ¿Tiene Escovar título universitario o no?
2. ¿Quiere el dentista ver al alcalde o no?
3. ¿Le ruega el alcalde al dentista que saque la muela o lo amenaza?
4. ¿Le dice el dentista al alcalde que no le pegue el tiro o que se lo pegue?
5. ¿Tiene el alcalde dolor de muela desde hace cinco días o dos días?
6. ¿Se saludan los hombres amistosamente o secamente?

---

cordal *wisdom tooth* **gatillo** *forceps* **se aferró . . .** *grasped* **riñones** *kidneys* **no soltó . . .** *he didn't let out a sigh* **amarga . . .** *bitter tenderness* **crujido** *cracking* **jadeante** *out of breath, panting* **guerrera** *military coat* **a tientas** *groping* **cielo . . .** *broken-off ceiling* **telaraña . . .** *dusty spiderweb* **araña** *spider* **haga . . .** *rinse your mouth with* **displicente** *aloof* **estirando** *stretching* **municipio** *town hall* **es la misma . . .** *it's all the same thing*

7. Al acercarse el dentista, ¿se pone el alcalde tenso o se relaja?
8. ¿Va a darle el dentista anestesia o no?
9. ¿Estaban el alcalde y el dentista al mismo lado en la guerra o en lados opuestos?
10. Al sacarle la muela, ¿los ojos del alcalde se le llenaron de lágrimas o simplemente lloraba?
11. ¿Le da el dentista un trapo para ponerse en la boca o para secarse las lágrimas?

II. Segunda lectura ¿Por qué? ¿Cómo?

Desde que el Alcalde se anuncia en la oficina del dentista, se nota la tensión entre los dos. Ponga en orden las siguientes causas y resultados.

1. «Dice el alcalde que si le sacas una muela».
2. El Alcalde lo miró a los ojos. «Está bien», dijo . . .
3. «Me pasa la cuenta», dijo.
4. «Dice que si no le sacas la muela te pega un tiro».
5. (El dentista) . . . abrió por completo la gaveta inferior de la mesa. Allí estaba el revólver.
6. «Es la misma vaina».
7. «Tiene que ser sin anestesia», dijo.
8. «Dile que no estoy aquí».
9. «Aquí nos paga veinte muertos, teniente».
10. «¿A usted o al municipio?»
11. «Dice que sí estás porque te está oyendo».

III. Conclusiones y opiniones

1. ¿Cuál es el punto culminante° del cuento?
2. ¿Quién ganó en el desafío entre el dentista y el Alcalde? Explique su opinión.
3. ¿Cuál es el punto de vista del autor? ¿En qué persona escribió el cuento? ¿Por qué cree Ud. que eligió esa persona?
4. Siente Márquez compasión por el dentista? ¿por el alcalde? ¿por ninguno de los dos?
5. ¿Cómo sería diferente el cuento si lo hubiera escrito desde el punto de vista del dentista? ¿del alcalde? ¿del hijo del dentista?

IV. Vocabulario

A. Sinónimos. Busque entre las posibilidades dadas la que mejor reemplace la palabra o frase en italicas.

1. Él era un hombre *enjuto* de mirada rara.

   a. flaco **b.** moreno **c.** perezoso

---

punto . . . *climax*

2. El alcalde dice que si no le saca la muela *le pega un tiro.*

   a. le da un golpe **b.** regresa **c.** lo mata

3. Tenía la *mejilla* hinchada y dolorida.

   a. cara **b.** frente **c.** rodilla

4. Mientras hervían los instrumentos el alcalde *apoyó* el cráneo en el cabezal de la silla.

   a. dobló **b.** volvió **c.** descansó

5. El alcalde se *aferró* a las barras de la silla con fuerza.

   a. agarró **b.** soltó **c.** movió

B. **¿Quién?** Diga si las siguientes oraciones se refieren al dentista o al Alcalde. Escriba oraciones usando algunas de las palabras en italicas.

1. Sintió un *crujido* de huesos en la *mandíbula.*
2. Abrió la *gaveta inferior* de la mesa. Allí estaba el revólver.
3. Sacó un *puente* de varias piezas y empezó a pulir el oro.
4. Se había *afeitado* la *mejilla* izquierda, pero en la otra, *hinchada* y dolorida, tenía una barba de cinco días.
5. Afirmó los *talones* y abrió la boca.

ANTECEDENTES

In *Historia de Mayta* (1984), by Mario Vargas Llosa, the narrator investigates the circumstances surrounding a failed revolutionary of twenty-five years ago, Alejandro Mayta. From the beginning, the revolution planned by Mayta and his friend Vallejos was doomed. The action of the story alternates between the time of Mayta, twenty-five years earlier, and the narrator's interviews with residents of Jauja, Peru, set at some future time when Bolivian-Cuban revolutionaries are fighting United States Marines. In the fragment presented here, the narrator interviews three people.

What does the narrator learn from the Japanese businessman whose taxi the revolutionaries commandeered? What happened to the telephone operator? What did the ex-businessman think?

Historia de Mayta

—No fui nunca taxista de verdad —me asegura el señor Onaka, mostrando con gesto melancólico los vacíos anaqueles° de su tienda, que solían estar repletos de comestibles y artículos domésticos. —Yo fui siempre administrador y dueño de este almacén. Aunque no lo crea, era el mejor surtido de Junín . . .

---

anaqueles *shelves*

Estamos en un rincón de su decaída bodega°, de pie, cada uno a un lado del mostrador°. Al otro extremo, la señora Onaka aparta la vista de su periódico cada vez que entra un cliente a comprar velas° o cigarrillos, lo único que parece abundar en la tienda. Los Onaka son de origen japonés —nieto y nieta de inmigrantes— pero en Jauja les dicen «los chinos», confusión que al señor Onaka no le importa. A diferencia del Doctor Cordero Espinoza, él no toma sus desgracias° con humor y filosofía. Se le nota desmoralizado, rencoroso con el mundo. El y Cordero Espinoza son las únicas personas, entre las decenas° con las que he conversado en Jauja, que hablan abiertamente contra los «terrucos°». Los demás, aun aquellos que han sido víctimas de atentados, guardan mutismo° total sobre los revolucionarios.

—Acababa de abrir la bodega y en eso se me apareció el hijo de los Tapia, los de la calle Villarreal. Una carrera urgente, señor Onaka. Hay que llevar al hospital a una señora enferma. Prendí el carro, el chiquito Tapia se sentó a mi lado y el teatrero° iba diciéndome: «Apúrese, que la señora se muere». Frente a la cárcel había otro taxi, cargando unos fusiles. Me cuadré° detrás. Le pregunté al Subteniente Vallejos: ¿Quién es la del desmayo°? Ni me contestó. En eso, el otro, el de Lima, ¿Mayta, no?, me plantó su metralleta° en el pecho: Obedezca si no quiere que le pase nada. Sentí que se me salía la caca, con perdón de la expresión. Ahí sí que tuve miedo. Bueno, eran los primeros que veía. Qué bruto fui. Entonces tenía bastante platita. Hubiera podido irme con mi mujer. Estaríamos pasando una vejez° tranquila.

Condori, Mayta, Felicio Tapia, Cordero Espinoza y Teófilo Puertas subieron al auto luego de cargar la mitad de las municiones y de los fusiles°. Mayta ordenó a Onaka partir: «Al menor intento de llamar la atención, disparo». Iba en el asiento de atrás y tenía la boca totalmente reseca. Pero sus manos sudaban. Apretados a su lado°, el brigadier y Puertas se habían sentado sobre los fusiles. Adelante, con Felicio Tapia, iba Condori.

—No sé cómo no choqué, cómo no atropellé° a alguien— musita° la boca sin dientes del señor Onaka. —Creía que eran ladrones, asesinos, escapados de la cárcel. ¿Pero cómo podía estar el Subteniente con ellos? ¿Qué podían hacer entre asesinos el hijito de los Tapia y el hijito de ese caballerazo, el Doctor Cordero? Me dijeron que la revolución y que no sé qué. ¿Qué es eso? ¿Cómo se come eso? Me hicieron llevarlos hasta el Puesto de la Guardia Civil, en el Jirón Manco Cápac. Ahí se bajaron el de Lima, Condori y el chiquito Tapia. Dejaron a los otros dos cuidándome y Mayta les dijo: Si trata de escapar, mátenlo. Después, los chicos juraron° que era teatro, que jamás me hubieran disparado°. Pero ahora sabemos que los niños también matan con hachas, piedras y cuchillos, ¿no? En fin, ahora sabemos muchas cosas que en ese tiempo nadie sabía. Tranquilos, mu-

---

bodega *grocery store* **mostrador** *counter* **velas** *candles* **desgracias** *misfortunes* **decenas** *tens (like "dozens")* **terrucos** (coll.) *guerrilla fighters* **guardan . . .** *keep quiet* **teatrero** *play-actor* **me cuadré** *I parked* **desmayo** *faint* **metralleta** *submachine gun* **vejez** *old age* **fusiles** *rifles* **apretados . . .** *packed in beside him* **no atropellé** *I didn't run over* **musita** *mumbles* **juraron** *swore* **disparado** *shot*

chachos, no se les vaya a disparar, ustedes me conocen, yo no mato una mosca°, yo a ustedes les he fiado° muchas veces. ¿Por qué me hacen esto? Y además, ¿qué va a pasar ahí adentro? ¿Qué han ido a hacer ésos en el Puesto? La revolución socialista, señor Onaka, me dijo Corderito, ese al que le quemaron° la casa y que por poco le dinamitan el bufete°. ¡La revolución socialista! ¿Qué? ¿Qué cosa? Creo que es la primera vez que oí la palabrita. Ahí me enteré° que cuatro viejos y siete josefinos° habían escogido mi pobre Ford para hacer una revolución socialista. ¡Ay, carajo!

* * *

—Al llegar a mi trabajo, había un par de autos y reconocí en uno al chino de la bodega, ese Onaka, ese carero° —dice la señora Adriana Tello, viejecita arrugada y menuda°, de voz firme y manos nudosas°—. Tenía tal cara que pensé se ha levantado con el pie izquierdo o es un chino neurótico. Apenas me vieron, se bajaron unos tipos y se metieron conmigo a la oficina. ¿Por qué me iba a llamar la atención? En esos tiempos ni siquiera había robos en Jauja, mucho menos revoluciones, ¿por qué me iba? Esperen, todavía no es hora. Pero como si oyeran llover, se saltaron el mostrador y uno volcó° la mesa de Asuntita Asís, que en paz descanse°. ¿Qué es esto? ¿Qué hacen? ¿Qué quieren? Inutilizar el teléfono y el telégrafo. Fuera caray°, ya me quedé sin trabajo. Jajá, le juro que eso fue lo que pensé. No sé cómo me queda humor todavía con las cosas que pasan. ¿Ha visto la desvergüenza° de estos gringos que han venido dizque° para ayudarnos? Ni saben hablar cristiano y se pasean con sus fusiles y se meten a las casas, qué prepotencia°. Como si fuéramos su colonia. Ya no quedan patriotas en nuestro Perú cuando aguantamos° esta humillación.

Al ver que Mayta y Vallejos abrían a puntapiés° la caseta° de la telefonista y comenzaban a destrozar el tablero° con las cachas° de sus metralletas y a arrancar° los cordones°, la señora Adriana Tello trató de salir a la calle. Pero Condori y Zenón Gonzales la sujetaron° mientras el Subteniente y Mayta acababan la demolición.

—Ahora estamos tranquilos —dijo Vallejos—. Con los guardias prisioneros y el teléfono cortado, no hay peligro inmediato. No es necesario separarse.

—¿Estará en Quero la gente con los caballos —pensó Mayta en voz alta.

Vallejos se encogió de hombros°: de quién se podía fiar uno ahora.

—De los campesinos —murmuró Mayta, señalando a Condori y a Zenón Gonzales, quienes, a una indicación del Alférez, habían soltado° a la mujer, que salió despavorida° a la calle—. Si llegamos a Uchubamba, estoy seguro que no nos fallarán°.

---

mosca *fly* **les he fiado** *I've given you credit* **quemaron** *they burned* **por poco . . .** *they almost bombed his office* **me enteré** *I found out* **josefinos** *students* (of the Colegio Nacional San José) **carero** *cheat* **menuda** *little* **nudosas** *gnarled* **volcó** *turned over* **que en paz . . .** *may she rest in peace* **caray** *blasted* **desvergüenza** *brazenness* **dizque - dicen que:** *they say that* **prepotencia** *arrogance* **aguantamos** *we put up with* **puntapiés** *kicks* **caseta . . .** *telephone booth* **tablero** *switchboard* **cachas** *gun butts* **arrancar** *pull out* **cordones** *wires* **sujetaron** *held* **se encogió . . .** *shrugged his shoulders* **soltado** *let go* **despavorida** *terrified* **no nos fallarán** *they won't fail us*

—Claro que llegaremos —sonrió Vallejos—. Claro que no nos fallarán.

Irían a pie a la Plaza, camarada. Vallejos ordenó a Gualberto Bravo y Perico Temoche que llevaran los taxis a la esquina de la Plaza de Armas y Bolegnesi. Ese sería el punto de reunión. Se puso a la cabeza de los restantes y dio una orden que a Mayta le escarapeló° el cuerpo: «De frente ¡marchen!» Debían formar un grupo extraño, impredecible°, inadivinable°, desconcertante, esos cuatro adultos y cinco escolares armados, marchando por las calles adoquinadas° hacia la Plaza de Armas. Atraerían las miradas, inmovilizarían a la gente en las veredas°, la harían salir a las ventanas y a las puertas. ¿Qué pensaban los jaujinos que los veían pasar?

—Estaba afeitándome, porque entonces me levantaba tardecito —dice Don Joaquín Zamudio, ex-sombrerero, excomerciante y ahora vendedor de lotería en los portales° de Jauja—. Desde mi cuarto los vi y pensé que ensayaban° para Fiestas Patrias. ¿Desde ahora? Saqué la cabeza y pregunté: ¿Qué desfile° es ahora? El Alférez, en vez de contestarme, chilló°: «Viva la Revolución». Todos corearon°: «Viva, viva». ¿Qué revolución es ésta?, les pregunté, creyendo que estábamos jugando a algo. Y Corderito me respondió: «La que estamos haciendo, la socialista». Después supe que así como los vi, marchando y vivando, se iban a robar dos bancos.

Desembocaron° en la Plaza de Armas y Mayta vio pocos transeúntes°. Se volvían a observarlos, con indiferencia. Un grupo de indios con ponchos y atados°, sentados en una banca, movieron las cabezas, siguiéndolos. No había gente para una manifestación° todavía. Era ridículo estar marchando, no de revolucionarios sino de "boy scouts." Pero Vallejos había dado el ejemplo y los josefinos y Condori y Gonzales lo hacían, de modo que no tuvo más remedio que ponerse al paso. Tenía una sensación ambigua, exaltación y ansiedad, porque aunque los policías estuvieran encerrados, las armas en su poder y el teléfono y el telégrafo cortados, ¿no era tan vulnerable el grupito que formaban? ¿Se podía empezar una revolución así? Apretó los dientes°. Se podía. Tenía que poderse.

Mario Vargas Llosa, Perú
Fragmentos de Historia de Mayta

I. Primera lectura ¿Qué? ¿Quién? ¿Cuándo? ¿Dónde?

A. Encuentre en la lectura quién o qué son los siguientes.

1. el señor Onaka
2. el chiquito Tapia
3. Mayta
4. la señora Adriana Tello
5. Vallejos
6. Don Joaquín Zamudio
7. Jauja

---

le escarapeló *gave him gooseflesh* **impredecible** *unpredictable* **inadivinable** *unforeseen* **adoquinadas** *cobbled* **veredas** *sidewalks* **portales** *arcades* **ensayaban** *they were practicing* **desfile** *parade* **chilló** *screeched* **corearon** *chorused* **desembocaron** *they ended in* **transeúntes** *passersby* **atados** *parcels* **manifestación** *demonstration* **apretó . . .** *he clenched his teeth.*

B. Encuentre en la lectura ejemplos de descripciones o acciones:

1. de la época presente del narrador
2. de la época de la tentativa revolucionaria de hace veinticinco años

II. Segunda lectura ¿Cómo? ¿Por qué?

Conteste las preguntas.

1. ¿Por qué dijo el chiquito Tapia que necesitaba el taxi?
2. ¿Por qué tuvo miedo Onaka al llegar a la cárcel?
3. ¿Cómo explica el muchacho Corderito lo que está haciendo el grupo?
4. ¿Cómo reacciona la señora Adriana Tello al ver entrar el grupo en la oficina de teléfonos?
5. ¿Cómo destruyeron el sistema de comunicaciones?
6. ¿Cómo entraron en la Plaza de Armas?
7. ¿Cómo le parecía el grupo de revolucionarios a Don Joaquín Zamudio?
8. ¿Cómo se sentía Mayta al final de este fragmento?

III. Conclusiones y opiniones

1. Encuentre en el texto ejemplos de la actitud de los residentes de Jauja hacia los gringos.
2. Analice las descripciones de las tres pesonas a quienes entrevista el narrador y lo que dicen. ¿Cómo se diferencian la vida de la Jauja de hoy y la de hace veinticinco años?
3. ¿Cómo hubiera sido diferente la lectura si el autor hubiera escrito en tercera persona, es decir, desde el punto de vista de un narrador omnisciente y no de un periodista que entrevista a los testigos?
4. ¿Qué opina Ud. de la revolución que trataron de empezar Mayta y su grupo? ¿De las revoluciones en general?

IV. Vocabulario

A. Descripciones. Organise las palabras o frases de la lista según las categorías siguientes.

a. la telefonista **b.** los gringos **c.** el desfile de nueve revolucionarios

1. desvergüenza
2. arrugada
3. viejecita
4. se meten a las casas
5. boy scouts
6. ¡qué prepotencia!
7. inadivinable
8. manos nudosas
9. extraño
10. impredecible
11. menuda
12. desconcertante

B. Definiciones de palabras. Explique en español lo que quieren decir las siguientes palabras o frases.

1. matar
2. los fusiles
3. socialista
4. revolucionario
5. la revolución
6. la cárcel

I. Primera lectura. ¿Qué? ¿Quién? ¿Cuándo? ¿Dónde?

Diga si las oraciones citadas se refieren a Bella, a Vanessa, al Poco, o a uno de los chulos.

1. . . . era alto, fanfarrón, de piel pulida y aceituna.
2. . . . era bajo y robusto, un canallita fondón vestido de negro.
3. Se pavoneaba ante los chulos, lanzaba carcajadas de opereta, coqueteaba con una inconsciencia peligrosa.
4. Luego miró al Poco, satisfecha de tenerle ahí, sintiéndose segura en su presencia.
5. Llegó junto a Bella y depositó un papel sobre la tapa del órgano.
6. Un hombre de una pieza. La cáscara dura y el corazón jugoso, como una nuez.
7. Entonces se sentía toda ella mujer, la única mujer del mundo, mujer de arriba abajo.
8. La estaba escudriñando con una expresión impenetrable. Después hizo una mueca rara, como si se le hubiera paralizado la sonrisa.
9. Algo funcionaba mal, algo no era. Apretó las mandíbulas, furiosa consigo misma, y guardó silencio.
10. Ella tenía la conciencia bien tranquila. Ella, en realidad, era lo que se dice feliz estando sola.
11. Daba tumbos en mitad del club y relumbraba, el cuerpo tostado, el traje rojo bien ceñido. Una chica muy vulgar.

II. Segunda lectura. ¿Cómo? ¿Por qué?

¿Cómo son los sentimientos de Bella hacia el Poco al principio de la selección? ¿Cómo son al final? Busque en el texto ejemplos de la actitud de ella y cómo cambia durante los dos episodios.

III. Conclusiones y opioniones

1. ¿Cree Ud. que Bella realmente estaba enamorada del Poco? ¿Por qué sí o por qué no?
2. ¿Qué se puede inferir de la reacción del Poco al decirle a Bella que el bolero es para ella?
3. ¿Cuál es el mensaje principal del bolero? ¿Por qué es irónico?

IV. Vocabulario

A. Palabras similares. Encuentre una palabra con un significado semejante a la palabra en itálicas.

deslumbrante	parecidos	se daba cuenta
al cabo de un rato	tarareaba	se estremecía
sintiéndose inferior	cuello	apretado

1. Era el hombre más feliz del mundo y no *lo sabía.*
2. Ella se veía actuando en el Tropicana en un traje *brillante* de negro.

3. Al moverse, la boa *se movía* suavemente acariciando las muñecas.
4. Vanessa llevaba un vestido muy *ceñido.*
5. El tipo fanfarrón llevaba un enredo de cadenas en el *pescuezo.*
6. Bella empezó a tocar el órgano y *canturreaba* suavemente el bolero.
7. Bella se avergonzó, *achicándose* por dentro.
8. *Después de algún tiempo,* Bella empezó a interpretar el bolero.
9. Eran tan *iguales,* Poco y ella, pensaba Bella.

B. Definiciones. Defina en español las palabras siguientes y escriba una oración con cada una:

1. arruga **2.** cáscara **3.** cadena **4.** bolero **5.** sonrisa

ANTECEDENTES

Enrique Anderson Imbert of Argentina is a literary historian, critic, and author. In his book of short stories, *Las pruebas del caos* (1946), he explores what might happen if the laws of nature we take for granted somehow malfunctioned.

What begins to happen to Pedro as he recuperates from his illness and returns to his routine farm chores? How does normal life become increasingly difficult for Pedro and his wife, Hebe, as his body becomes less and less bound to Earth by the pull of gravity?

El leve° Pedro

Durante dos meses se asomó° a la muerte. El médico murmuraba que la enfermedad de Pedro era nueva, que no había modo de tratarla y que él no sabía qué hacer. Por suerte el enfermo solito se fue curando. No había perdido su buen humor, su oronda° calma provinciana. Demasiado flaco y eso era todo. Pero al levantarse después de varias semanas de convalecencia se sintió sin peso°.

—Oye —dijo a su mujer— me siento bien pero no sé . . . el cuerpo me parece . . . ausente. Estoy como si mis envolturas° fueran a desprenderse° dejándome el alma desnuda.

—Languideces° —le respondió su mujer.

—Tal vez.

Siguió recobrándose. Ya paseaba por el caserón, atendía el hambre de las gallinas° y de los cerdos°, dio una mano de pintura° verde a la pajarera bulliciosa° y aun se animó a hachar la leña° y llevarla en carretilla° hasta el galpón°. Pero según pasaban los días las carnes de Pedro perdían densidad. Algo muy raro le iba minando°, socavando°, vaciando el cuerpo. Se sentía con una ingravidez° portentosa. Era la ingravidez de la chispa° y de la burbuja°, del globo° y de la

---

leve *light* **se asomó** *was on the verge of* (Lit., *he was looked out at*) **oronda** *smug* **peso** *weight* **envolturas** *flesh* **desprenderse** *to let loose* **languideces** *you're listless* **gallinas** *chickens* **cerdos** *pigs* **dio . . .** *gave a coat of paint* **pajarera . . .** *large, noisy bird cage* **hachar . . .** *to chop wood* **carretilla** *cart* **galpón** *shed* **minando** *sapping* **socavando** *undermining* **ingravidez** *lightness* **chispa** *spark* **burbuja** *bubble* **globo** *balloon*

pelota. Le costaba muy poco saltar limpiamente la verja°, trepar° las escaleras de cinco en cinco, coger de un brinco la manzana alta°.

—Te has mejorado tanto —observaba su mujer— que pareces un chiquillo acróbata.

Una mañana Pedro se asustó. Hasta entonces su agilidad le había preocupado, pero todo ocurría como Dios manda. Era extraordinario que, sin proponérselo, convirtiera la marcha de los humanos en una triunfal carrera en volandas° sobre la quinta°. Era extraordinario pero no milagroso. Lo milagroso apareció esa mañana.

Muy temprano fue al potrero°. Caminaba con pasos contenidos porque ya sabía que en cuanto taconeara° iría dando botes° por el corral. Arremangó° la camisa, acomodó° un tronco, cogió el hacha° y asestó° el primer golpe. Y entonces, rechazado por el impulso de su propio hachazo°, Pedro levantó vuelo. Prendido todavía del hacha, quedó un instante en suspensión, levitando allá, a la altura de los techos; y luego bajó lentamente, bajó como un tenue vilano de cardo°.

Acudió° su mujer cuando Pedro ya había descendido y, con una palidez de muerte, temblaba agarrado° a un rollizo° tronco.

—¡Hebe! Casi me caigo al cielo.

—Tonterías. No puedes caerte al cielo. Nadie se cae al cielo. ¿Qué te ha pasado?

Pedro explicó la cosa a su mujer y ésta, sin asombro, le reconvino:

—Te sucede por hacerte el acróbata. Ya te lo he prevenido. El día menos pensado te desnucarás° en una de tus piruetas.

—¡No, no! —insistió Pedro—. Ahora es diferente. Me resbalé°. El cielo es un precipicio, Hebe.

Pedro soltó° el tronco que lo anclaba° pero se asió° fuertemente a su mujer. Así abrazados volvieron a la casa.

—¡Hombre! —le dijo Hebe, que sentía el cuerpo de su marido pegado° al suyo como el de un animal extrañamente joven y salvaje, con ansias de huir en vertiginoso° galope—. ¡Hombre, déjate de hacer fuerza, que me arrastras°! Das unos pasos como si quisieras echarte a volar.

—¿Has visto, has visto? Algo horrible me está amenazando°, Hebe. Un esguince°, y ya empieza la ascensión.

Esta tarde Pedro, que estaba apoltronado en el patio leyendo las historietas° del periódico, se rió convulsivamente. Y con la propulsión de ese motor alegre fue elevándose como un ludión°, como un buzo° que se había quitado las

---

saltar . . . *neatly jump the fence* **trepar** *climb* **coger . . .** *in one jump pick an apple high in the tree* **en volandas** *flying through the air* **quinta** *farm* **potrero** *pasture* **taconeara** *strut* **dando . . .** *bouncing* **arremangó** *he rolled up his sleeves* **acomodó** *arranged* **hacha** *ax* **asestó** *dealt* **hachazo** *ax blow* **vilano . . .** *thistledown* **acudió** *arrived* **agarrado** *grasping* **rollizo** *sturdy* **te desnucarás** *you'll break your neck* **me resbalé** *I slid away* **soltó** *let go* **anclaba** *anchored* **se asió** *he seized* **pegado** *fastened* **vertiginoso** *sudden* **arrastras** *drag* **amenazando** *threatening* **esguince** *twist* **historietas** *comics* **ludión** *Cartesian devil* (instrument for measuring equilibrium of bodies in water) **buzo** *diver*

suelas°. La risa se trocó en terror y Hebe acudió otra vez a las voces de su marido. Alcanzó a cogerlo de los pantalones y lo atrajo a la tierra. Ya no había duda. Hebe le llenó los bolsillos con grandes tuercas°, caños de plomo° y piedras; y estos pesos por el momento le dieron a su cuerpo la solidez necesaria para tranquear° por la galería y empinarse° por la escalera de su cuarto. Lo difícil fue desvestirlo. Cuando Hebe le quitó los hierros y el plomo, Pedro, fluctuante sobre las sábanas, se entrelazó° a los barrotes° de la cama y le advirtió:

—¡Cuidado, Hebe! Vamos a hacerlo despacio porque no quiero dormir en el techo°.

—Mañana mismo llamaremos al médico.

—Si consigo estarme quieto no me ocurrirá nada. Solamente cuando me agito me hago aeronauta.

Con mil precauciones pudo acostarse y se sintió seguro.

—¿Tienes ganas de subir?

—No. Estoy bien.

Se dieron las buenas noches y Hebe apagó la luz.

Al otro día cuando Hebe despegó los ojos vio a Pedro durmiendo como un bendito, con la cara pegada al techo. Parecía un globo escapado de las manos de un niño.

—¡Pedro, Pedro! —gritó aterrorizada.

Al fin Pedro despertó, dolorido por el estrujón° de varias horas contra el cielo raso°. ¡Qué espanto°! Trató de saltar al revés de caer para arriba, de subir para abajo. Pero el techo lo succionaba como succionaba el suelo a Hebe.

—Tendrás que atarme de una pierna y amarrarme° al ropero hasta que llames al doctor y vea qué es lo que pasa.

Hebe buscó una cuerda° y una escalera°, ató un pie a su marido y se puso a tirar° con todo el ánimo. El cuerpo adosado° al techo se removió como un lento dirigible. Aterrizaba°.

En eso se coló° por la puerta un correntón de aire que ladeó° la leve corporeidad de Pedro y, como a una pluma, la sopló° por la ventana abierta. Ocurrió en un segundo. Hebe lanzó un grito° y la cuerda se le escapó de las manos. Cuando corrió a la ventana ya su marido, desvanecido, subía por el aire inocente de la mañana, subía en suave contoneo° como un globo de color fugitivo en un día de fiesta, perdido para siempre, en viaje al infinito. Se hizo un punto° y luego nada.

Enrique Anderson Imbert, Argentina
Las pruebas del caos

---

suelas (weighted) *shoes* **tuercas** *metal nuts* **caños de plomo** *pieces of lead pipe* **tranquear** *to push along* **empinarse** *to tiptoe* **se entrelazó** *intertwined* **barrotes** *railings* **techo** *ceiling* **estrujón** *crushing* **cielo raso** *ceiling* **espanto** *fright* **amarrarme** *fasten me* **cuerda** *piece of twine* **escalera** *ladder* **tirar** *to pull* **adosado** *stuck* **aterrizaba** *he was landing* **se coló** *blew in* **ladeó** *tilted* **sopló** *blew* **lanzó . . .** *let loose a shout* **contoneo** *swaying* **se hizo . . .** *he became a dot*

I. Primera lectura ¿Qué? ¿Quién? ¿Cuándo? ¿Dónde?

Escoja la mejor alternativa.

1. ¿Había estado Pedro muy enfermo o era muy saludable?
2. ¿Estaba seguro el médico de que lo podía curar o estaba confundido?
3. Durante su enfermedad, ¿perdió Pedro mucho o poco peso?
4. Durante su recuperación, ¿descansaba él o continuaba trabajando en sus quehaceres?
5. Cuando en su ligereza él hacía acrobacias, ¿creía su mujer que estaba jugando o que tenía un problema?
6. ¿Levantó vuelo Pedro cuando pintaba la pajarera o cuando dio un golpe con el hacha?
7. ¿Estaba preocupada la mujer por Pedro o lo criticaba?
8. Para contrarrestar° la ingravidez de Pedro, ¿su mujer le llenó los bolsillos con cosas pesadas o lo ató a una silla del patio?
9. ¿Se despertó Pedro pegado a los barrotes de la cama o al techo?
10. ¿Llevó el aire a Pedro como a una pluma o cayó Pedro al suelo como un plomo?

II. Segunda lectura ¿Cómo? ¿Por qué?

Ponga las acciones en orden para mostrar cómo aumenta la ingravidez de Pedro en cada parte del cuento.

a. Al bajar, se agarró a un tronco y después se asió fuertemente de su mujer y volvieron a casa.
b. Hebe lo cogió de los pantalones y le llenó los bolsillos de piedras y otras cosas pesadas.
c. Pedro subió al cielo como un globo, se hizo un punto y luego nada.
d. Le ató un pie a su marido y empezó a bajarlo.
e. Al levantarse después de varias semanas de convalecencia, Pedro se sintió sin peso.
f. Otro día Pedro estaba leyendo las historietas del periódico y cuando se rió convulsivamente, se elevó.
g. En eso un correntón de aire lo sopló por la ventana.
h. Se acostaron pero en la mañana cuando se despertó, Hebe vio a su esposo pegado al techo.
i. Hebe lanzó un grito y la cuerda se le escapó de las manos.
j. Un día fue a cortar leña y con el primer hachazo levantó vuelo.

III. Conclusiones y opiniones

1. Hay sólo dos personajes en el cuento: Pedro y su mujer. ¿Cómo nos presenta el autor el carácter de Pedro? ¿Cómo ve Ud. a su mujer?
2. ¿Qué relación emocional existe entre ellos?

---

contrarrestar *counteract*

3. Dé Ud. ejemplos de algunas de las metáforas que emplea el autor.
4. ¿Cuál es el tono del cuento? Dé ejemplos que indiquen ese tono.
5. ¿Qué piensa Ud. del final del cuento? ¿Es absurdo? ¿Lógico? ¿Triste? Explique su opinión.

IV. Vocabulario

A. **Transformación.** El párrafo que sigue es una descripción de la progresiva ingravidez de Pedro. Escoja el verbo que mejor complete la oración y cámbielo al pretérito. Puede usar el verbo más de una vez.

arremangarse	agarrar	saltar	asirse	asestar
acomodar	soltar	trepar	bajar	levantar
caminar				

Un día Pedro . . . limpiamente la verja. . . . las escaleras de cinco en cinco. Otro día . . . al corral. . . . la camisa, . . . un tronco y . . . el hacha. . . . el primer golpe y . . . vuelo. . . . lentamente. Primero . . . un tronco, después lo . . . y . . . fuertemente a su mujer.

B. **Preferencias.** Conteste las preguntas y explique por qué Ud. opina así.

1. ¿Dónde preferiría Ud. vivir: en una casa, una casita a un caserón?
2. ¿Qué animal preferiría Ud. criar: gallinas, cerdos o potros°?
3. ¿Qué actividad preferiría Ud. hacer: cortar leña, pintar una pajarera o trepar las escaleras de cinco en cinco?
4. ¿Qué prefiere Ud. leer: historietas (tiras cómicas), cuentos de fantasía como éste, o artículos serios del periódico?

Discusión

Intercambie sus ideas con otras personas. Después, Ud. y su pareja pueden compartir sus opiniones con sus compañeros(as) y con el (la) profesor(a).

A. **La ciudad el campo.** ¿Preferiría Ud. vivir en la ciudad (como Bella) o en el campo (como Pedro)? Dé tres ventajas y desventajas de cada uno.

B. **Connotaciones de palabras.** ¿Qué connotación tienen las siguientes palabras para Ud.—positiva, negativa o neutral?

un cabaret	un ramo de flores	el cartón	los rizos
un grano	una cáscara	un globo	un hacha

C. **Definiciones.** ¿Cómo definiría Ud. lo siguiente?

los sueños   las fantasías   la realidad

---

potros *colts*

D. Lo que yo haría. Imagine que Ud. es un personaje de los cuentos que hemos leído. ¿Qué habría hecho Ud. que no hizo el personaje? ¿Por qué? Compare sus respuestas con las de su pareja.

1. el doctor o la señora en «Un caso clínico», página 22
2. el viajero en «El guardagujas», página 61
3. el joven en «El vaso de leche», página 71
4. los hermanos en «La casa tomada», página 92
5. el jefe del correo al recibir la carta de Lencho, página 155
6. el dentista o el alcalde en «Un día de éstos», página 188

Expresión escrita

CAMBIAR LAS ACCIONES DE UN PERSONAJE

Si yo fuera . . . Piense en un personaje de una de las lecturas. Considere cuál sería el resultado si el personaje hubiera actuado de una manera diferente. O, si prefiere, piense en algo hecho por una persona que Ud. conoce o una persona famosa y cómo esa acción hubiera resultado si las circunstancias hubieran sido distintas.

Ahora, imagine que Ud. es esa persona y escriba tres párrafos explicando a) lo que Ud. haría, b) por qué lo haría y c) cómo Ud. cree que esas acciones cambiarían las situaciones previas.

Cultura

La primera selección cultural del libro trata de la afirmación del «yo» real. Esta última selección trata del «yo» de la fantasía, de los sueños, ponderando el destino humano y la predestinación.

¿Cree Ud. que el libre albedrío° permite al hombre dirigir su vida totalmente? ¿Cree Ud. que el destino determina los acontecimientos de nuestra vida? ¿Hasta qué punto?

La vida es sueño

La vida es sueño
Y los sueños, sueños son.

Los sueños, al igual que las fantasías, plantean la interrogativa de qué es la realidad. En su drama complejo y universal, *La vida es sueño,* Calderón de la Barca (1600–1681) trata éste y otros temas filosóficos. Esta pieza del Siglo de

---

libre . . . *free will*

Oro generalmente se considera la obra cumbre del teatro español por su interpretación simbólica y poética del destino humano. A través de su protagonista, Segismundo, el conflicto ideológico entre el libre albedrío y la predestinación se presenta con gran efectividad dramática.

Desde su nacimiento, Segismundo está encerrado en una torre para evitar las maldades° que, según pronóstico de los astros, había de cometer desde el trono. Cuando el rey, su padre, decide probar la verdad del horóscopo sacándolo dormido de la torre e instalándolo en la corte, los primitivos y violentos instintos de Segismundo—el hombre en estado natural—le hacen obrar como un salvaje, y el rey tiene que recluirlo de nuevo en su prisión.

Esta breve pero intensa experiencia del mundo que ha tenido, le parece ahora a Segismundo como un sueño, símbolo de la vida misma, quedando él desengañado° ante lo efímero e ilusorio que resultan los goces° y vanaglorias° de este mundo. La lección que Segismundo recibe representa una completa educación moral y religiosa, al comprender que el hombre está dotado de un alma inmortal y que el fin de los seres humanos es ganar la vida eterna y verdadera. Para ello el hombre debe vencerse° a sí mismo, dominando los instintos de su naturaleza animal, que le arrastran fatalmente a la destrucción y al mal, y valiéndose° de los medios que Dios ha puesto a su disposición: la razón, la voluntad°, la fe y la gracia. Sólo con ellos logrará sobreponerse al destino y salir del «confuso laberinto» que es la existencia humana—simbolizada por la caverna de Segismundo—y hallar una contestación a las preguntas fundamentales sobre el significado de la vida y de la realidad.

Es la solución natural de la ortodoxia católica al problema de Segismundo, pero con el rasgo° muy español de ser también una aceptación estoica de la vida y de sus responsabilidades, en nombre de la ley moral, ya que «sea verdad o sueño / obrar bien es lo que importa».

El drama conserva así, aparte de su ortodoxia religiosa, un sentido humano universal, al plantear las dudas inquietantes del hombre ante su destino, ante la felicidad y el dolor.

DISCUSIÓN

Comente lo siguiente con otra persona.

1. ¿Cuáles son algunos de los temas universales que plantea el drama?
2. ¿En qué sentido es muy española la resolución del drama?
3. ¿Cree Ud. que el ser humano tiene «una naturaleza animal»?
4. ¿Ha tenido Ud. una experiencia que no sabía bien si era sueño o realidad?

---

maldades *evils* **desengañado** *realizing the truth* **goces** *joys* **vanaglorias** *vainglories, pride*
vencerse *to conquer himself* **valiéndose** *profiting by* **voluntad** *will* **rasgo** *trait*

Vocabulario

A

abalorio bead
abandonar to abandon
abanicar to fan
abanico fan
abarcar to include
abogado lawyer
abono season ticket; fertilizer
abordar to board a craft
aborrecer to detest, hate
abotonar(se) to button
abrazado(a) embraced
abrigar to wrap up, cover; to protect
abrochado(a) fastened
abrochar to fasten
aburrimiento boredom
acaparamiento hoarding
acariciar to caress
acaso perhaps; by chance
acechar to watch for, lie in wait
acequia ditch
acercarse to approach
aclarar to make clear
acogedor(a) welcoming
acoger to welcome
acogido(a) welcomed; received
acomodar to accommodate, arrange **acomodarse** to make oneself comfortable
aconsejable advisable
aconsejar to advise
acontecer to happen
acorralado(a) cornered
acorralar to corral, corner, trap
acosar to pester
acreditar to accredit; give credency
acta minutes; document, record
actualmente at the present time
acuático(a) aquatic
acudir to go to, toward; to respond
acuerdo agreement **de acuerdo con** according to **estar de acuerdo** to agree
acurrucado(a) curled up
achicarse to shrink
adelanto advance, progress; advance payment
adelgazante weight-reducing; slimming
ademán *(m)* gesture
adentrarse to go into depth
adiestrado(a) skilled
adivinar to guess; to read one's mind
adoquinado(a) cobbled
adormecer to put to sleep
adosado(a) affixed; placed against
aduana customs; custom- house
aducir to cite as proof
advertir(ie) to warn, to note
afán *(m)* eagerness, anxiety
afeitarse to shave
afeitadora razor, shaver
aferrarse to grasp
aficionado(a) fan
afin: palabra afin cognate word
afirmar to firm, secure
afirmado(a) firm
afrontar to face
agarrar to grasp
aglomerarse to cluster, pile up
agobiado(a) overwhelmed
agradar to please
agravar to aggravate, make worse
agregar to add
agricultor farmer; agricultural worker
aguacero downpour
aguamanil *(m)* washbasin
aguantar to tolerate
aguardiente *(m)* brandy
aguja (knitting) needle
agujero hole
aguantar to endure, stand
ahogar to muffle, drown; suffocate
ahogo choking
ahorrar to save
ahorros savings

ajeno(a) belonging to another
ajuar household furniture
ajustador(a) claims adjuster
ajustarse to adjust, tighten
ala wing
alambre *(m)* wire **alambre de púas** barbed wire
alargado(a) elongated
alba dawn
alberca pool; swimming pool
albergue *(m)* shelter
alcalde *(m)* mayor
alcantarilla sewer
alcanzar to reach, to catch up to
alcoba bedroom
aldea village
alegrarse to be glad
alejar to keep at a distance **alejarse** to move away
alentar(ie) to encourage, foster
alfiler *(m)* pin
alfombra carpet
alfombrado(a) carpeted
aliento breath **sin aliento** breathless
aligerarse to make lighter
alimento food
alma soul
almacén *(m)* department store
almena parapet
almendra nut, almond **del marañon** cashew
almohada pillow
alojamiento lodging
alojar(se) to lodge
alquilar to rent
alrededor around **alrededores** surroundings
altanero(a) proud, haughty, arrogant
alterarse to become annoyed, upset
altercado altercation, dispute
altivez *(f)* haughtiness
altura altitude
alzar to raise up
amanecer *(m)* dawn; to dawn
amargar(se) to become bitter
amargo(a) bitter
amarrar to fasten
ambiente atmosphere, environment **ambiente acogedor** welcoming atmosphere
amenaza threat
amenazar to threaten
amparo shelter, sanctuary
ampo flake
amueblado(a) furnished
anaquel *(m)* shelf
ancho(a) wide
anciano(a) ancient, old; elderly person
andén *(m)* platform
angustia anguish, grief
anhelo desire
anhelar to yearn, long for
ansiedad *(f)* anxiety
ansia anxiety, anguish
antaño yesteryear
antepasado(a) ancestor
antigüedad *(f)* antiquity
antipático(a) unpleasant, disagreeable
añadir to add
apacible gentle
apagar(se) to put out, turn off
apagón *(m)* blackout
apartar to separate
apasionado(a) passionate, emotional
apedrear to stone
apegado(a) attached
apenas hardly
apetecer to yearn for, crave for
aplastar to squash
apoderado attorney, legal representative
aporte *(m)* contribution
apoyar to lean on, rest; support
apresuradamente hurriedly
apresurar to quicken, to hurry **apresurar el paso** to quicken one's pace
apretado(a) tight; packed tight
apretar(ie) to tighten; hold tight **apretar el botón** to push a button, knob
aprisa fast
apurar(se) to drink down, to hurry (up)
aprovechar to take advantage of
araña spider
arena sand
arengar to harangue
arete *(m)* earring
arma weapon
armario wardrobe, closet
arrabal *(m)* slum
arraigado(a) deep-rooted

arrancar to start (motor); pull away, off, out
arranque *(m)* fit of anger
arrasar to fill
arrastrar(se) to drag (oneself)
arrebatado(a) ecstatic; enraptured
arrebatar to grab, seize; enrapture, charm
arreglar to arrange
arremangarse to roll up (sleeves, pants)
arrendar to lease
arrepentirse (i, ie) to repent, regret; to change one's mind
arrimo support, protection
arrodillarse to kneel
arrojar to throw; fling
arroyo stream, water course; gutter
arruga wrinkle
arrugar to wrinkle
artesanía handicraft
ascensor *(m)* elevator
asegurar to assure, affirm
asentarse(ie) to settle down
asentir(ie, i) to agree
aseo toilet, bathroom
asestar to aim, to deal a blow
asir to seize
asomarse to peek; peek out, appear
asombrar(se) to astonish (be astonished)
asestar to aim
asombrarse(se) to amaze (be amazed)
asombro amazement
aspaviento exaggerated demonstration
áspero rough
asunto subject, matter **asuntos** affairs
asustar(se) to frighten (be frightened)
atar to tie
atardecer *(m)* dusk, late afternoon; to grow late
ataúd *(m)* coffin
atemperar to adjust
atentado attack; criminal assault
aterrizar to land
atestado(a) crowded
atorrante loafer
atrás behind
atravesar(ie) to cross, go through
atreverse to dare
atropellar to trample, run over
aturdir to stun, confuse
augurio omen
aumentar to increase
avaricia greed
avasallador(a) overwhelming
aventar(ie) to fan, spread
avergonzado(a) ashamed
avergonzar(se) to shame (be ashamed)
averiado(a) in disrepair
averiguar to find out
avisar to warn, to inform
aviso warning, notice
ayudar to help
azabache *(m)* jet (black)
azafata stewardess
azar *(m)* chance
azarado flustered

B

bajada descent
bajar to descend, lower
bala bullet
balde *(m)* bucket
baluarte *(m)* bulwark
bancarrota bankruptcy
banda conveyer belt, band
bandeja tray, folding tray
baranda rail
baratija trinket
barba beard
barbero(a) barber shop
barco ship
barniz *(m)* varnish
barra bar, railing
barrera obstacle, barrier
barrio neighborhood, district
barrote *(m)* railing
bastar to be enough
bastidor *(m)* theater wing **entre bastidores** behind the scenes
basura trash
bata robe, gown
batido shake (milkshake)
bautizado(a) baptized
bebedero drinking fountain
belleza beauty
bello(a) beautiful
bellota acorn

bisabuelo(a) great grandparent
bestia beast
bizcocho biscuit, cookie
boca mouth **a pedir de boca** just as desired **dar en la boca** to feed
bocado bite, mouthful
boda wedding
bodega grocery store; warehouse, wineshop
bohemio unconventional
bolero musical composition; dance
boleto ticket
bolsillo pocket
bombilla light bulb
bonachón(a) good natured
bordado(a) embroidered
borde *(m)* edge
borracho(a) drunk
bostezar to yawn
bravo(a) angry; wild
brazo arm **de brazos cruzados** idle; doing nothing
brillante *(m)* diamond
brillo glitter, shine
brincar to jump
bronca argument
bronceado(a) sun-tanned
buche *(m)* mouthful
buey *(m)* ox
bullir to budge, move; annoy **bullirse** to swarm, teem
bulla noise
bullicioso(a) noisy
burbuja bubble
burla mockery
búsqueda search
butaca easy chair
buzo diver
buzón *(m)* mailbox

C

caballero gentleman
caballete easel, rooftop
cabello hair **cabello oxigenado** bleached hair
caber to fit, be room for
cabezal headrest
cabida space
cabriola somersault
caca *(coll.)* excrement
cacería hunt
cacerola saucepan
cacha gun butt
cadena chain
cadera hip
caer to fall **caerle bien** to like (someone)
cajita little box
calado fretwork, openwork
caldera boiler
calentar to heat
cálido(a) warm
calzado shoe, footwear
callar(se) to (be) quiet, keep quiet
callejón *(m)* alley
calvo(a) bald
calzada causeway
cama bed **cama camera** double bed **cama gemela** twin bed
camarero waiter
cambio change **a cambio** in exchange **en cambio** on the other hand
camión *(m)* truck **camión de patrullaje** patrol car
campesino(a) peasant, farmer
camposanto cemetery
canalla, canallita despicable person
canana cartridge belt
canastilla small basket
cancel *(m)* inner door; screen
canoso(a) white haired
cansancio fatigue
cantarín(a) fond of singing; professional singer
cantinela monotonous repetition
canturrear to sing softly
capataz *(m)* foreman
capaz able, capable
capricho whim
caprichoso(a) whimsical
cara face
¡carajo! *(vulgar)* blast it!
caray blast it!
carcajada outburst of laughter, belly laugh
cárcel *(f)* jail
carecer to lack
carencia deficiency
carero(a) cheat, charge high prices
carga load
cargador *(m)* porter, stevedore **cargadores** suspenders

cargar to load
cariño affection
cariñoso(a) affectionate
carmín crimson
carne *(f)* meat
carnero sheep
carnicero butcher
carnoso(a) fleshy
carpeta table cover
cartera purse
cartón *(m)* cardboard
carrera career, race, run
carretilla cart
cáscara peel, shell
casadero(a) marriageable
cascarilla hull
caseta booth, station
caserón *(m)* large, old house
castañuela castanet
catarata waterfall
caudaloso(a) abundant, plentiful (river)
cautela: con cautela carefully, cautiously
cauteloso(a) careful, cautious
cazador(a) hunter
cazuela cooking pot
cebar to boil
celoso(a) jealous
ceniciento ash-colored, gray
ceniza ash
centellear to sparkle, to twinkle
centuria century
ceñido(a) tight-fitting
cepillado(a) smooth, planed
cerca fence
cercano(a) near
cerdo pig
cereza cherry
cerilla match
certeza assurance
certificado certificate **certificado de nacimiento** birth certificate
cerro hill
cerrojo bolt
césped *(m)* lawn, grass, turf
cesta basket
cicatriz *(m)* scar
cielo raso ceiling
cierre *(m)* closing, zipper
ciervo deer
cigarra cricket
cinta ribbon
cinturón *(m)* belt **cinturón de seguridad** seat belt
citar to quote
clandestina clandestine, secret
claustro cloister
clausura closing
clavar to nail
cobertura coverage
cobre *(m)* copper
cocinilla busybody
codo elbow, bend
coger to grasp, seize, grab, catch, take
col *(f)* cabbage
cola tail **hacer cola** to wait in line
colcha bedspread
cólera anger
colgante hanging
colgar to hang
colilla cigarette butt
colina hill
colocar to place, put
collar *(m)* necklace
colmado(a) overflowing
compadre pal, crony
compás *(m)* rhythm, measure
complaciente agreeable, pleasing
complejo(a) complex **complejo de creencias** set of beliefs
comprobante *(m)* receipt
comprometerse to become engaged
condenado(a) condemned **como condenado(a)** like crazy
conducir to drive, take, lead
conferencia lecture
confiar to confide
confianza confidence, trust
confidencia secret, confidence
confín *(m)* border, boundary
confluir to flow together, meet
conformar to conform, adjust, fit
congresista conventioneer
congreso convention
conjunto set
conmover(se) to touch, move; to be touched, moved
conquista conquest
consejero(a) adviser
constar to be clear, recorded
consuelo comfort
consultorio doctor's office
contadísimo(a) very few
contaminación *(f)* pollution

contar(ue) to count **contar con** to depend on
contenido content
contoneo swaying
contrabando contraband, smuggled goods
contraportada back of the jacket (book, record)
contrarrestar counteract
convertir(ie, i) to convert, change **convertirse en** to turn into
convidar to invite
copa glass, drink, round
coquetear to flirt
coraje *(m)* strength, temper, courage
cordal *(m)* wisdom tooth
cordón *(m)* wire, string
corear to chorus, respond as one
corregir (i) to correct
correo post office
correntón *(m)* strong wind
corresponder to respond
corretear to run around
corrida de toros bullfight
corriente current, gust
cortina curtain, drapery
cortinaje *(m)* drape
cosecha harvest
cosquillas tickling **hacer cosquillas** to tickle
cotizar to quote
cráneo cranium, skull
crecer to grow
creencia belief
creyente *(m, f)* believer
criado(a) brought up, servant/maid
criar to raise, bring up
criatura child
crucero cruise ship
crucifijo crucifix
crucigrama *(m)* crossword puzzle
cruento(a) bloody
crujido creaking
crujir to creak, crack, crunch
cuadrilla bullfight troupe
cuadro picture
cuajar to solidify
cuanto: en cuanto a in regard to
cuaresma Lent
cubiertos place settings, silverware
cubrir to cover
cuchillada wound by a knife
cuchillo knife
cuello neck; collar
cuerda twine, rope
cuervo crow
culpar to blame
cumplir to fulfill
cumbre *(f)* summit, pinnacle
cuna cradle
curiosear to browse, snoop

CH

chaleco vest
chalupa raft
chapuceado(a) botched
chapucilla trifle
chapulín *(m)* grasshopper
charco puddle
chigüiro large, edible rodent (S.A.)
chillar to scream, screech
chimenea fireplace
chiquillo(a) kid
chiscón small room
chispa spark
chiste *(m)* joke
chocar to crash **chocarle a uno** to be irritating or distasteful to
cholo mestizo
chorro jet
chuchería bauble
chulo punk

D

dádiva contribution
daño harm
dañado(a) harmed, decayed
dar to give **darle pena** to feel pity (for someone) **darse a conocer** to make known **darse cuenta** to realize
debilidad *(f)* weakness
decenas tens
defraudar to defraud, cheat
dehesa pasture
delantal *(m)* apron
delantero(a) front
deleitarse to delight, please

delgado thin, slim
demás: los demás the rest
demora delay
denuncia denunciation; report of theft
dentadura denture
depender de to depend on
deportista sportsman, woman
depredador(a) plundering
derecho right; law
derramar to spill
derredor: en derredor around
derretir (i) to melt
derrochado(a) squandered
derrumbarse to fall down
desabotonar to unbutton
desalentado(a) discouraged
desagradar to displease
desagrado displeasure
desamparado(a) forsaken, abandoned, destitute
desamparo abandon, neglect
desánimo discouragement
desaparecer to disappear
desarmar to take apart
desarrollo development
desatar to untie, unfold
desayunar to eat breakfast
descanso rest
descargar to discharge
descarrilamiento derailment
descarado(a) shameless
descaro: con descaro insolently, shamelessly
desconcertante bewildering
desconcierto confusion
descompuesto(a) rotting; broken
descorrer to open (curtains)
desconocido(a) unknown
descubrimiento discovery
descolgar(ue) to lower, take down
desdeñoso(a) disdainful, scornful
desdichado(a) wretched, miserable
desembocar to empty into, to lead into (street)
desempeñar to perform duties
desenrollado(a) unraveled
desequilibrado(a) unbalanced; mentally unbalanced
desfile *(m)* parade
desgarrado(a) torn; heartbroken
desgracia misfortune
desgraciado(a) unfortunate, awkward
deshecho(a) exhausted
deshojado(a) stripped of leaves
deslizar(se) to slip
deslumbrante dazzling
desmayo faint
desmenuzar to crumble
desmesuradamente excessively
despachado(a) abandoned
despachar to dispatch
despacho office
desparpajo ease, assurance
despavorido(a) terrified
despecho spite
despegar to take off; open, unglue
despertar(se)(ie) to awaken, wake up
despilfarro waste, squandering
despintado(a) faded
desprecio contempt, scorn
desprenderse to come loose
destacarse to stand out
destartalado(a) shabby
destejer to unravel
destemplado(a) out of tune
destrozar to destroy, beat to pieces
destinatario addressee
destreza skill
desvanecerse to faint
desvanecimiento fainting
desvelar(se) to stay awake, have a sleepless night
desvestir(se)(ie, i) to undress (oneself)
desvergüenza brazenness
desviarse to veer off
detalle *(m)* detail
detener to stop, arrest
deuda debt
devolver(ue) to return
devolución *(f)* return
diáfano(a) diaphanous, transparent
dichoso(a) lucky
diente tooth
dificultar to make difficult; obstruct
dinamitar to dynamite, bomb
dique *(m)* dam, dock
dirección *(f)* address
dirigir to manage, direct
  dirigirse to go toward

dirigido(a) addressed
disculpar to excuse
discutir to argue, discuss
disfrutar to enjoy
disgusto grief, quarrel
disparar to shoot
disparo gunshot
displicente aloof
dispuesto(a) ready
distinguir to distinguish
distraído(a) inattentive; absent-minded
divertido(a) entertaining, amusing
doblar to bend, fold, turn
doblegar to bend, stoop
doblez *(m)* fold, crease
dolor *(m)* pain
dolorido(a) hurting
doloroso(a) painful
domicilio residence
don *(m)* talent, inborn gift
dorado(a) golden, gilded
dormitorio bedroom
dotado(a) gifted
dote *(m)* gift
dril *(m)* drill, coarse linen
duda doubt **no caber dudas** to be without doubt
dudoso(a) dubious
dueño(a) owner
dulzura sweetness
durmiente *(m)* railroad tie

E

ecocidio ecocide; killing of the ecosystem
echar to throw, pour out **echar al suelo** to tear down **echar de menos** to miss **echar una mano** to lend a hand **echar una mirada** to look around
edificar to build
editorial publishing company
educado(a) educated **bien educado(a)** well-mannered
ejecutar to perform
ejército army
eje *(m)* axle
elaborado(a) prepared
elaborar to prepare
emancipar(se) to free, liberate (oneself)
embarazo pregnancy
embajada embassy
embarcación *(f)* ship, boat
embarcar to ship **embarcarse** to board a ship, stow away
embellecer to embellish
embobado(a) fascinated
embriagar to intoxicate
embrutecer(se) to stupify (to become stupid)
emocionado(a) excited
empacar to pack
empapado(a) soaked
empeñarse (en) to insist (on)
emperador emperor
emperatriz empress
empinarse to tiptoe
empleo employment, job
empotrado(a) imbedded, built in
emprender to start, undertake
empresa company, enterprise
empujar to push
enamorarse to fall in love
enano(a) dwarf
encajar to fit in
encaje *(m)* lace
encarnar to embody
encender(ie) to light, burn **encendido(a)** flaming, lighted
encerrar(ie) to lock up
encima on top
enchufe *(m)* plug; (fig.) influence
encogimiento contracting, shrugging
encrespado(a) curly, crinkled
encuentro encounter
encuesta survey, interview
encumbrado(a) exalted
endemoniado(a) possessed by the devil
enderezar(se) to straighten (up)
enebro juniper
enfadar(se) to anger (to become angry)
enfermar(se) to make sick (get sick)
enfriarse to become cold
enfurecerse to become furious
engañar(se) to deceive (oneself)
engaño deception
engendrar to produce, cause
enguantado(a) gloved
enjugar to wipe away, dry
enjuto lean, wiry

enlazar to link, join together
enloquecer to become crazy, loose one's mind
enmohecido(a) rusted
enojo anger
enmudecer to become silent
enredado(a) tangled, complicated
enriquecerse to get rich
enrojecer to blush, become red
ensayar to practice
ensayista essayist
ensayo essay
enser *(m)* implement
entablar to start, establish (conversation)
ente *(m)* being
enterarse (de) to find out (about)
entero(a) whole
enterrado(a) buried
entornar to half close
entrada entrance; income **entrada fija** fixed income
entrañas entrails
entreabrir to half open
entrega delivery
entregado(a) dedicated
entregar to deliver, hand over
entrelazar intertwine
entrevista interview
entumecido(a) numb
envasar to package, to can
enviar to send
envidia envy
envoltorio bundle, package
época epoch, period
equilibrado(a) balanced
equilibrar to balance
equipaje *(m)* luggage
equipo equipment
equivaler to be equivalent
equivocarse to make a mistake
erguir(se) (i) to straighten up
errabundo(a) fickle, changeable, wandering
esbozarse to take form, appear
escala scale, ladder
escalar to ascend, climb
escalera stair, ladder
escasez *(f)* shortage
escaso(a) short, scanty
esclarecido(a) clarified
esclarecer to clarify, illuminate
esclusa lock (of a canal)
escolar *(m, f)* school child
escolta *(m)* escort
escopeta shot gun
escote *(m)* neckline
escudriñar to scrutinize
escupidera spittoon
escupir to spit
esforzarse(ue) to make an effort, strive
esfuerzo effort
esguince *(m)* twist
eslabón *(m)* link
escolta escort
esmeradamente meticulously
espaciado(a) spread out
espada sword
espalda back (person)
espanto fright
especie *(f)* species
espejo mirror
esperanza hope
espiral *(m)* spiral (staircase)
espíritu *(m)* spirit
esquela note, announcement
esquivo(a) elusive
estacionamiento parking (lot)
estampa effigy
estancia ranch
estante *(m)* shelf
estantería bookcase
estentóreo(a) loud, booming
estirar(se) to stretch out
estorbar to bother, be in the way **estorbarse** to bother one another
estrafalario(a) outlandish
estrangular to strangle, choke
estrechez *(f)* austerity
estrecharse to become tight
estrecho(a) tight; straight **amistades estrechas** close friendships
estrellarse to crash
estremecer(se) to shake
estrenar to use for the first time; to open the first night
estrofa stanza
estrujón *(m)* crushing
estufa stove, heater
etéreo(a) ethereal, heavenly
evidencia evidence **ponerse en evidencia** to give oneself away
evitar to avoid
exigencia demand
exigir(se) to demand (of oneself)

eximirse to exonerate, exempt oneself
éxito success
exitoso(a) successful
expedido(a) issued
explotar to explode, burst
expulsado(a) expelled
extenuado(a) weak, exhausted
exterminio eradication
extrañar to surprise, miss

F

fachada front
faena task
fajín *(m)* sash
fallar to fail
fallecer to die
fallecimiento death
falta lack **falta de fondos** lack of funds
faltar to lack
fanfarrón(a) cocky
fangoso(a) muddy
fardo bundle
fármaco medication
fastidiar to annoy
fastidio nuisance
fatídico(a) prophetic
felicidad *(f)* happiness
felicitar to congratulate
felpa plush
ferrocarril *(m)* railroad
ferrocarrilero railwayman
ferroviario(a) railroad
festejar to feast, entertain, celebrate
festejo festivity
fiambre *(m)* cold meat
fiar to give on credit
fiera wild beast
fin: al fin y al cabo after all, in the end
fingir to fake
flaco(a) thin, skinny
florecer to bloom
florecimiento flourishing
florero flower vase
foco light, light bulb
fonda inn
fondo back **fondos** funds **al fondo** at the back **tocar fondo** to touch bottom
forastero(a) stranger
forcejear to struggle
forzudo muscle man
fortaleza fortress
fracasado(a) failed, failure
fracaso failure
fraguar to forge; devise, contrive
franquear to frank, affix a stamp; pass through
frase *(f)* phrase
fregar(ie) (coll.) to bother, irritate
frente *(f)* forehead
frente in front **frente a frente** face to face
fresco(a) fresh, cool
frescura freshness, coolness
frondoso(a) leafy
frontera border
fruición *(f)* pleasure
frunce *(m)* gather, pucker
fuego fire
fuente *(f)* source; fountain; platter
fuerte strong
fuerza strength **a fuerza de** by dint of
fugaz fleeting, brief
fulminante sudden
fumar to smoke **no fumar** non-smoking (airplane)
funcionar to function, work
funcionario functionary, official
furgón *(m)* wagon
fusil *(m)* rifle, gun
fusilar to shoot

G

gabinete *(m)* office, cabinet
galantería courtesy, gallantry; compliment
galpón *(m)* shed
gallardo(a) graceful, brave
galleta cookie, cracker
gallina hen, chicken
ganado cattle
gana desire **tener ganas de + inf.** to feel like doing something
ganga bargain
gárgara gargle **hacer gárgaras** to gargle
garrido(a) elegant
garrote *(m)* club, stick

garruchas blocks
gasa chiffon
gastar to spend
gastado(a) spent, worn out
gasto expense
gatillo dentist's forceps
gaveta drawer
género kind , sort; cloth, material
gira: hacer una gira to tour
girar to turn, to spin
gis *(m)* chalk
glicinas wisteria
globo balloon
gobelinos Gobelin tapestries
golpe *(m)* blow **dar golpecitos** to give light taps
golpear(se) to strike, hurt (oneself)
golosina delicacy
gorro cap
gota drop
gozar to enjoy
gozne *(m)* hinge
gozoso(a) rejoicing
gracioso(a) funny, comic
granada grenade
granizo hail
grano grain, pimple
granulado powder
grasa grease
gratuito(a) free of charge
grillo cricket
grito shout
grosero(a) gross, vulgar
grúa crane, derrick **negocio de grúas** towing service
grueso(a) thick, heavy
guarnición *(f)* garrison
guerra war
guerrera military jacket
gula gluttony
guiso casserole, stew
gusto: a gusto contented, comfortable

H

hacer to do, make **hacer caso** to mind, pay attention **hacer cola** to wait in line
hacia toward
hacha hatchet
hachar to chop with a hatchet
halagado(a) flattered
halagador(a) flattering
hambre *(f)* hunger
hambriento(a) hungry
harapo rag
harina flour
hazaña deed
hebra strand
hecho fact **de hecho** in fact
helado(a) iced; frozen
heredero(a) heir, successor
herencia inheritance
herido(a) wounded
herir(ie, i) to hurt, wound
herramienta tool
hervir(ie, i) to boil
hierba grass
hierro iron (metal)
hilera row
hilo thread, linen
hinchado(a) swollen
hinchar(se) to swell
hipocalórico(a) low-calorie
hipódromo race track
historiador(a) historian
historietas comic strips
hogar *(m)* home
hollín *(m)* soot
hombro shoulder **encoger los hombros** to shrug one's shoulders
huerta garden
humedecer to moisten
hundir to sink

I

ida departure **ida y vuelta** round trip
idilio romance
inferior lower
impar *(m)* odd, uneven
imperio empire
impredecible unforeseen, unpredictable
imprenta printing press
imprescindible indispensable
impuesto tax
inadivinable unpredictable
incaica of the Incas
incapaz unable
inconmovible firm, unyielding, inexorable

incomodidad *(f)* discomfort, annoyance
incómodo(a) uncomfortable
increpar to rebuke
indebido(a) improper
ineludible unavoidable
infante(a) child of the monarchs other than first-born
inferir(ie, i) to infer, gather
infructuosamente fruitlessly
ingeniero(a) engineer
ingravidez *(f)* lightness
inquietud *(f)* anxiety
insinuante suggestive
insólito(a) unusual
insolvencia insolvency
insolvente insolvent
insondable unfathomable
instalar to install
intemperie *(f)* outdoors, inclement weather
interestelar *(m)* interstellar **medio interestelar** interstellar environment
interlocutor(a) speaker, participant in a dialog
interpelar to question, ask for explanations
intricarse to entangle oneself
inundación *(f)* flood
inutilizar to disable
inverosímil unlikely, hard to believe
invertir(ie, i) to invest in
investigador(a) researcher
ira anger
irguió *see* erguirse

J

jadeante out of breath, panting
jalar to pull
jarocho(a) native of Veracruz, Mexico
jarro clay jug
jerarquía hierarchy, rank
jilotear to begin to ripen
joya jewel
joyería jewelry
judicial judiciary
juego game; set **juego de cuarto** bedroom set
jugar(ue) to play
juguetón(a) playful
jugoso(a) juicy
juicio judgment; sanity
juntarse to accumulate, gather
jurar to swear
juventud *(f)* youth

K

kilómetro kilometer
kiosko newsstand, refreshment stand; kiosk

L

labrador(a) farm laborer, worker
ladear to tilt
ladrillo brick
ladrón(a) thief
lágrima tear
laguna lagoon, small lake
lamer to lick
lana wool
lancha barge, sloop
langosta locust; lobster
languidecer to languish, be listless
lanzarse to fling oneself
largarse to go away, sneak away
lástima pity
latigazo whiplash
látigo whip
latir to beat (heart)
latido heart beat
lauro laurel; glory, fame
lazo bond **lazos** bows **lacitos** little bows
leal loyal
lechería dairy store
lejos far
lengüetazo flick of the tongue
lentejuela spangle, sequin
lentitud *(f)* slowness, delay
lento(a) slow
leña firewood
leve light
ley *(f)* law
libélulas dragon flies
licenciado(a) lawyer
liceo high school, lyceum
ligero(a) light, not heavy
lijar to sandpaper

limpieza cleaning
linterna lantern
lío trouble
litigio lawsuit, litigation
localizar to locate
loco(a) crazy
locura madness
lombarda cabbage
lona canvas
loza porcelain; china; tombstone
luz *(f)* light
lujo(a) luxury
lujuria lechery, lust
luminoso(a) shining
lustre *(m)* polish

LL

llama flame
llamada knock on the door; call
llanta tire **llanta de refacción** spare tire
llanto cry, crying
llave *(f)* key, switch
lleno(a) full
llevar to carry, wear **llevar a cabo** to carry out

M

macizo(a) solid; thick
machote *(m)* rough draft
madrugada dawn
madrugador(a) early riser
madrugar to get up early
maíz *(m)* corn
malabarista juggler
malaventura misfortune
maldad *(f)* evil
maldito(a) damned
malentendido misunderstanding
maleta suitcase
maleza underbrush
malhumorado(a) annoyed, peeved; in bad humor
maligno malignant, evil
malla tights, leotard
manada herd
mancha spot, stain
manchado(a) spotted
mandar to send, to order
mandíbula jaw
manejar to handle
manejo handling
manera manner **de tal manera** in such a manner
manifestación *(f)* demonstration
manga sleeve
manglar *(m)* mangrove swamp
maniobra maneuver
manjar *(m)* delicacy
mano *(f)* hand **poner manos a la obra** to start to work
manta blanket
manteca butter, lard
mantel *(m)* tablecloth
mañanita shawl
mar *(m, f)* sea
mármol *(m)* marble
marca brand
marco picture frame
marcha march, walk; progress
marchito(a) wilted, withered
marea tide
mareo dizziness
marido husband
marinero(a) sailor
mariposa butterfly
martirio suffering
máscara mask
matanza killing
mata shrub; potted plant
matar to kill
matilde domestic
matinal morning
matrimonio marriage
mayor older
mazorca ear of corn
mecedora rocking chair
mecer to rock
medias socks, hose
medida measure **a medida** at the same time
medio(a) half **medio ambiente** environment
mejilla cheek
mella injury, harm
mendigo beggar
menina lady-in-waiting
menos less **a menos que** unless
mensaje *(m)* message
mente *(f)* mind
mentir(ie, i) to lie, tell lies
mentón *(m)* chin
menudo(a) little **a menudo** frequently, often

mercado market; market interchange
merced a thanks to
merienda snack
meta goal
meter to put in **meterse en** to meddle
metralleta submachine gun
miedo fear
miel *(f)* honey
migra (coll.) immigration officers
milésimo(a) thousandth, very small
milpa cornfield
millares *(m)* thousands
mimado(a) spoiled
minuciosamente meticulously
mirada look, glance
mitad *(f)* half
mocetón hefty young man
moco: a moco tendido bawling
modista seamstress
mohín *(m)* grimace, gesture
mojar to moisten **mojarse** to get wet
moldadura molding
moler(ue) to grind
molestia annoyance, inconvenience
molesto(a) annoyed
molino mill
monarquía monarchy
moneda coin
monedero coin purse
mono(a) monkey
moqueta carpet
morada dwelling place
morboso(a) morbid
mordida bite; bribe (coll.)
morir(ue, e) to die
morral *(m)* knapsack
mortal fatal, deadly
mortificado(a) upset
mosca fly
mostrador *(m)* counter
moverse to move
muchedumbre *(f)* multitude, crowd
mudanza moving, move
muelle *(m)* dock
mueca grimace
muela molar, tooth
muerte *(f)* death
mulato(a) mulatto
municipio town hall
muñeca wrist
muro wall
musgo moss
musitar to mumble, mutter
mustio(a) gloomy, wilted
mutismo silence

N

nacer to be born
nacimiento birth **certificado de nacimiento** birth certificate
naftalina moth balls
nahuatl *(m)* language of the Aztecs
naturaleza nature **de naturaleza** by nature
nave *(f)* ship
necio(a) foolish
negar(ie) to deny
nido nest
niebla fog
nobleza nobility
noria millwheel; Ferris wheel
norteño(a) northerner
noviazgo engagement
nube *(f)* cloud
nublar to cloud **nublarse los ojos** tears to well up
nudo knot
nudoso(a) gnarled
nuevo new **de nuevo** again
nuez *(f)* nut

O

óbolo donation
obra work **obra maestra** masterpiece
ocultar(se) to hide
oda ode
odiado(a) hated
odio hate
oficio occupation, job, work
oídas: de oídas hearsay
oír to hear
ojera circle under the eye
ola wave
oler(ue) to smell
ológrafico(a) holographic; written by hand

olvidado(a) forgotten
onda airwave
ondular to wave
ondulado(a) wavy
oración *(f)* prayer, sentence
oreja ear
orgullo pride
orgulloso(a) proud
orillado(a) bordered
orilla shore
oriundo(a) native of
oro gold
orondo(a) smug
ostión *(m)* oyster
ovillo ball (of yarn)

P

pagar to pay **pagar en efectivo** to pay cash
paisaje *(m)* landscape
paja straw
pájaro bird
palanca lever; influence (fig.)
palco box (theater)
palidez *(f)* paleness
pálido(a) pale
paliza beating
palma palm
palmada clap, slap on the back
palmera palm tree
palpitación *(f)* heartbeat
panadero(a) baker
pandilla gang
pantano swamp
pantufla house slipper
pañal *(m)* diaper
pañoleta triangular shawl
pañuelo handkerchief
Papa *(m)* Pope
papagayo parrot
papeleo paperwork; red tape
par *(m)* pair; even **a la par** at the same time
parado(a) standing; stopped
pararse to stop
pardo(a) brown, dark
parecer to seem
parecido(a) similar, alike
pareja pair, couple
parentela relatives
parque *(m)* park; storage depot for armaments, supplies
parroquiano(a) parishioner; customer
particular private
partida departure, record **de partida** from the beginning **partida de defunción** death certificate
pasajero(a) passenger
pasillo corridor, hall
paso step
pastilla tablet
pata foot, leg **a la pata coja** freely
patrulla patrol, border patrol
pavita tea kettle
pavonear to strut
pavoroso(a) frightening
payaso(a) clown
paz *(f)* peace **que en paz descanse** may s/he rest in peace
pecado sin **pecado capital** mortal sin
pecho chest (anat.)
pedacito small piece
pedantería pedantic; affected
pedazo piece
pedrería jewelry (stones)
pelado(a) stripped
peldaño step
pelear to fight
peligroso(a) dangerous
pelo hair
peluche plush
pena shame, sorrow
pendiente *(m)* earring
pendúnculo stalk
penoso(a) painful
pensamiento thought
penumbra semi-darkness
peón *(m)* peon, workman, bullfighter's helpers
pérdida loss
perecedero(a) perishable
peregrinación *(f)* pilgramage
pereza sloth, laziness
periodista journalist
peritaje *(m)* report by an expert
perito(a) expert
pernicioso(a) pernicious, harmful
perseguido(a) persecuted
personaje *(m)* character (fiction)
pesadilla nightmare

pesado(a) heavy
pesar to weigh
pescar to fish
pescador fisherman
pescuezo neck
pésimo(a) extremely poor, bad
peso weight
pestaña eyelash
piadoso(a) pious **obra piadosa** charitable deed
pico peak
piedra rock
piel *(f)* fur; skin; leather
pieza room
pila battery
pintura paint
pinzas pliers
pipa pipe
pista track; ring; court, stage runway
pitar to whistle
placentero(a) pleasant
placer *(m)* pleasure
planeta *(m)* planet
plantíos planted fields
plata silver; money (coll.)
plateado(a) silvery
platicar to chat
playa beach
plebeyo(a) plebeian, common
pliego sheet of paper
plomo lead
pluma pen, feather
plumero feather duster
pobreza poverty
podar to prune
poderoso(a) powerful
poetisa poetess
polea pulley
polvo dust, powder
polvoriento(a) dusty
ponderal *(m)* weight
poner to put **ponerse a** to begin to
por lo tanto therefore
porrazo blow; bump
portafolio briefcase
portal *(m)* arcade
portavoz spokesperson
porte *(m)* bearing
portentoso(a) amazing, extraordinary
portón *(m)* heavy door
porvenir *(m)* future
posterior *(m)* rear
potrero pasture
pozo well
precisamente precisely
preciso: es preciso it's necessary
precursor(a) precursor; forerunner
predilecto(a) preferred; favorite
prender to fasten; turn on
prensa press
prepotencia arrogance
presa dam; catch (hunting, fishing)
presagiar to foretell
presagio omen
presenciar to witness
preso(a) imprisoned
préstamo loan
prestancia excellence
prestar to lend **prestar atención** to pay attention
presupuesto budget; estimate
pretender to try
pretendientes suitors
previsor(a) foresighted
previsto(a) foreseen
princesa princess
principesco(a) princely, regal, noble
probar(ue) to test
probarse(ue) to try on
proeza deed, exploit
profesión *(f)* profession, professional occupation
provocar to cause
prueba test; fitting (dress)
puente *(m)* bridge
puerta door
puerto port **puerto libre** free port
puesto post, position; booth
pulga flea **mercado de pulgas** flea market
pulir to polish
punta point **tener los nervios de punta** to be on edge
puntapié *(m)* kick
puntilla narrow lace; edging
punto dot, point, period **punto de vista** point of view
puñado handful
puño fist; fistful; cuff **puño y letra** one's own handwriting
puñetazo blow with the fist
púrpura purple

Q

quebrada ravine
quebradero(a) breaking up
quebrador *(m)* breaker
quedar en + inf. to agree to (do something)
quehacer *(m)* task
quejarse to complain
quemar to burn
quemadura burn
quepis *(m)* military hat
quinta to take away, off
quizás perhaps

R

rabia rage
rabioso(a) mad
ráfaga gust
raído(a) frayed
ramo(a) branch **ramo de flores** bouquet
rápido fast, rapidly
rapidez *(f)* rapidity
rasgo feature, trait
raspar to scrape
rato while **al cabo de un rato** after a while
raya stripe
rayo ray, lightening bolt
real royal
realizar to accomplish
receptor *(m)* receiver, receptor
recién recently, just
recio(a) harsh, loud, fast
reclamar to claim
reclusorio car pound
recoger to pick up, gather
recóndito(a) hidden
recordar(ue) to remember
recorrer to travel
recorrido trip, distance traveled
recuerdo remembrance
recurrir to resort
rechazar to reject
rechinar to gnash one's teeth
rechoncho(a) chubby
red *(f)* net
redacción *(f)* editorial
redactar to write, draw up, edit
redondear to make even, round off
regar(ie) to scatter, water
regla rule **en regla** in order **por regla general** as a general rule
reglamento regulation
regocijado(a) overjoyed
regresar to return
reguero stream
reina queen
reinado kingdom
reincindir to relapse
reír(se) to laugh **echarse a reír** to break out in laughter
relámpago lightning
relumbrar to shine
rematar to finish off, kill
remate *(m)* finish
remedio remedy, solution **no hay más remedio** it's unavoidable **no tener más remedio** to have no choice
remendar(ie) to repair
remiendo repair
remorder(ue) to disturb
remo oar
remover(ue) to remove, stir
rendido(a) exhausted; devoted
reojo: de reojo from the corner of the eye
reo criminal, defendant
repartidor(a) distributor, mail carrier
repente sudden **de repente** suddenly
repoblar to repopulate
represalia reprisal
repudiado(a) repudiated
repugnar to be repugnant; disgusting
requisito requirement
resbalar to slip, slide
reseco(a) dried
resentirse(ie, i) to resent
res *(f)* cattle
resistir to resist, struggle
resonar(ue) to resound
resoplido breathy note
resortes *(m)* means, resources
respaldo back (of a seat, paper), backing
represalia reprisal
respirar to breathe
respuesta answer
restregar(se) to rub
resultar to turn out
resumen *(m)* summary

retar to challenge
retador(a) challenger
reto challenge
retrato portrait
retorcerse(ue) to squirm, twist
retroceder to recede; go backwards
reunido(a) gathered
reventar(ie) to burst
reverencia curtsy, bow
revés back **al revés** just the opposite
rey king
riel *(m)* rail
riesgo risk
rigor *(m)* force **de rigor** by force, obligatory
rincón *(m)* corner
riñón *(m)* kidney
rioplatense of the Rio de la Plata
risa laugh, laughter **¡qué risa!** what fun!
rizado curly
rizo curl
roble *(m)* oak
rodar to roll
rodear to encircle
rodeado(a) surrounded
roedor(a) rodent
rollizo sturdy
rombo rhomboid
ronco(a) hoarse
rondar to hover
ropero wardrobe, closet
rostro face
roto(a) broken
rotular to label
ruborizarse to blush
rueda wheel
ruedo border, hem
ruido noise
rumbo direction

S

sábana sheet
saborear to relish, savor
sacar to pull out
sacudir to shake
sacudión *(m)* shake, jolt
saldo balance
saleroso(a) lively, saucy
salina salt marsh
salir to leave **salir mal** to turn out badly
saltar to jump
salto jump
saltón(a) protruding
salvo except; safe
saña rage
sartén *(m)* skillet
satisfecho(a) satisfied
seco(a) dry
seda silk **seda natural** raw silk
sedimento sediment, dregs
seguida succession **en seguida** at once, immediately
seguidor(a) follower
seguro insurance
sellado(a) stamped
sello stamp
selva jungle
sembrar(ie) to plant, to sow
semiciego(a) half-blind
semejante similar
semejanza likeness
semicerrado(a) half-closed
semilla seed
semillero hot bed
sencillo simple, plain
sendero path
senderista member of organization, El Sendero Luminoso
sentido sense **sin sentido** senseless, fainting
señal *(f)* signal
sendo(a) one each
señorial noble, majestic
sepulcro grave, tomb
ser *(m)* being
sevicia extreme cruelty
SIDA (Síndrome Inmunológico de Deficievia Adquerida) AIDS
siembra sowing
siguiente following
silbato whistle
sílfide *(f)* nymph
sillón *(m)* rocking chair
siquiera: ni siquiera not even
sitio site, place
soberbio(a) proud, haughty, arrogant
sobras leftovers
sobrado(a) excessive, salient
sobrar to be left over
sobresalto fright, worry

sobrio(a) sober, temperate
socavar to undermine
sol *(m)* sun **ponerse el sol** sunset
solapa lapel
solicitar to apply for, request
solito(a) by oneself
sólo only
soltar(ue) to let loose
sollozar to sob
sollozo sob
sombra shadow, shade
sombrío(a) dark, shadowy
someter to subject; to subdue
sondeo opinion poll
sonoramente loudly
sonreír to smile
sonrisa smile
soñador(a) dreamy
soñar to dream
soñar en alta voz to talk in one's sleep
soplar to blow
soportar to endure
sorbo sip, gulp
sórdido(a) sordid, dirty; squalid
sordo(a) deaf
sostener to maintain
suavidad *(f)* softness
subida ascent
subir to climb, ascend
subrayar to underline
subsistencia subsistence; means of livelihood
subsistir to subsist
sudar to sweat, perspire
sueldo salary **a sueldo** salaried
suela sole (shoe)
suelo ground
suelto(a) loose
sueño dream
sujetar to hold, control
suntuoso(a) sumptuous; elegant
superior upper
supervivencia survival
supuesto(a) supposed, alleged
surco furrow
surgimiento emerging
surgir to emerge
surtido selection; supply
suspender to suspend; interrupt, stop
suspiro sigh
sustituir to substitute
susurro murmur

T

tablado stage, wooden floor
tablero board; switchboard
taconeo heel tapping
tallado(a) carved
tamaño size
tambalearse to stagger, sway
tapa cover
tarambana *(m, f)* scatterbrain, madcap
tararear to hum
tasa rate
taurino(a) referring to bullfighting
teatrero(a) play actor
teclado keyboard
techo roof
tejer to knit
telaraña spiderweb
teleférico cable car, tramway
temblar(ie) to tremble, shake
temor *(m)* fear
temporada season
tenderse(ie) to stretch out
tener ganas to feel like
tenducho stall
teniente lieutenant
tentado(a) tempted
terciar to intervene
terciopelo velvet
ternura tenderness
terrenal earthly
terreno land, ground
tertulia social gathering
testamento will
testigo witness
tibio(a) warm
tientas: a tientas groping
tilín *(m)* jingling of bells
timbre *(m)* stamp; door bell
timidez *(f)* timidity; bashfulness
tinta ink
tirar to pull, to throw (away), to shoot **tirar las cartas** to tell fortunes with cards
tirarse to throw (oneself)
tobillo ankle
tocar to touch, play (an instrument) **tocar el timbre** to ring the bell
torcer(ue) to twist
toreo bullfighting
torero(a) bullfighter

It is with deep love and appreciation I thank the following people:
My sister Aliza and brother-in-law Derek and family.
My Aunt Shelly and family for loving me exactly the way I was created.
My mom for speaking new life into my bones with God's Words.
My dad for his bright mind and outgoing personality. May he rest in peace.
My papa, who always said "Sing Gayle, Sing," and had no idea he was prophesying when he taught me at a young age to say "See you in church."
Pastors Alex and Smyrna Casado and family, for their mentoring and for allowing me to learn from planting with them.
Nicole Wise, who reminded me that we battle against what we cannot see and to speak life in God into all things!
Susan Illiano and Frank for their friendship, and Sue for being a loving mentor and encouraging me to move in all God had for me.
Pastor Martin Tursi and Christine for their teaching, mentoring, and believing in the gifts and talents God had given me.
Michelle Tursi Benson for coming alongside me to complete the great work God had given us, and her husband, Josh, for being an encourager and adding color and creativity to that vision.
The Bila family for caring for and giving me a family and a home when I was on my cancer journey.
Solange Bila, my BFFL, for being a sister and friend and an angel on earth whom God used to literally save my life.
Eric Serlin, who is a warrior in God and who reminded me about being courageous in the face of fear!
Above all, I thank God for I never doubted for a moment that what my hands penned flowed from *Him*, and without Him this book would not be!
I praise you, Lord, for you are awesome and amazing and my *all and all*!

The How-To for Those Who Journey with Us through This Out-of-the-Box Devotional Study Workbook

Whether you are a leader within your church, guiding a bridge group, Bible-study group, or you are just someone longing to come into a deeper study of God's Word, we are blessed to come beside you on this journey.

When we originally started this book, our intent was for a fifty-two-week study to take you through the year, day by day.

We realized halfway through volume 1 that this book could be a yearly study, a weekly study, or a daily study, depending on the individual who was delving into the works we have placed before you.

We want you to enjoy the journey, to stay with it, and this is why we encourage you to go at your own pace.

Sometimes God wants us to be more involved in the moment to moment of every day. Sometimes we are implored by the Spirit of God Himself to move faster because His plans need you to grow at a greater pace.

We want to be there for you within this study, whether you feel you need to take time to soak in every word of God on your own or whether someone is leading you to higher ground in Him.

No matter what your journey, we hope it will help you go deeper into God's Word and open your mind's eye in God to see that creative flow of all God is in you—and all *you can be in him*!

Whether you know God as a mature Christian or this is the beginning of learning about the wonderful things God wants for you, this book is geared to inspire all levels of learning about Him.

Before you start, we suggest you gather some of the materials we mention here, that jump off the page for you, and speak to the childlike spirit God gives us all, for we are to come to Him like little children, sitting at the knee of our Heavenly Father ready for all He wants to pour into us.

Things that will help you create and open up the playful side of you:

Start your studies, if you can, with praise and worship music. I personally like praise music without words because it allows me to see things that God speaks to me.

My illustrator loves worship music with words; those pictures help her see other pictures that God places within her.

Find a place that is quiet and make it your own special place with God, if you are journeying alone through this study.

If you are opening your house to a bridge group or Bible-study group, take time and pray and listen to worship music together and start with a creative icebreaker.

Here is one we suggest:

Listening to praise and worship music and simply putting pencil to paper and seeing what pictures God places within your heart, this is a great place to start. Whether the pictures become words on the paper or drawings, begin with seeing what gifts God has given you. And remember:

> Do not despise these small beginnings, for the LORD rejoices to see the work begin.
>
> (ZECH. 4:10, NLT)

In the beginning God created, and He created *you* to create in Him.

We suggest that you have paper and pencils, magic markers, pastels or charcoal to draw with, paints (oils or water colors), canvasses, poster board, construction paper, smart phones, pads, tablets, cameras, play dough, clay, glue…and the list goes on and on.

What you create could even be a meal for others, an event, or a simple meeting you host for friends, so they can learn more about God.

You might be one who is administrative or organizational, and so the pen and pad might be the start of seeing with the eyes of a visionary in God. You might be an apostle who casts the beginnings of a ministry that God shows you.

We know that you will be inspired because we have been inspired, and we have come to give you His wonderful message to inspire you.

Now sit back, take a deep breath, and take the next step in flowing with the heartbeat of God!

Café Beat, Volume 1

Flowing with the Heartbeat of God! A Thirteen-Week Devotional Journey—Creating in Him!

I remember, when I first came to the Lord at the age fourteen, I had no idea how to study God's Word. I was not yet introduced to the many different translations of the Bible; actually I don't remember there being so many translations back then. ("Oops, am I giving suggestion to my age?" she says with a laugh.)

Even as an adult, sitting and reading the Bible was hard for me, until I found this awesome devotional book with personal stories, that drew me in, and helped me break the Word of God down with the simplicity of the narrative that touched my heart. It was then that a new light was shed on God's Word, and I found entry into understanding.

I was one of those people who needed an out-of-the-box approach, as I call it; the *arts* opening up another part of me, to let me into God's world and Word.

The Holy Spirit knows how to guide us, and from that point on I started to understand more about how God wanted to use the *artistic* wiring He put within me, to use me and others as instruments to open the door for many who saw the world in different ways. (In colors, textures, words, rhythm 'n' rhyme, stories, pictures, plays, and the list goes on and on.)

What you are about to read is a collection of artistic inspirations using the *arts* for God's glory!

We have taken thirteen weeks and broken them down into one lesson a day in a devotional workbook that is interactive and has pages for you to use as a journal for your work, and it is called: *Café' Beat*, volume 1.

We believe that in God's time there will be four volumes that reflect a total of fifty-two weeks within the year, and it is the end vision we were given. However, we are starting at the beginning with this first volume which can be done daily, weekly, or at your leisure whenever you wish to sit and take time with your Heavenly Father.

This is a journey through the Bible for you to join us on!

Each week you will read a literary work that God inspired me to write, a poem, story, rap, rhyme, a devotional/sermon, with scriptures, and a message that brings it full circle. This writing will fill your thoughts, inspire you, and let you look at things in a creative *out-of-the-box* way.

The remainder of the six days in the week, I will break down the study with questions about the written work, exploring the scriptures that were part of the reading, ending with a visual inspiration, drawings, paintings and visual effects created by my dear sister in the Lord and friend, Michelle Tursi Benson, and one painting, *The Lion Of Judah*, which she and her husband Josh Benson collaborated on. I will tell you later in this book how that amazing collision of creative minds came to be.

The artistic works have been coupled with the literary pieces and at the end of each week's study, there is a place for you to create and share how you were inspired...in *Him*!

Are you ready?

Many have asked what is the meaning of "Café Beat"? "Café" represents the people, the church of God, the meeting place and fellowship of the body of Christ in a modern day twist. "Beat" is the Heart *beat* of God, the flow of His heartbeat flowing into *His* people.

As you journey with us, allowing God's Heart to lead you, you will

- explore God's Word;
- gain a deeper understanding of what it means to eat of His "daily bread" and drink of the "living waters" in Him that will let you "thirst no more";
- come to a deeper understanding of studying God's Word but in a way that is interactive and fun;
- have practical learning of exploring different versions and translations of the Bible; and
- through this exploration, you will find a new and exciting way taking in all that God has for you, and with this "food for fuel and thought"...you can begin...creating in *Him*!

Cr8

— *By Gayle Gabriella Lamb Rabinowitz*

The *arts* are my craft.
God is my *life*
When they unite,
it ignites the
Holy Spirit—
burning, yearning,
explosion of artistic
cr8tion
in Him!

Don't hesitate…cr8!

Table of Contents

Week 1—Day 1

Train up a child in the way he should go,
And when he is old he will not depart from it.

— Proverbs 22:6

He replied, "Because the knowledge of the secrets of the kingdom of heaven has been given to you."

— Matthew 13:11

The Cup

— By Gayle Gabriella Lamb Rabinowitz

This is my story; my name is silver and gold, because these are the metals I was forged from.

And trust me, the heat of my birthing was intense, but I shone like the sun on the day she purchased me.

Sarah was gentle and loving and every Friday night she held the family dinner. They passed the matzoh and sweet wine around the table, as they said the prayers to glorify God in the traditional way. A Messianic household bringing the old and the new together taking of the body and the blood to cover them and lighting the candles to bring the light of the world into their home.

I was the goblet they cherished, and as each sipped from the cup I was, I beamed with pride that I was used in such a glorious way. Sarah's precious children held me with tiny fingers that tickled, but I didn't mind. I saw their familial love and embraced my new family.

Every Saturday, after sundown, Sarah would place me in the special oil that would restore my luster and lovingly place me in the special cabinet until our next encounter.

As the years passed, my luster started to lack, for Sarah worn and torn from life's journey was not remembering to fill me up again with the new life of what kept me shining like the sun.

Her family had less time to be together, and the loving family dinners were now spent doing homework, papers, and preparation for college exams.

Sarah's husband began working later hours to afford college tuitions for the grown children, and what was once a meeting place in Him, became a burden.

As technology had moved forward, everyone now texted during dinner and plastic screens replaced face-to-face conversation. Laughter that sang from banter now focused on smiley's and emoticons.

I waited that night for Sarah to take me out of my cabinet, but later that night she held me in her hands after the fact, I saw the tear run down her face. I was tarnished now and could not be used because the rust of my body might be unhealthy for consumption.

I winced as she tossed me into the garbage; I was cast aside; I was no longer useful, and in that moment I understood being drained of all I was for what I gave, and now having nothing left to give, because they took it all.

I watched as Sarah walked away; she seemed defeated, and I heard her whisper, "Where are the seeds I planted, Lord?"

I lay there for days as none seemed to clean that garbage can, and then I heard the feet of one who...picked me up gently and looked at me.

It was Shifra, Sarah's daughter. I heard her whisper, "Why are you in the trash can, my friend?"

I couldn't believe my ears; I was shocked. Had she come to rescue me, I wondered—the youngest of the family, but would she truly understand? I waited as I listened to her speak to me, softly, carefully, holding me.

Her eyes were bright blue with a green and yellow hint in them. Her reddish locks fell across her forehead. "I remember you well, my friend." As she sang those words, her hands stroked my texture, and I could see she noticed the tarnish coming off on her hands. "Oh no" I thought.

"She is going to discard me for good now, I know it."

And then she did it—she opened the cabinets frantically looking for something and grabbed a cloth and started scrubbing me down. "You are my childhood, little goblet. I always loved how we joined together at that table, His Word ringing in another week, and it set my heart on fire. I had forgotten." As she worked with a fire in her belly to restore all I was, she then prepared a meal, set the table, and called her family together to their surprise.

That night they spoke and laughed and placed their phones in their rooms and pads on the kitchen nook and spent days gone by, in days of present and future to come.

I saw the tear fall down Sarah's face when no one was looking, and I heard her whisper, "*You* never discarded me like that Lord; why did I ever doubt you. The seeds I planted in *you* have taken root and grown. To God be the glory."

I am old now, and Shifra's grandchild Simon sits and tells the story of me, who is made of silver and gold, forged by fire...and living eternity in the one who is eternal!

I woke at five o'clock in the morning realizing that God gave us stories and parables not to confuse but to show us the truths of His glorious Word. For in the things we don't understand, the mighty Jesus, Lord and Savior, a rabbi in His day, would sit and debate and show all the ways to see through His eyes.

He, the mighty *creator* created, and played out in words and parables the beauty of *His Word*. This poured out of Him into me this morning. *Plant your seeds today and watch them grow!*

Week 1—Day 2

> Train up a child in the way he should go,
> And when he is old he will not depart from it. (Prov. 22:6, NKJV)

Take time to meditate on this scripture, think about it, maybe even read it over and over.

What does it say to you, in your own words?

Look at other Bible translations (versions); I like reading the Amplified Version because it is very close to the King James Version and the original Greek and Hebrew.

You can download an application to your phone for Bible study, you can purchase more than one translation, or you can explore the versions online.

I also learned from the New Living Translation, because it is easy and very modern day in helping you to understand in a very simplistic type of language.

For beginners in God's Word, I think a combination of both translations/versions are good.

Compare the translations and see the many ways the scripture inspires you.

It talks about children, the future generation. Are there children in your life or young ones you can reach out too?

Does it make you want to do something, either within your home or in the community?

Write down the ideas and let God open your eyes to new possibilities in Him.

Week 1—Day 3

> He replied, "Because the knowledge of the secrets of the kingdom of heaven has been given to you." (Matt. 13:11, NIV)

Take time to meditate on this scripture; think about it and read it several times to let it become part of your "daily bread" in the Lord.

What does it say to you, in your own words?

Once again explore different translations using tools online, such as Bible Gateway's website.

What do you think the secrets of the Kingdom of Heaven means?

Do you see a way to be able to plant seeds in God? Do you feel that you need to know and explore the secrets of the Kingdom of God in a deeper way to plant those seeds?

Use the journaling area to write notes about what you have learned in this first study thus far.

Week 1—Day 4

Let us go back to the story. You might want to reread it today.

I want to reveal to you that I felt I was that "Cup" and that I had given my all and been drained, feeling sad, and defeated. As God literally downloaded this story into my spirit, I sobbed because I understood it deeply. I knew He was bringing healing to me through the story.

I had been part of a thriving ministry with children; I had pushed myself to work long hours and neglected my temple (my body) and this caused me to suffer four small strokes that ended my journey with the church and the children I was shepherding.

We know in all things "God works good for those who love the Lord." In my healing, God started me on an even greater journey with Him.

I wondered if the seeds I planted in the children I worked with would take root and grow, and it was *yes*, for when I left the ministry God had given me, and was recuperating, many of the children I had trained up picked up where I left off, and flourished in His presence.

My question for you today: Have you ever felt completely drained?

Have you emptied yourself out for God, so He can fill you up?

Did you ever wonder what is the legacy in Him you will leave for generations to come?

Write about both these topics and explain your experiences.

Week 1—Day 5

The Cup centers around a family that loves the Lord and each other, and yet in time they grew apart, and the world takes them in a direction where their focus was daily needs instead of eternal vision.

What is the state of your family unit?

Are they God centered, or me centered?

How do you and your family spend the evening meal? Are you all together, or do you eat separately due to family schedules?

Discuss your feelings here, and ask God to show you if there is something He wants you to do to bring your family closer together.

If you are a single person like me, maybe this relates to your family in the body of Christ and having fellowship with other Christians; explore those possibilities.

Week 1—Day 6

What scriptures can you find in the Bible that talk about family, family values, the place of husband, wife, and children? Share the scriptures and thoughts here.

Week 1—Day 7

I am hoping by now you understand that Café Beat is an out-of-the-box journey put together by two Christian sisters in the Lord, who have been inspired to create. Our gifts in the Lord are different, and we were blessed with many in Him. And our intent is to help you grow in the Lord, showing you how to explore the artistic within you.

Your creator the Lord God, created you to create in Him.

Look at the painting created by Michelle Tursi Benson, and once again I will share that story with you in our next chapter.

How does the story and the painting inspire you? What do you see within the painting? Write about whatever the story brings to your mind.

How does it inspire you to reach out to God today and to others?

Take this time to write a prayer; begin a prayer journal to use with these devotionals.

If you feel you are ready to explore creating with God, take a picture using your camera or smart phone, draw, write poetry, or even write a story.

Create something today that you can someday share with others as an evangelistic work in the Lord!

Creative Outline Space

Journal Your Answers Here

Week 2—Day 1

Now the LORD said to Moses, "See, I have called by name Bezalel, son of Uri, the son of Hur, of the tribe of Judah. I have filled him with the Spirit of God in wisdom *and* skill, in understanding *and* intelligence, in knowledge, and in all kinds of craftsmanship, to make artistic designs for work in gold, in silver, and in bronze, and in the cutting of stones for settings, and in the carving of wood, to work in all kinds of craftsmanship. And behold, I Myself have appointed with him Oholiab, son of Ahisamach, of the tribe of Dan; to all who are wise-hearted I have given the skill *and* ability to make everything that I have commanded you."

— EXODUS 31:1–6 (AMPLIFIED BIBLE)

Breaking Through The Atmosphere

— *BY GAYLE GABRIELLA LAMB RABINOWITZ*

In so many dreams you have spoken to me,
but this day I needed you to break through the atmosphere
and set me free.
A picture, a painting,
colors divine—
they were in my soul.
And you spoke to me you are mine.
Greens and blues water I saw;
the purples of royalty caused my heart to soar.
And as I stroked the canvas with the gentleness of the brush,
the golden living waters, they began to rush.
I saw myself looking out into the mighty Holy Spirit chasm—
a reflection

of me in you,
the reality of that passion.
And in the painting that you drew through me, the tears rolled down my face in elation,
for the living waters fluid in *you* became so real in this creation.
And so I stare out now to a canvas painted by the divine,
looking at you,
looking at me, looking at you…
endless forever…
eternal time!

Now the story of what happened. When I originally planned to write this book, I had asked a photographer friend I had worked with on another project in my life to take photographs to be coupled with the literary works God gave me. Like many of the plans I laid forth, these were not God's plans, and the partnership did not move forward; our schedules did not mesh, and the project of this book was put aside.

Fast forward to now and much time had passed. I was in a different place, and in February 2016, I had opened up the Lamb's A.R.C. (Actors and Artists Remembering Christ) Traveling Church & Evangelistic School of the Arts. A not for profit that operates as a Para-Church partnering with other churches to train generations in using the *arts* for God's glory.

The stage God had for me was set, and one day, my dear sister in the Lord, Michelle Tursi Benson felt compelled to suddenly start painting and creating. *Note*, she is not an artist and does not have any formal training. God spoke to her heart; she got a canvas, brushes and paint, charcoals and more, and just let God show her what to do.

After her first creation she titled *Breaking through the Atmosphere*, she put it online, and I saw it. God showed me so much in the painting, and that week we spoke about what happened that caused her to paint this piece. As we spoke I started to get what I call the "God Download" and said that I have to get off the phone now and that I am getting a poem about your painting and need to write it *now*!

I stood within my laundry room for peace and quiet as God spoke it to me; I dictated it into my iPhone.

We were both amazed because we understood this God appointment. How the pen and brush melded into a message. After speaking for a while, we both knew this journey would happen together, and she was the one called to be the artist in the vision of this book. Not because she had the talent to paint but because God equipped her with the talent to fulfill the *artistic vision he had given me…and her…*and we would show others how they too could hear from God and move in those God-given gifts.

Take time today to meditate on these scriptures: Exodus 31:1–6 (Amplified Bible)

> Now the Lord said to Moses, "See, I have called by name Bezalel, son of Uri, the son of Hur, of the tribe of Judah. I have filled him with the Spirit of God in wisdom and skill, in understanding *and* intelligence, in knowledge, and in all kinds of craftsmanship, to make artistic designs for work in gold, in silver, and in bronze, and in the cutting of stones for settings, and in the carving of wood, to work in all kinds of craftsmanship. And behold, I Myself have appointed with him Oholiab, son of Ahisamach, of the tribe of Dan; to all who are wise-hearted I have given the skill *and* ability to make everything that I have commanded you."

Week 2—Day 2

Review the scriptures : Exodus 31:1–6 (Amplified Bible)

I have heard it said that God does not call those who are equipped; He equips those He calls.

Meditate on that as you look at the scriptures today. What are the many talents that God shows us in this scripture? Write them down.

The scripture says "To all who are wise hearted I have given the skill and ability to make everything that I commanded you." What do you think "wise hearted" means in relationship to this scripture? What causes a person to be wise? Can you back your answer with scripture?

Week 2—Day 3

Let us look at the poem again today.

What does this poem invoke within you? If you close your eyes, do you see pictures or hear a song within your heart?

Share your feelings in the journaling section in this chapter. What is God showing you?

Week 2—Day 4

I would like you to look again at a portion of the above verse.

> I have filled him with the Spirit of God in wisdom and skill, in understanding and intelligence, in knowledge, and in all kinds of craftsmanship.

Why do you think one needs wisdom and skill? Can you be specific?

God speaks of giving understanding and intelligence, but there is a comma after that which might lead us to believe that not only skill is being given in these talent gifts but also gifts of the spirit of God as well coupled with those talents. Why do you think the two go hand in hand? Explain in the journaling area here.

Week 2—Day 5

Once again going back to the text, look at this with me:

> Now the Lord said to Moses, "See, I have called by name Bezalel, son of Uri, the son of Hur, of the tribe of Judah."

Is there anything within this portion of the scripture that pops out at you?

Write down what that is.

What popped out for me was, *I have called by name*!

As you read what jumped for me, does it make you feel as if God might be calling you to do something that you never thought of before?

Sit in a quiet place and allow God to speak to you. Just ask…*show me Lord* and wait, and He will speak to you today. If you do not feel inspired just yet or called just yet, that is OK. Continue to pray and ask and read His Words over and over, for it is feeding your soul daily, and as you feast on His Words, you will grow and be nourished in Him.

Week 2—Day 6

Look at the painting that inspired the poem. Take time and look at every section of the painting. I saw things in the painting that even the artist did not notice.

What is the painting saying to you today? What message is God giving to you alone through this artistic vision that flowed from God to Michelle through the brush and its strokes placed upon the canvas?

Write down everything you feel and see and hear.

Week 2—Day 7

Once again today is *your day with him to create.* The blank page allows you time to go over this week's study. Review all you wrote and heard and saw. Now take time to pray; meditate once more on the entire scripture from this week. If you like, read the poem aloud while looking at the picture…and *now create*!

Anything you want to bring forth in Him with Him…today is your day to move within the flow of God, and allow the creativity of Him to flow through you.

Creative Outline Space

Journal Your Answers Here

Week 3–Day 1

§

Let us look to the road ahead as the clock ticks the year moving forward on its way… and remember, though the road may be long and winding, it leads home someday!

The Road

— *By Gayle Gabriella Lamb Rabinowitz*

The long and winding road's been shared
in songs and poetry—
the way that one should go
to sow the mighty seeds.
I pray that I am guided with
the eyes of He who helps me,
planting in Him and building upon
the King's mighty legacy.
And through my long and winding road,
I know that I shall see
the hand of God,
who is always there
holding unto me.
He shelters me
in wings' expanse,
protecting, loving, leading,
walking me in truth and hope.
The enemy shall not deceive me,
and when I say my last good-byes
and new life shall begin
and I stand before the throne of grace

forgiven of my sins,
I will see the long and winding road that
I never walked alone,
as my savior and lover of my soul
welcomes me home as *His own*!

In all your ways acknowledge Him, And He will make your paths straight. (Prov. 3:6)

Watch the path of your feet And all your ways will be established. Do not turn to the right nor to the left; Turn your foot from evil. (Prov. 4:26–27)

For this is the one referred to by Isaiah the prophet when he said, "THE VOICE OF ONE CRYING IN THE WILDERNESS, 'MAKE READY THE WAY OF THE LORD, MAKE HIS PATHS STRAIGHT!'" (Matt. 3:3)

A voice is calling, "Clear the way for the LORD in the wilderness; Make smooth in the desert a highway for our God." (Isa. 40:3)

And make straight paths for your feet, so that the limb which is lame may not be put out of joint, but rather be healed. (Heb. 12:13)

O LORD, lead me in Your righteousness because of my foes; Make Your way straight before me. (Ps. 5:8)

"I have aroused him in righteousness And I will make all his ways smooth; He will build My city and will let My exiles go free, Without any payment or reward," says the LORD of hosts. (Isa. 45:13)

With weeping they will come, And by supplication I will lead them; I will make them walk by streams of waters, On a straight path in which they will not stumble. (Jer. 31:9)

And he will be like a tree firmly planted [and fed] by streams of water,
Which yields its fruit in its season;
Its leaf does not wither;
And in whatever he does, he prospers [and comes to maturity]. (Ps. 1:3, Amplified Bible)

Week 3—Day 2

Today is a day to be reflective and look at the road you are on.

Now that you have explored different translations/versions of the Bible, meditate on these two scriptures today and see if you can look up what translations they are.

I suggest downloading Bible Gateway if you have not already; they have so many translations you can look through.

> In all your ways acknowledge Him, And He will make your paths straight. (Prov. 3:6)

> Watch the path of your feet And all your ways will be established. Do not turn to the right nor to the left; Turn your foot from evil. (Prov. 4:26–27)

How do you feel about "the road" God has you on, and how can these scriptures encourage you to walk in a closer way with God?

Week 3—Day 3

Continue to reflect on the road in life you have been set upon in this season.

Once again look up the translations/versions of the scriptures below. Who do you believe is the voice in the wilderness crying out?

Who is this voice telling about, and prophesying about?

> For this is the one referred to by Isaiah the prophet when he said, "THE VOICE OF ONE CRYING IN THE WILDERNESS, 'MAKE READY THE WAY OF THE LORD, MAKE HIS PATHS STRAIGHT!'" (Matt. 3:3)

> A voice is calling, "Clear the way for the LORD in the wilderness; Make smooth in the desert a highway for our God." (Isa. 40:3)

Week 3—Day 4

Who in the New Testament made the lame walk? Can you share a scripture in the New Testament where it showed miraculous healing?

> And make straight paths for your feet, so that the limb which is lame may not be put out of joint, but rather be healed. (Heb. 12:13)

Do you feel sometimes like the psalmist, that you want to walk in the righteousness of God but need the Lord's help? Do you feel that people around you sometimes are a temptation?

Explain, and call out to Him today and ask for His help in all you need.

Pray for a way, through the things that deter your progress in God and for those around you who distract you from staying on the road God has for you.

> O LORD, lead me in Your righteousness because of my foes; Make Your way straight before me. (Ps. 5:8)

Week 3—Day 5

Who set the captives free? Do you know Him and do you know His *name*?

Do you understand the prophesy by Isaiah? Do you understand that he is telling about the coming of the Messiah, and do you know His Name?

> "I have aroused him in righteousness And I will make all his ways smooth; He will build My city and will let My exiles go free, Without any payment or reward," says the LORD of hosts. (Isa. 45:13)

What is the benefit of walking on road that has streams of waters by it? Do you sometimes feel dry in your spirit? When you feel dry who do you call upon to fill you up?

What scriptures in the Bible refer to water that will have us "thirst no more"?

> With weeping they will come, And by supplication I will lead them; I will make them walk by streams of waters, On a straight path in which they will not stumble. (Jer. 31:9)

> And he will be like a tree firmly planted [and fed] by streams of water,
> Which yields its fruit in its season;
> Its leaf does not wither;
> And in whatever he does, he prospers [and comes to maturity]. (Ps. 1:3, Amplified Bible)

Can you imagine yourself as that tree planted with roots at the riverbank drinking daily of God's living waters?

Week 3—Day 6

Reread the poem.

What is your legacy in God? Explain.

What do you believe God is showing you will be your legacy in Him?

What type of road have you walked, was it a hard one, or has your life been one of many blessings?

Share how you feel.

Look at the painting and allow yourself to take in the fullness of being by the waters and being saturated in all God has for you.

Week 3—Day 7

Reread all you have written. Reread the poem aloud and look at the painting.

Do you know where that road leads and is it to God?

Have you accepted Jesus into your life and do you know Him as your Lord and Savior, the one foretold in the scriptures you read over the past several days?

This is a time for you to pray, reflect, and if you do not know Him, sit and ask God to come into your heart. Create with God today and ask Him to reveal the road you are on with and in *Him*!

Creative Outline Space

Journal Your Answers Here

Week 4—Day 1

Speak the Speech

— *By Gayle Gabriella Lamb Rabinowitz*

"Speak the speech, I pray you, as I pronounced it to you, trippingly on the tongue..."

— Shakespeare

He who speaks from himself seeks his own glory; but He who seeks the glory of the One who sent Him is true, and no unrighteousness is in Him.

—John 7:18

The minute I saw this scripture, I heard the Shakespearean quote in my head.

I had to be about thirteen or fourteen, attending Long Island University for an acting class, downtown Brooklyn, this was a *very...very...very*...long time ago. I would travel the trains as a child or ride the bus for my craft to get to classes; we could back then. It was one of the first Shakespearean pieces I was exposed to and learned to interpret and recite. So when I saw this scripture, it jumped back into my mind letting me know not all of me had given in to senior moments just yet. I can almost actually say the piece by memory or is it deeper than that. Something that is organic and a part of me.

OK, so what does all this mean? I'm getting there while you sip on your caffè latte.

This monologue, which you can read in its entirety below, speaks of the playwright's/director's annoyance at the actors making a mockery of the piece that was written. Acting like buffoons, overdramatic, not getting to the essence of the material, overacting, overstating, over the top...missing the point...OK, you get it.

Here we go...*How do you think God feels when we do that to His Word*?

Let us think about those who take *His Word* out of context to twist and change so it meets their agendas. I do not hold laypeople to this alone...there is a time that we have to know the Word of God to understand *His Word* when others stand on soap boxes and speak *God's Word* and try to use it for their glory, not *His*.

Read the monologue below and imagine the good Lord sitting on *His* throne saying; I at least the town crier spoke my lines, talking about someone, standing with hands pushing wind around in the air, as their hands move up down all over...it brings to mind so many who talk a talk from stages but don't always walk the walk.

I long to be that child of God who can see *Him* nod *His* approval knowing He is pleased with me, not it be that my Heavenly Father says, there she goes again acting in her flesh, misusing my words to gain what she wants...*No...No...No...Oh, Heaven Forbid*!

Let me speak, O Lord, for the glory of the *one who was sent*, let me speak only to *glorify you* and not "tear a passion to tatters. Let God's passion reign "trippingly on the tongue." Remember the power of life and death are in tongue. *Speak only with the power of the Spirit of the living God!* Selah!

For the thespians, the following seems apt:

> Speak the speech, I pray you, as I pronounced it to you, trippingly on the tongue. But if you mouth it, as many of your players do, I had as lief the town crier spoke my lines. Nor do not saw the air too much with your hand thus, but use all gently, for in the very torrent, tempest, and (as I may say) whirlwind of passion, you must acquire and beget a temperance that may give it smoothness. Oh, it offends me to the soul to hear a robustious periwig-pated fellow tear a passion to tatters, to very rags, to split the ears of the groundlings, who for the most part are capable of nothing but inexplicable dumb-shows and noise. I would have such a fellow whipped for o'erdoing Termagant; it out-herods Herod. Pray you, avoid it. (Shakespeare, *Hamlet*)

HAMLET'S SPEECH IN NEW YORK SPEAK—MY INTERPRETATION
OK, actors, get it together, please, I pray you fix this. I told you what to do; I showed you how to perform this. It has to flow off the tongue, but it needs to come from your heart. I don't want you to just say words as so many actors with poor technique do, or those who are babes in this industry. If you are just going to say words that are empty, I would rather give it to the guy on the corner who isn't even in the business. These are my words I have

written through inspiration. You look like a bunch of overzealous clowns talking with your hands, overdramatic, looking like you are playing racquetball with the wind. You must understand the words; feel the words, develop a regiment and rhythm. You are tearing my heartfelt written script to shreds; it hurts my ears to listen to you. I hear so many actors, full of listening to the sounds of their own voices, poor acting, poor discipline, poor understanding, it is terrible to watch. I have watched those screaming women/men be whipped and ripped from the business; it is an abomination the size of ancient biblical troubles. I am praying with all that is within me you lose that uninspired monologue now!

Yes, this pretty much gets the point across!

Week 4—Day 2

> He who speaks from himself seeks his own glory; but He who seeks the glory of the One who sent Him is true, and no unrighteousness is in Him. (John 7:18)

When you read this scripture, who comes to mind? Do you think of someone who is always spewing God's Word, and I say spew, because they are spitting out scripture, but the question is, are they speaking or allowing God's spirit to operate through them in a loving way. Or is this person operating in their flesh, speaking what I call Bible-beat-you-upside-the-head talk?

I remember being a Christian young in the Lord. There were so many seasoned Christians who had so much to share…and they scared me. Yes, *really.* I was fourteen; I did not understand all of God's Word nor did I understand how to apply it to my life. I was so afraid of God for so many years because of those who loved God, but I wonder if they were allowing Him to talk to me through them or just talking and forgetting that I needed milk before I could really chew…on God's Word.

Meditate on this scripture and ask God to work through you today. There are so many ways to lovingly speak of Him. I do believe at times some need a message that says "Hey are you kidding, get it together!" But it is the place of the Lord to speak that through you with *Love* and the Holy Spirit to convict the heart, not man.

Have a heart to heart with God today and think about where you fall on speaking forth *His Words*!

Week 4—Day 3

I love theatrical pieces, and one of the greatest play writers who I love to quote is William Shakespeare. I have fun comparing his quotes with scripture. I find there is much in his work that pointed to God because his characters had so many different backgrounds and showed so many sides of the humanness and frailty of man with and without God.

I had to memorize *Speak the Speech* for my acting class, and it stayed with me to the ripe age I am now. When I reread it on a whim while writing this devotional, so much jumped at me, seeing how even at times when I first started to evangelize, I would just talk, and it was me not God doing the talking. My heart was greatly convicted because I felt responsible for all those souls I might not have won, or at least did not introduce them to the loving amazing Heavenly Father I understand now. I fear I scared so many into salvation when I was young, but I am sure God not only forgave me but also corrected my errors as those souls walked with Him and learned to love Him, as I did by seeking Him and studying His Word.

In reading this monologue, I saw God sitting on His Throne in my mind's eyes saying "There she goes again!" His Word promises that when we speak His Word, and when we truly give ourselves to Him, the Holy Spirit will do all the work and flow through us.

I learned the truth of this when I started preaching to the children in Kids Church and prepared page upon page; I got up and opened my mouth and watched my lips moving but not a lot of it had to do with what I wrote. God spoke that day, and when He finished, I felt like a rag doll, but oh what a wonderful feeling that was! For God used me, and His Word went forth as I stepped out of my own way and *His*.

So today I want you to think; how can you speak God's Word to others and allow God to use you. Do you feel a song coming on, or a gentle tune that brings you to lift an instrument and play for the Lord? What gift in you does God want to use to glorify Him today.

Share how He can evangelize through you here as you sit and talk with Him, and let Him open your eyes to possibilities in Him.

Week 4—Day 4

In this devotional, it speaks of those who have taken God's Word out of context, using it for personal gain or to twist and manipulate others.

Can you find scriptures in the Bible that talk about not acting in this way?

Can you find scriptures in the Bible that tell us how we should speak to others about God's Word and instructions that came from God on how we should speak about His gift of Salvation?

Week 4—Day 5

An important question for today. Do you believe God's Word, all of it?

Can you find scriptures that talk about those who add to God's Word or take away from it?

Read these scriptures below, they are God's instructions. Do they put an even greater reverence for God's Word within your heart?

> I, Jesus, have sent My angel to testify to you *and* to give you assurance of these things for the churches. I am the Root (the Source, the Life) and the Offspring of David, the radiant *and* bright Morning Star.
>
> The [Holy] Spirit and the bride (the church, believers) say, "Come." And let the one who hears say, "Come." And let the one who is thirsty come; let the one who wishes take *and* drink the water of life without cost.
>
> I testify *and* warn everyone who hears the words of the prophecy of this book [its predictions, consolations, and admonitions]: if anyone adds [anything] to them, God will add to him the plagues (afflictions, calamities) which are written in this book; and if anyone takes away from *or* distorts the words of the book of this prophecy, God will take away [from that one] his share from the tree of life and from the holy city (new Jerusalem), which are written in this book.
>
> He who testifies *and* affirms these things says, "Yes, I am coming quickly." Amen. Come, Lord Jesus.
>
> Revelation 22:16:20 Amplified Bible

If you were going to teach about God to a group of young people, how would you approach it?

What interesting ways can you think of to share the Gospel with others? Share your thoughts and ideas here.

Week 4—Day 6

For fun take apart the Shakespearean Monologue, use it as an outline and replace it with Christian thoughts, telling Christians how to share God's Word with others, go ahead and give it a try, speak your mind by using parts of or rewriting the piece, talking to someone about letting God use them in a way that brings Him glory.

Week 4—Day 7

Look at the painting that coincides with the devotional and maybe even reread the story.

How has it changed your perspective on evangelizing?

Do you think the gift of evangelizing, speaking God's Word, and winning souls for the Lord are within you?

Take time with God today and let Him use you to create something or outline something creative you would like to do with Him inspired by this week's artistic flow.

Creative Outline Space

Journal Your Answers Here

Week 5—Day 1

The Ginormous Lion

— By Gayle Gabriella Lamb Rabinowitz

What ginormous lion is keeping you awake at night?

Baby G sat in her bed looking up at her mom with all of her five years of wide-eyed imagination and said, "Please, Mommy, don't leave the backyard light on again; every time you do, the big bad monster comes to get me!"

Frances looked tenderly at her little girl as she gently stroked her reddish ringlets, "Honey, you know, we look every night to find the big bad monster, but nothing is out there, just the rustling leaves and wind. Did you see the face of the big bad monster, baby?"

"No, Mommy; ever since last week, at night I hear him. He creeps up to my window, and he keeps getting bigger and bigger. He looks like a lion, a *ginormous* lion. I hear him scratching on the window and making a funny noise, 'cause he wants to come in and get me and pull me away through the window. The shades are down, and I never look; I hide under the covers and pray and call on Jesus like you told me to, and when I come back up, it is gone."

"Well, honey, maybe you keep waking from a dream, a bad dream—is something bothering you?" No, Mommy, I know it isn't a dream. I remember the story you told me about the Lion of Judah, what they call Jesus, and I know if I call on Him, He protects me because He gave His life for me. I remember, Mommy, you told me "love casts out fear"... tell me the story again, please.

Frances sat on her daughter's bed and tucked her in tightly. "Well the scripture in the Bible says:

> There is no fear in love; but perfect love casteth out fear: because fear hath torment. He that feareth is not made perfect in love. (1 John 4:18)

"You see, God is perfect love. He gave His life for us so we could be free from sin. You know, the things we do, when we disobey God."

"You mean, like when I don't listen to you and daddy."

"That's right *G;* honoring your mom and dad by listening is one of those things you should do." Frances kissed her little girl on the nose. "Tell me more, Mommy."

"Well, God loved us so much, He came down as man and lived among us. And then He died on the cross for us to take away our sins; He chose to take them on Himself. Then He went down to hell and kicked open the gates of hell, took the keys of life and death away from Satan and rose again on the third day. And now He is seated in Heaven, and He leaves us His Spirit, His Holy Spirit to live in our hearts when we ask Jesus to come into our lives. We give our lives to a God who is alive, baby girl, and is our reigning King who watches over us. So, you see, baby, God is *perfect love*, and in Him there is no fear, because He threw Satan out and stomped on Him; without God, we have fear of the enemy, but with Him, we have no fear, because we know He watches over us and is coming back for us one day, so we can live with Him forever and ever."

G looked at her mom with serious eyes. "Well, I hope tonight He kicks out that big bad monster; I am going to ask Him to Mommy." Frances gave a chuckle and kissed her little girl goodnight. "I am sure He will, my love; now go to sleep."

Frances closed the light and the door and prayed quietly as she walked to her bedroom. "Help my precious angel get over this phase…let her be fearless…as your Word shows us, we can do all things in you, Lord."

Baby G slid under the covers and closed her eyes, and about fifteen minutes later the sounds of scratching at the window began. She saw it walk toward the window; its shape got larger and larger, and she heard the sound like a cry outside her window. She crouched under the covers and started to pray. "Dear Lord, make it stop, make it go away; I am not afraid, I am not afraid. I have you." She looked at the window and saw the shape jump at the window. She took a deep breath and said "Perfect love casts out fear." She saw the big shape of a lion at her window and whispered "The Lion of Judah protects me…" She got out from her bed and took a deep breath; she knew she was up and would face this monster. She heard the sounds like cries again; she took her tiny little hand and raised the shade holding her breath.

As she looked out her window now with the shade up, she saw it…no longer big because the shade and light from the shadow were no longer distorting the figure, a tiny little white kitten crying at her window scratching to get in. "Oh…" She said aloud. You must be one of Mrs. Whisker's babies, the one that was lost. G opened her window and reached out and pulled the little shivering kitten in. She cradled it in her arms. Suddenly her door opened and her mom was standing there. Frances looked at her and then the kitten and everything fell into place. She realized she needed to really listen to her little girl when she said she saw something because even young ones had understanding.

"Can I keep him, Mommy; I want to call him Judah…like the Lion of Judah."

Her mom smiled, "Well, we will ask Mrs. Shane if that is OK since this is obviously Mrs. Whisker's missing baby kitten."

In the morning, Mrs. Shane nodded her approval of the adoption of the baby boy kitten and praised the Lord at the wonderful name G chose for it.

That night as Frances and Little Judah and Baby G sat on the bed praying, with the wisdom of one far beyond her years, Little G whispered, "And thank you Lord that you can take Ginormous scary lions and make them into tiny little loving kittens! AMEN."

Remember, in Him, the ginormous lions can be transformed…be not afraid to pull up the shades and uncover the truth…it will set you free…in Him!

Perfect (or maybe "purrrrfect") love casts out all fear…go ahead: be fearless today!

Week 5—Day 2

> There is no fear in love; but perfect love casteth out fear: because fear hath torment. He that feareth is not made perfect in love. (1 John 4:18)

When I think back, I realize how afraid of life I was from the time I was young to my adulthood.

That, my friend, is another book to write someday. However, the fact that I was afraid is what matters. I feel so blessed to not just see this scripture and read it, but to make it alive in my life and walk fearless in Him.

I ask you to look at this scripture and to repeat it a few times so it becomes part of you.

Whisper it, sing it, say it loud or soft, but read the words that are God's.

Do you understand that the word "love," "Perfect Love" refers to God, Jesus? God came down in the flesh as man, 100 percent human 100 percent divine, the Lamb who was slain for us.

He was Perfect Love, and gave His life for us.

He died on the cross and literally went into hell and took the keys of life and death from the enemy, (Satan). *He rose again* on the third day, and cast out fear, because the enemy is fear and is cast out.

In the end, God wins, and with Him and in Him we win too!

He conquered death, and when we believe in Him and accept Jesus as our Lord and Savior, we are alive with and in Him. So death has no power over us.

Note the part, "He that feareth is not made of perfect love."

No, the enemy is not perfect love, he is fear; and in Christ, we are fearless; even the enemy flees when the name *Jesus is claimed*!

When you read this scripture, understanding the depth of the meaning, does your fear disappear?

What are you afraid of?

Knowing God is for you, does this calm your heart?

Write about how this scripture makes you feel.

Week 5—Day 3

Have you ever heard of Jesus referred to as the Lion of Judah?

You do understand that is He the "Reigning King." He is coming back for us in victory!

In the book of Revelations, it talks about The Lion of Judah:

> And one of the elders said to me, "Weep no more; behold, the Lion of the tribe of Judah, the Root of David, has conquered, so that he can open the scroll and its seven seals." (Rev. 5:5, ESV)

This scripture is speaking of Jesus.

Note the words "Has Conquered."

How does it make you feel that even in Heaven they speak of the one *who conquered*?

Look up scriptures and find the ones that talk about Jesus, as the one who conquered.

Can you find the scripture in the Bible that tells us we are more than conquerors in Him?

Think, the gentle Lamb that gave His life, and the Conquering Lion of Judah that is coming back for us in Victory. Do you feel fearless today?

Explain how these scriptures make you feel.

Week 5—Day 4

Today would be a good time to read the story again. What are the "Ginormous Lions" in your life? Explain them here in list form making two columns.

On one side, write Fears, and on the other side, write Fearless.

After you have listed all your fears, use the Bible, any version or translation you are comfortable with or Online Bible, to look up scriptures about fear and scriptures on God's protection, and what God's Word says in reference to fear and His protection over you.

Place that scripture in the fearless column and speak it aloud saying why this makes you fearless in God.

When you look at the list on paper, and replace it with God's promises, are the things that frighten you as scary as you think they are in the light of the promises that God has given us?

Fear	Fearless
Being alone	Deuteronomy 31:6 (Amplified Bible): Be strong and courageous, do not be afraid or tremble in dread before them, for it is the Lord your God who goes with you. He will not fail you or abandon you.

Week 5—Day 5

Spend time with God now and pray for His Perfect peace that passes all understanding.

> You will keep in perfect peace all who trust in you, all whose thoughts are fixed on you! (Isa. 26:3, NLT)

> And the peace of God, which passeth all understanding, shall keep your hearts and minds through Christ Jesus. (Phil. 4:7, KJV)

Meditate on these scriptures; allow yourself to memorize them, so when the fears pop up, you can do battle with the Word of God. This allows you to cut through the lies of the enemy. *Stand on God's Word* and pray *His Word* using the scriptures God gave you and making them into a prayer.

Week 5—Day 6

You accomplished a lot this week, and I pray you can look fear in the eye and cast it out in God.

If not, and moving forward is hard because not having a personal relationship with God is stopping you, and you have not yet given your life to God, this would be a great time to ask Him into your life.

All you have to do is pray this prayer and believe in your heart, and you shall be saved.

> Dear Lord,
>
> I love you with all that is within me. I know you chose me before I chose you, but today I chose you.
>
> I believe Jesus died for my sins. I believe Jesus is 100 percent human and 100 percent divine God, you who came down as man, giving *your life for me, Lord*, on the cross, taking my sins upon you. I believe on the third day you rose again from the grave. I am admitting that I am a sinner; I ask forgiveness of my sins, Lord. I want you to be my Lord and Savior; I know Jesus is the Messiah, the one who was foretold in the scriptures. I ask Him to come into my heart. Come into my heart, Lord, and let your Holy Spirit live within me. I want to be a temple for the Holy Spirit of God that you give me to live within my heart. My life is yours; I long to be an instrument of your love.
>
> In Jesus's mighty name, I pray.
>
> Amen!

If you have said this prayer and mean it…God heard you and you are His.

Now let Him work through you; ask Him to inspire you today to give God glory for His gift of love and a life in Him that is free from fear!

Week 5—Day 7

For this chapter there are two paintings, one Michelle created and one which she collaborated on with her husband Josh Benson. I was so thrilled to hear they did the Lion of Judah as a joint effort, for this is how God brings together loved ones, when creating in Him. This would also be a good time to glance over the story one more time.

Has this week's study made you feel powerful in God? Has this week's study caused you to look at your life and be fearless in God?

Now let Him work through you, ask Him to give you what I call the "GOD DOWNLOAD" as He inspires you today, with a poem, a prayer, a song, or any way you feel led to give God glory for His gift of love and a life in Him that is free from fear!

Journal it here so you can see how you move forward daily, in the creative power of God!

Perfect
Love

CREATIVE OUTLINE SPACE

Journal Your Answers Here

Week 6–Day 1

THIS WEEK IT IS MORE playful with a simple poem that He whispered into me.

I know last week we really spoke about feelings and it was introspective and deep, so this week I want to lighten things up a bit and lead you to explore the *arts* and see your creativity soar in Him!

The Word tells us we have the mind of Christ. And He shared with me through *creativity* for *He* CR8'd all!

I challenge you today to sit before Him at the throne of grace, and let HIM give you what I call…THE GOD DOWNLOAD!

For, "Who can know the LORD's thoughts? Who knows enough to teach him?" But we understand these things, for we have the mind of Christ (1 Corinthians 2:16).

The God Download

— *By Gayle Gabriella Lamb Rabinowitz*

How does one explain

the spark

of *You*

that lights the flame

inside my brain?

And as my fingers touch

the keys,
you have
released something inside of me that sets
these verses free.

I watch as rhyme
and time
and words
come on the screen.
And sometimes tears
run down
my face
because it is as if someone
inside
of me
has seen my very being,

and I have seen

Your face
and
know
that it could be only

You,
alone,
the sculptor of my
soul,
who pours
forth
the artistic creations—
these written sensations,
the play
on words
some think strange
but not absurd,
where thoughts and rhythms

do explode.
It's what I call
my God
download.

Once again meditate on the poem, the scripture, and we will have some fun tomorrow!

Week 6—Day 2

Take time to meditate on this scripture. What does it say to you?

> For, "Who can know the LORD's thoughts? Who knows enough to teach him?" But we understand these things, for we have the mind of Christ. (1 Cor. 2:16)

I am confident you can find this scripture and the translation or version, look it up and explore other translations, and maybe even look up in Strong's Concordance the original Greek meaning, and see how they break this scripture down for you.

What do you believe it means when the scripture says you have the mind of Christ?

Week 6—Day 3

Take time today, play some worship music, sit and allow the lyrics and music to surround you, close your eyes, praise God aloud, and ask Him to place creative ideas in your mind. Sometimes pictures form in my mind when I listen to music. Do you see pictures; do ideas come to your mind?

Again meditate on this scripture: For, "Who can know the LORD's thoughts? Who knows enough to teach him?" But we understand these things, for we have the mind of Christ (1 Cor. 2:16).

Outline here the things God is showing you.

Week 6—Day 4

If you have a camera or video camera, or a smart phone that has both, go outside today and take some pictures. Ask God to show you the world through His eyes.

If you are able to print the pictures and start a journal with these pictures, you might want to make a short video of God's beauty in all things and set it to music.

You can also get poster board, take the pictures, print them, and make a God Collage, seeing through His Eyes.

See if you can search for scriptures about creation, print them and place them with the pictures you took, and keep this poster as an ongoing project to inspire you.

Week 6—Day 5

I want you to think of yourself as a musician or producer-director making a movie out of the poem, "The God Download." Are there any Christian Artists you are drawn to who have a song you could see placing as a backup behind this poem as it is read, not the words, just the musical background tracks.

Do you hear a tune or song coming to mind that God is playing in your spirit that could be used as backup for this poem.

Sit and visualize yourself sharing this poem in a Bible study or with friends. How would you read it; would you add pictures and music and visuals?

Have fun today and just be creative with the *creator*!

Week 6—Day 6

In the poem, "The God Download," I use the term "Sculptor of my soul." What does that bring to your mind? Can you think of a scripture that backs that line?

If not, I have given you one, or when you read this question, did this verse come to mind?

> But now, O LORD, you are our Father; we are the clay, and you are our potter; we are all the work of your hand. (Isa. 64:8, ESV)

What do you think this verse means? How does it make you feel?

Can you imagine yourself as clay in God's hands?

We will do a deeper study on this later when we get to the poem, Mr. Gray.

For now meditate on this verse and see if you are ready to outline your works of creations in God for tomorrow.

Week 6—Day 7

As always today is the day to review and reread the materials; check your notes and bask in the overflow of the Lord as He saturates you with His Holy Spirit…*and just* create in *Him*!

This is where Michelle decided to try a new form of art and actually created a wooden sign to show how this literary work inspired her; what does it inspire you to create today?

Let the flow of Him move you to a masterpiece!

THE
GOD
DOWNLOAD...

Creative Outline Space

Journal Your Answers Here

Week 7—Day 1

Seek the LORD while He may be found; Call upon Him while He is near.

— Isaiah 55:6

I Walked With You Today

— By Gayle Gabriella Lamb Rabinowitz

I walked with you today,
but no one knew.

I felt your presence permeate every part of me.
I saw you.

You took my hand, and you sat with me under the cherry-blossom tree.
You let me rest my head on your knee

and stroked my hair.
You spoke to me;
I listened. "Be still, and know that
I am."

And
I felt you search my heart.
You took me by the hand, and we went into crystal waters.
You laid me down.

You placed me under
and in you.
You let me rise again.

I followed you to the mountaintop
and saw all you had for me.
I stood with choirs of angels, with lifted hands
as the fire of the spirit shined so brightly
within my very palms.

You let me know I could be with you anytime I wanted
but this day was special, was different—
a beginning,
a new season.
I lay down once again at your feet,
my head on your knee,
your daughter Zion,
trusting in everything you had
for me.
My constant companion,
my groom—
your bride waits,
knowing
the journey

has just begun.
I walked with you today,
but no one knew.
I saw my life in you
and knew

someday they would see
You too!

Take time to read this poem over and over and let it speak to you; write what pictures come to your mind, and what God shows you in your resting in Him.

As the week moves forward, we will break down the verses in the poem; look at the scripture and explore your quiet time with your Heavenly Father.

Week 7—Day 2

What is interesting with the devotional for this week—Michelle Tursi Benson created the painting before seeing what I wrote. She had been inspired to paint something, and when I saw it, I knew it was meant to be coupled with this poem.

The blue crystal waters, the tree, the daughters of Zion dancing and praising God, the mountains to be climbed, the *Son Shining*, the joy of the Lord all around.

I invite you to look at the painting early on because it sets the scene for this week's study.

I want to share with you what inspired me to write this piece, for believe it or not, I was actually on the treadmill in a loud and noisy gym. In the hour I walked staring out the window, I actually felt God take my hand and lead me to a place to be alone with Him. No one knew, no one could see it, but I felt transformed; it really was amazing.

I had been spending a lot of time alone with the Lord, in His Word, and I honestly believe my relationship with God had come to that place where He wanted me to see and feel him completely, no matter where I was. I could be with Him and have alone time even in the midst of chaos operating around me; *He was with me always.*

Look at the words in the first portion of the poem:

"I walked with you today
but no one knew

I felt your presence permeate every part of me

I saw you
you took my hand and you sat with me under the cherry blossom tree
you let me rest my head on your knee and stroked my hair
you spoke to me
I listened…be still and know that
I am"

I have always loved spring, and Cherry Blossoms and Magnolia trees bring me great peace.

I love the colors and vibrancy of spring. I felt in these words God poured into me, new life was flowing through my very veins. I actually saw this scene in my mind's eye as I felt God talk to me.

I ask you today to find a place in your house that is peaceful and quiet and have one-on-one time with the Lord. When I first started to plan for a quiet time with God, I would go into the walk-in closet I had in my bedroom. I would take a pillow in the closet and sit on the floor, close the light, and just sit and be quiet and think about God and wait for Him to speak. That was the beginning of my Heavenly Father training me to listen and be still, something that is so hard for me; I am always moving at one hundred miles an hour.

Now I have learned to reach that quiet place no matter where I am and no matter what is happening around me, but we must always start at the beginning. So pick your place, think on the words in the beginning of the poem, and rest in God today somewhere special that will be yours and His alone.

When you are finished, journal what God spoke to you and share what you felt in that moment of being alone with your Lord and Savior.

Week 7—Day 3

Let's go back to the poem once again and review.

The opening lines "I felt you search my heart." Can you find a scripture which is actually a prayer shared in the Bible about God searching your heart?

David's Words to God

Search me, O God, and know my heart: try me, and know my thoughts:

And see if there be any wicked way in me, and lead me in the way everlasting.
(Ps. 139, KJV)

I often wondered what God would see within me if I asked Him to search my heart, and I have asked so many times. It was eye opening, for God will show you what is within your heart if you ask.

This is a true bond between the lover of our soul God, and us; be ready that when you ask He will answer.

As you allow God to see all you are and are honest with your feelings, allow Him to lead you by still waters, see yourself and give your heart anew to Him.

Maybe this is your first time asking God into your heart.

Today can be that new beginning for you.

Continue to read the poem, and write your thoughts down on your experience with communing with God. Remember this is a great time to start a journal if you have not done that yet; seeing what you experience in writing is a good way to chart your progress, and see how you change and transform as you grow in the Lord.

"and
I felt you search my heart
you took me by the hand and we went into crystal waters

you laid me down
you placed me under
and in you
you let me rise again

I followed you to the mountaintop
and saw all you had for me
I stood with choirs of angels with lifted hands
as the fire of the spirit shone so brightly
within my very palms"

A final thought for today: When I speak in the poem of the fire of the spirit that shone so brightly in my palms, what does this bring to mind?

For me it was very personal, for I remember being in a service, and while prayer and worship was happening, I actually closed my eyes and saw a Heavenly Host of angels singing, and all God's children with lifted hands praising, and the fire of the Holy Spirit was within their palms.

Can you picture this, what pictures in God does this bring to your mind's eye?

Pray, reflect, and rest in Him.

Week 7—Day 4

Continue reading the poem. Do you see the part of the bride and groom. Where in the Bible does it refer to the bride and bridegroom, search for scriptures that talk about that and share here and your thoughts on it?

Is God becoming your "constant companion"?

Do you see on this journey when others start to see God in you, you are truly allowing Him to transform you?

You let me know I could be with you anytime I wanted,
but this day was special was different—
a beginning,
a new season.
I lay down once again at your feet,
my head on your knee,
your daughter Zion,
trusting in everything you had
for me.

My constant companion,
my groom—
your bride waits,
knowing
the journey

has just begun.
I walked with you today,
but no one knew.
I saw my life in you
and knew

someday they would see
you too!

Once again journal your thoughts on today's excerpts from the poem and see if you can back up your ideas with scripture.

Week 7—Day 5

> Seek the LORD while He may be found; Call upon Him while He is near. (Isa. 55:6)

Let us read this scripture from the study today. How have you begun to seek God?

Share all you are doing here.

What does it mean to call upon Him while He is near, what does that mean to you personally to know you can have a personal one-on-one relationship with God?

Can you find scriptures in the Bible that tells us what God lovingly tells us?

Share those scriptures here.

Week 7—Day 6

Today, look at the painting, look at all the details in the painting.

Write down all you see in the natural, and then write down all God shows you within the painting that personally speaks to you. Is there anything in the painting that brings certain scriptures to mind?

When you look at the daughters of Zion dancing with the tambourines, can you find any scriptures that talk about dancing joyfully before the Lord?

When you see the flowing waters coming down from the mountain, are there any scriptures that come to mind about waters or streams that are referred to in the Bible?

Today is a good day to start exercising your abilities in finding scriptures by researching on your iPad, smartphone, or home computer by putting in keywords. For example: Water, streams, dancing.

You can also use your Bible and look in the back for references for certain words if you have a study Bible.

Remember to journal your ideas about the painting, and allow it to give you ideas for tomorrow to create!

Week 7—Day 7

Today, I challenge you to look back on the poem, look again at the painting, and sit and speak with God and take personal time with Him. Ask Him to show you what your personal time looks like if you were to actually spend time with Him one-on-one.

Allow this vision to come to your mind's eye and then write about it in poetry, song, or even a rap if that is something you enjoy doing.

Maybe you might feel inspired to pick up a paint brush and paint on a canvas or even explore taking pictures outside with a camera and ask God to reveal Himself to you with the beauty that is around you daily.

Remember to journal what you have learned this week and what God has shown you today in your one-on-one time with Him.

Creative Outline Space

Journal Your Answers Here

Week 8–Day 1

§

What's In A Name? The Sermon

— By Gayle Gabriella Lamb Rabinowitz

This will probably be long, but I promise amusement in parts, and will give you insight to who I am…hmm, and this is what happens when I go days without writing…

The most important part: this study will give you insight into *Him*…

So Caffè Latte…ready…go!

What's in a name? That which we call a rose
By any other name would smell as sweet. (Shakespeare, *Romeo and Juliet*)

Who but God goes up to the heaven and comes back down? Who holds the wind in his fist? Who wraps up the oceans in his cloak? Who has created the whole wide world? What is his name—and his son's name? Tell me if you know! (Prov. 30:4)

When I was young, I never thought much about the fact that people's names meant something; I always liked certain names and as a child and changed mine over and over for fun. Yes really, I was a strange child. (No arguments there right?)

As an adult I changed my name as well, because some things never change...*smirk*

I was a singer/actor; my real name, Gayle Rabinowitz, though a sturdy name, didn't have that "Star" ring to it, at least that was what I thought, and when I worked in the business, they changed it.

My first cabaret performance, it was Gayle Robbins—or at least it started out that way, until a gentlemen at a party told me I was the cutest little muffin he ever saw, and the life of "Muffin" had begun. Yes, I used that name for years, even did singing telegrams under that name as the "Masked Muffin" in a black sequined mask, cape, muffin T- shirt, and pink tutu and high pink boots. Actors have to make a living doing odd things at times, she says, tongue in cheek. (Remembering how she jumped out of her car in this getup because someone took her spot in the middle of Manhattan and she asked him to give up the spot, because it was hers and he did!)

Then there was Brandi, Lucy, Zelda, Jyl pronounced Jy-el, which took me through my karaoke hosts days, singing waitress days, employment agent days, and R and B singer days...and then theater and touring nationally, Gaylen Ross finally to become Gabriella Lamb. The last was the one that had the most thought put into it.

Gabriella, the female form of Gabriel—One of the angels, meaning mouthpiece of God, and Lamb taken from Lamberg, my mother's maiden name from my grandfather, or as I called him "papa" who was my stage grandfather, so to speak.

Always placing me somewhere saying "Sing Gayle" and so I did. I loved Papa dearly, and so I took the name Lamb, which had meaning to me, because I knew I was God's little lamb as well and so it brought honor to those who were so much a part of me and my heart.

Ergo, as a writer, I am now Gayle Gabriella Lamb Rabinowitz. I have come to find out that Gayle is from Abigail, the name God has told me He calls me, which means a "Father's joy" and Rabinowitz, which is from Rabinovich, Polish Ashekenazi; I am Russian, Polish, Turkish, Sephardic (which is part Spanish), and Swedish. The Rabinovich points to "rabbinical lineage" son of a rabbi, in this case daughter of a rabbi. Wow, talk about living my destiny in Him!

Today, take time to take in all the information and scriptures I have provided on Day 1. For fun, explore online what is the meaning of your name; see if you can find any biblical reference to the origin of your name. Write about it here and share. Do you feel you are more than what your name says, perhaps when you gave your life to God, did He change your name in Him?

What scriptures can you find that tell you who you are in God, no matter what name you have been given by your earthly parents, and how does your Heavenly Father see you? Back that up with a couple of scriptures that help you to see how *He* sees you by using *His Words*!

Take time to sit and have private time with the Lord and ask Him does He have a special name He calls you; this can be a very special time in your life with your Heavenly Father and you.

Week 8—Day 2

Review the first part of yesterday's reading.

So what does all this mean?

Well, looking at the Shakespearean quote, it is asked:

"What's in a name? That which we call a rose
By any other name would smell as sweet."

I have to say yes, because a rose is a rose with or without that name. It is also called a flower, a perennial, Rosacea, the point…it smells sweet and looks the same, no matter what you call it.

And so I look at the scripture with the questions that God's Words asked in the Old Testament.

Who but God goes up to the heaven and comes back down? Who holds the wind in his fist? Who wraps up the oceans in his cloak? Who has created the whole wide world? What is his name—and his son's name? Tell me if you know! (Prov. 30:4)

Do you realize this scripture is taken from the Old Testament and it is prophecy? Find your scriptural answers in the New Testament and write them down.

Week 8—Day 3

Always remember to review the last study before moving on. It will help you to keep focused on the concept of the study, and once again if you have not yet started to journal your thoughts or even write down your answers, this would be a good time. God has so much to say to you, and sometimes He will show you things as you study and give you that "Aha," moment as you open yourself up to hearing His voice and seeing the creative flowing from Him to you.

Today I would like to explore with you some of the many names the Bible refers to God as:

The name given under Heaven and Earth, above all names—*His name and his son's.*
Immanuel—God with us.
Jesus—God with us.
Jehovah Rapha—our healer.
Jehovah Shalom—our prince of peace.
Jehovah Jireh—our provider.
Jehovah Nissi—our victory.
Wonderful counselor.
Yahweh, Adonai.

Elohim (*Elohim*: God "Creator, Mighty and Strong" (Gen. 17:7; Jer. 31:33)—the plural form of *Eloah*, which accommodates the doctrine of the Trinity. From the Bible's first sentence, the superlative nature of God's power is evident as God (Elohim) speaks the world into existence (Gen. 1:1), and the list goes on and on, and that is a study in itself!

Today I ask you to meditate on all the names of God. Can you go to the Bible and find any names that might not be on the list.

I encourage you to seek out a study on the many names of God and share it here.

Do the names of God inspire you to create anything, maybe a collage of pictures that show many different parts of God; something you can hang on your wall with scriptures to remind you that God is in your life and how you can call upon Him for all things, for He truly can be your all and all!

Week 8—Day 4

Names have meanings. They point to what others think we are and what we come to believe we are when others give us names. And yet when we call ourselves *children of God*, our name has great power because we are *His* and in *His Word he tells us all we are in Him!*

I am forgiven of all my sins and washed in the Blood. (Eph. 1:7)
It is not I who live, but Christ lives in me. (Gal. 2:20)

Do you know Christ as your Lord and Savior?

These promises in His scriptures above apply to you.

Once again seek scriptures in God's Word that tell you who you are in Christ and share them here.

Week 8—Day 5

When I was young, I was really messed up, yes really. I explored every religion known to man for I was hurting and seeking. What I found was: In God's Word there is no other name under Heaven and Earth that was given that brings us *salvation*! There is power in the name of Jesus. There is life in the name of Jesus; there is hope in the name of Jesus. He died for you; He shed His blood for you; He took the sins of the world for *you* and for me.

It is the name above all names; God came down in the form of man, 100 percent human, 100 percent divine. The foretold Messiah who fulfilled all the prophesies that were given in the Old Testament. The name God gave us to pray through to bridge the gap to cover our sins.

Many names are given of leaders and saviors of so many different religions, but is there any name that coincides with one who not only claimed to be God Almighty but that came down as man, 100 percent divine and 100 percent human, gave His life for man's sins, suffered for man, died for man, took the sins of man upon Himself, rose again from the grave, and is coming again in glory for His children? I have found there is *none but one*!

So I ask you today, what's in a name?

JESUS!

Today meditate on that name. Think of ways to explain to others in a creative and exciting way how God Himself gave His life for you and for those you are sharing with.

Ask God to create something special with you today to illustrate or sing, or write to share with others about the mighty God we serve.

Share it here.

Week 8—Day 6

Who but God goes up to the heaven and comes back down? Who holds the wind in his fist? Who wraps up the oceans in his cloak? Who has created the whole wide world? What is his name—and his son's name? Tell me if you know!

Can we deny the sweetness of Christ and what *God* has given us?

That name has power...*what is in a name...in the name of Jesus, you have life everlasting*!

Today what name are you going to call upon?

The Song of Solomon in the Old Testament has a beautiful love language that depicts the relationship many scholars believe between God/Jesus and the bride, His Church. God/Jesus is referred to as the rose of Sharon.

> I am the rose of Sharon, and the lily of the valleys. (Song of Sol. 2:1, KJV)

Look for information today online as to what is different about the Rose of Sharon. Why do you think Jesus is referred to as the rose of Sharon?

Can you find any scriptures in the Bible about fragrances? Let me start you off with this one:

> For we are a fragrance of Christ to God among those who are being saved and among those who are perishing. (2 Cor. 2:15)

See if you can find other scriptures about taste or smell that refer to God and share them here.

Week 8—Day 7

Today is the day you truly embrace the name above all names and *who you are within that name*!

What has God shown you within His Name that applies to you alone?

What has He called you for?

Today look at the pictures created by Michelle; note again there are two pieces coupled with this study. Look at the first picture and meditate on the Rose of Sharon she saw in her mind's eye, created with pastels. Now look at the second picture of the Rose of Sharon; sometimes the eye can see more as it sits and thinks on God. Are the pictures the same, or can you find the hidden message within the flower?

What you create today, is a part of your walk with God. It could be as simple as a picture you pencil, a photo you take, a line or paragraph you journal, or even a meal you cook for your family to share what you have learned.

Review this study today, make notes and share in an interesting way how finding meaning in the name of Jesus and meaning in what God almighty calls you helped you to draw closer to your Heavenly Father.

Get ready for transformation; tomorrow comes in the form of Mr. Gray...who is the potter, who is the clay!

Creative Outline Space

Journal Your Answers Here

Week 9—Day 1

§

Let us start the week by reading Mr. Gray a poem God downloaded into my spirit, and though it might seem silly at first, to me it said so much as I penned it in amazement…let's spend time today breaking it down line by line. Who is the clay?

> But now, O LORD, you are our Father; we are the clay, and you are our potter; we are all the work of your hand. (Isaiah 64:8)

Mr. Gray

— By Gayle Gabriella Lamb Rabinowitz

Hello. My name is Mr. Gray.
I'm just a simple piece of clay.

I sit here on this stand and wonder,
Will somebody chisel me to glory and thunder?

Will I always be this round and fat?
Will nothing ever happen to me?
Is this my boring fact?

Of the life I live,
when I clearly have so much to give…

If I sit here and no one ever chips away,
How will I achieve brilliance on that glorious day?

I thought I'd be crushed and pounded and used.
Some think that strange, even think it abuse.

But it stretches and molds me into
pots, vases, and structures
with big gaping holes,

Light shining right through me—a grand story told!

But I'm stuck on this shelf
waiting for my chance.
At first glance,

you see this blob I am…

But *I Am*
is waiting for the even *grander design.*

That is the plan…
in his time!

Today take time to break each line down and write your thoughts here.

Look at the scripture given at the beginning of the chapter, meditate on it and write about how you it makes you feel.

Week 9—Day 2

The night I was inspired to write this poem, I had sat with a really godly brother in the Lord and friends at a home prayer service, we listened as he spoke about something, and after I urged him to preach on it someday.

The gist of it to me was the levels we are with and in God.

I saw it in my mind as a ladder. He spoke briefly of how he welcomed rebukes that he wouldn't have welcomed in the past.

He welcomed trials and tribulations and "*the journey*." Being the teacher I am…I wanted to visualize it and then bring it to life for others to see as a prequel because I knew this was a teaching I wanted to hear and even share someday.

What struck me most was the simple gentleness of how he spoke about almost resting in the things that shaped him now and so the usefulness of those corrections.

Take time to look at the scripture I have placed before you. Read and meditate on it. Has it changed your ideas on God's Word? Maybe even made you want to look into reading more of what I believe is a "blueprint" God has given us for everyday life.

> All Scripture is God-breathed [given by divine inspiration] and is profitable for instruction, for conviction [of sin], for correction [of error and restoration to obedience], for training in righteousness [learning to live in conformity to God's will, both publicly and privately—behaving honorably with personal integrity and moral courage]. (2 Tim. 3:16, Amplified Bible)

Share all your thoughts here.

Week 9—Day 3

Today I am going to share more on how the prayer night with friends led me to Mr. Gray.

After much talk and introspection with all those who had been at the prayer meeting, I thought a lot about what we spoke on that evening during my drive home, and this is when the poem "Mr. Clay" came to me. I dictated it into my phone, and I wondered if others understood how God shapes and molds us...and that if He doesn't, we sit on that shelf of life, a lump of clay waiting for the glory of the creator.

Even more I thought about the poundings and the pressures of the reshaping of the clay that brings it to the masterpiece it becomes.

See if we were this piece of clay—this is what we *would want*, the poundings and reshaping.

So today I ask you. Do you rise to the challenge of eagerly waiting for the things God has in store for you that shape you...or do you *hide* on the shelf of life trying to get by and never reaching the glorious potential because you fear the work it might take to get you there.

Take time to meditate on the scriptures below; they are a beautiful depiction of how God sees us and how when we submit to *his master plan*, we are formed in the uniqueness of all we are meant to be in *him*!

> I will give thanks *and* praise to You, for I am fearfully and wonderfully made;
> Wonderful are Your works,
> And my soul knows it very well.
>
> My frame was not hidden from You,
> When I was being formed in secret,
> And intricately *and* skillfully formed [as if embroidered with many colors] in the depths of the earth.
>
> Your eyes have seen my unformed substance;
> And in Your book were all written
> The days that were appointed *for me*,
> When as yet there was not one of them [even taking shape]. (Ps. 139:14–16, Amplified Bible)

Can you submit to being shaped by God no matter what that takes? Share your thoughts here.

Week 9—Day 4

I have always had a vision of myself when I think of inanimate objects—what comes to mind is this simple pink vase with a swirly sort of lip on top, that looks lacy. It's a plumpish short vase, with a lot…and I mean a lot of holes in it!

> You are the light of [Christ to] the world. A city set on a hill cannot be hidden; nor does *anyone* light a lamp and put it under a basket, but on a lamp stand, and it gives light to all who are in the house. Let your light shine before men in such a way that they may see your good deeds *and* moral excellence, and [recognize and honor and] glorify your Father who is in heaven. (Mathew 5:14-15, Amplified Bible)

Take time today and read this scripture and take it apart; write about your thoughts here. Based on the poem and scripture, do you feel you are shining your light in God for others to see?

Be creative in God today, be childlike; consider getting some play dough or clay of some sort and just mold and remold small or large creations while imagining this is how God reshapes you daily.

Share your thoughts and creations in Him here.

Week 9—Day 5

So yesterday I shared with you the short, plump, swirly-lipped pink vase I see myself as, filled with *a lot* of holes.

Today I share what happened when I looked at that vase, and allowed it to change, while I meditated on that vision in my mind's eye.

As I sat and pondered within my thoughts, taking time with God, I began to see someone place a light inside of the vase that I am.

Miraculously it looked taller and slimmer, and when the shadow of what is now a light coming from the holes within the vase, that light hits the wall…it becomes this amazing lamp that causes an effect of colors never seen before…

His masterpiece!

> And do not be conformed to this world [any longer with its superficial values and customs], but be transformed *and* progressively changed [as you mature spiritually] by the renewing of your mind [focusing on godly values and ethical attitudes], so that you may prove [for yourselves] what the will of God is, that which is good and acceptable and perfect [in His plan and purpose for you]. (Romans 12:2, Amplified Bible)

Today I want you to think about your transformation in God.

Has it been easy or hard?

Are you still fighting against the potter, share your journey here.

Is going through this study day by day, week by week, changing your views of what God has for you?

Explain how this week's study makes you feel, and chart your growth in your journal.

Week 9—Day 6

My question for you:

What's in *your clay today*!

Who are you? How do you see yourself when you look through the eyes of God?

Though this is a strong scripture I am going to share with you; I would like you to look deeply into your walk with God today and share what is your journey, easy or hard or born within the furnace of affliction?

> Indeed, I have refined you, but not as silver;
> I have tested *and* chosen you in the furnace of affliction. (Isa. 48:10, Amplified Bible)

Consider that pieces of pottery are put into the kiln/oven to create a hardened sturdy piece that becomes useful to the potter!

Once again meditate on this scripture and share how this makes you feel and what you as the creation in God looked like as a piece of clay at the beginning of the journey and what that piece of clay looks like now in Him.

Week 9—Day 7

In Yiddish, there is an expression, "Nisht de bakn"—it is something I have heard growing up as a child. I might have the spelling wrong because I could not find the expression online, and I guess this is how colloquialisms in speech begin.

Back to the point, one generation handed this down to another and it pretty much means, "Not fully baked."

I used to laugh because it really spoke of one's mind, "a little meshuga"—a little crazy, and when family lovingly said this to one another they were playful.

With a chuckle, I apply it now to who we are in Christ—not being fully baked in all we are in Him.

When you think of yourself as the clay, and God the Potter, are you fully cooked or a masterpiece in Him waiting to happen?

Today do you see your transformation; are you Mr. Gray saying "pound me harder and finish the lump I am"…or are you screaming *stop I can't take this*…please let me sit here on the shelf; I am not ready to transform.

We are all at different points in our walk with Him.

In all transformation we need to call on God, ask Him into our lives and pray:

> Create in me a clean heart, O God; and renew a right spirit within me. (Ps. 51:10)

Today go to the heart of the matter; your heart and mind and thoughts being reshaped in God.

Look at the picture created with pastels shared at the end of this chapter.

Sit and meditate on it and the scripture I have given you.

Review the poem and all the scriptures shared this week.

Look at your journey of transformation in God, and today create something visual, musical, written, or once again a collage of pictures that are part of your journey in Him.

Don't hold back, allow the clay you are in *His hands to become his masterpiece today!*

The Potter's
Wheel

Creative Outline Space

Journal Your Answers Here

Week 10—Day 1

§

THIS WEEK IS ABOUT PRAISE! Praising God, and understanding how truly *He is in everything*, and everything in *Him* truly knows it.

This week's reading will also talk about the breath of life, *His breath* that He has poured into everything, *for His breath is in all creation*...this is such an important thing to understand to truly embrace the gift of creating in Him that He has given you.

I pray you have fun exploring what God can do through you; take your time to *breathe*...and *breathe in all He is...so you can share all you see in Him!*

Read each line slowly and absorb not just the words but the structure of the poem for even in that, God showed me how to place the words on the page to bring them to life in a more meaningful way.

Breathe

— *By Gayle Gabriella Lamb Rabinowitz*

B
R
E
A
T
H
OF LIFE

B
R
E
A
T
H
E

IN

ALL HE IS

For in this one moment of
Creation,
All that was,
And is,
And is to be
Moves in motion with a heart's devotion
that sees all,
knows all, and is *all,*

always present.

Praise *Him*
in every breath you take
for He has blessed you
with life—
an open gate
to *Him,*
to live and breathe
and move and see
and be

and hope
and heal
and share
and thrive
in *Him*,
The breath of life!

And hear the hummmm…
Within the hush
of *awe*,
that all…praise!
The breath of life,
Breathed
into
Creation,
And the constant
Hallelujah
of
Life itself
That sings
Your name—
Thanksgiving *praise*
In every breath it makes
And takes
In you…
Almighty God
And Savior!
Breathe
…in
O'
Breath
of
Life!

Sit and think about what you just read and then look at the scripture I have given you. Meditate on it.

> Psalm 150:6 (Complete Jewish Bible) (CJB) [6] Let everything that has breath praise Adonai Halleluyah! (Ps. 150:6, Complete Jewish Bible)

I used the CJB version for there is an additional study today on the word "Adonai," one of the many names for God. What is interesting is that I learned in putting this study together that "Adonai" is also a plural form for God meaning "My Lords" note, not belonging to, but more than one.

As with Elohim and Adonai, both names for God used in the Old Testament, pointing to the Trinity of God: God the Father, God the Son (Jesus—God in the flesh came down as man), and God the Holy Spirit. (One God—in three persons)

Today as you take in all the things that God is sharing with you, I want you to breathe, and as you do that, imagine *Him breathing you…to life* through *His breath of life*!

Today you are being recreated in Him; enjoy that one-on-one time with the Father; journal all you have learned today and how the poem made you feel and then sit with Him. You who were created by Him, give Him praise and shout Hallelujah as you understand how important you are to God and all He has for you.

Week 10—Day 2

When I wrote this devotional, God downloaded a poem into my brain and I had to take pause to pen it and then go back to writing the devotional.

Sometimes I am in the middle of a busy street driving or walking on the boardwalk and allowing my mind to rest in Him, being with God in the busy rush of the world. I cannot tell you how many times I have had to pull my car over and speak into my iPhone to recite words He is giving me at that very moment.

I remember when I started working at Kids Church in the beginning of my journey working with God's children, I was putting together my first musical arrangement for them. I literally sat down at the computer and my fingers started typing the songs I should put together. It seemed ridiculous at first for this grand arrangement opened with something classical and so conservative and moved into contemporary music ending in rap and soul, back to classical.

I was stunned until I sang it myself and understood I had received one of many Creative God Downloads. Those I worked with thought I had lost it and said there is no way you can do this with kids. Well, that first praise team of children, ages six- to twelve *rocked the house* on Easter. That was the first of many teams God showed me how to raise up and taught me when it came to praising Him, the skies and the *heavens themselves* were not beyond reach.

I understood He wanted me to understand, and yes how He was in everything and how everything *praises Him…His creations*, sometimes even in their silence…

For everything that was created in Him…has Him within.

Today reread the poem to meditate on and another scripture that spoke to me:

> The Spirit of God has made me, and the breath of the Almighty gives me life. (Job 33:4)

Close your eyes as you speak this second scripture, and all it is to permeate your very being in Him.

Does it bring to mind a scripture that speaks of first creations in Him? Let us go back to the beginning.

> Then the Lord God formed [that is, created the body of] man from the dust of the ground, and breathed into his nostrils the breath of life; and the man became a living being [an individual complete in body and spirit]. (Gen. 2:7, Amplified Bible)

Every time I read this, I see me, and understand so deeply the words "breath of life"... Today *just breathe!*

Week 10—Day 3

In this devotional excerpt taken from the *Thankful Journal*, a study God poured into me, I saw that giving Him praise is one of the many ways we are thankful, but today think outside the box and find a way to praise Him beyond what words could say!

Did you ever realize that everything we do every day can be praise if we do it with a heart for Him?

> Whatever you do [no matter what it is] in word or deed, do everything in the name of the Lord Jesus [and in dependence on Him], giving thanks to God the Father through Him. (Col. 3:17, Amplified Bible)

I remember a time I had a conversation with one of my pastors; he was a friend and mentor, and I was with him helping him and his wife, also a pastor, plant a church. I had been recovering from having four small strokes, and it took me out of ministry for about eight months. I was now reentering the world preparing for ministry once again, but due to not having the ability to work for so long, financially I was hit hard and also had to find work out of ministry, which is how I wound up teaching in the public schools and using the performing arts to teach history, literacy, and all aspects of the arts.

Though the job of teaching could be so rewarding and is something so vital in our society, I could not see at first that not doing only ministry work, to sustain my basic needs of daily living, was not a defeat, but the beginning of a new life that allowed me to bring God into all places I went.

I remember asking my pastor if I was giving up not waiting for full-time ministry work, and he said to me; "Even Paul was a tent maker."

I realized at that moment I needed to seize every opportunity that God gave me to move in Him.

I also realized maybe I had been too caught up in "Church Culture" and forgot who needed God's Word the most.

I started to embrace that in everything God breathed life into, not *everyone as of yet had come* to understand it was God who had been their creator.

This was a season of me getting out of the four walls of the church, and going into the world and completing the Great Commission.

Yes, I continued in part-time ministry as well, but the opportunity that came from this "out-of-the-box" experience would open greater doors to spread His Word and do *everything with dependence on him, thankful and speaking His Word in everything I said and did!*

Look at the scripture Colossians 3:17, and today rethink all you are and all you do.

How can you use what God is breathing into you daily to change what might seem simple, maybe boring at times, and to recognize your worth *in God*—to take every God-breathed moment to make it a moment that praises and glorifies God?

Share your thoughts here and maybe even seek scriptures that talk about how our daily walk with the Lord and what it should look like in the moment to God-breathed moment!

Week 10—Day 4

Today would be a good time read the poem once again and meditate on the pictures it brings to your mind. And share them here. Journal your thoughts and ideas of what you have realized is "God Breathed."

Look at the line in the poem:

"*And hear the hummmm…*
Within the hush
of *awe*
that all…praise!"
What does this line mean, or say to you personally?
I know as I penned it made me take a big breath for it spoke volumes to me.
Who causes that, "Awe" and who is it that *all praise*?

Now take time to look at these scriptures:

> All Scripture is God-breathed [given by divine inspiration]. (2 Tim. 3:16, Amplified Bible)

I have to admit, I never understood in my early years what it meant that all scripture was inspired by God and God breathed…*until* I started to write and *He penned everything that poured from my fingertips.*

It is an amazing feeling. Once again understand God uses our personalities to say it, pen it, paint it, sing it, or mold it, in the unique ways He made us…but there is *no doubt it is God breathed!*

Let this scripture truly speak to you as you read it and now go further and read and absorb this scripture as well:

> For it is written [in Scripture],
>
> "As I live, says the Lord, every knee shall bow to Me,
> And every tongue shall give praise to God." (Rom. 14:11, Amplified Bible)

In today's study…and in reading God's Words, are you beginning to understand the "awe" and "*hummm*" within the Holy *hush of humility and meditating in God?*

Week 10—Day 5

So many times when I talk to people about the arts they say, but I have *no* artistic abilities.

I want to broaden your thoughts on what the arts mean to me, *and how God breathes them into all of us!*

Artistic vision has to do with *creation* itself or leading others to creating.

So ponder this question, can you create anything?

Think, can I cook, can I sew, can I write, can I direct, can I produce something, or direct others to put a proposal, a meeting, an affair (wedding, baby shower, dinner, graduation) in place.

Do I have the ability to create a meal that is beautiful to the eye when one looks at the plate? Can I set a table that people ooh and ahh about?

Can I work with crafts, clay, paper, tapestries, and jewelry?

Can I put makeup on others and make them look amazing, or even fix a person's hair in a way that compliments their looks.

Am I athletic, am I a coach to young people, can I put together a track meet, a cheerleading practice, a soccer game, a baseball game, a football game, a men's dinner, and help my brothers to understand their places in the household and being under God.

How am I at leading a Bible study; do I have the ability to teach a lesson to a group and have scientific ideas about object lessons that can show others about Jesus?

Can I write an interesting curriculum for a home study, or do I have the ability to put together a visual for church or work so others understand my ideas?

If none of this rings within your spirit, let us go back to the baby basics...when I was a child, did I play with my dolls, or trucks and cars; did I color or make up silly games or think about designing video games, or add my own lines in movies and TV shows I watched?

Did I become the characters in my books or plays or shows and add my own endings?

You get the gist of this right?

It isn't just about acting, singing, and dance; in the arts it has a multitude of venues, even just standing in front of a group of people and directing them to their seats in church with the Spirit of the Lord upon you can be an artistic moment, if you allow the Lord to fill you as only *He can*!

In God's house every piece of the puzzle fits together.

So now look at these two scriptures and tell me how you see them within the scheme of using the *arts for God's* glory?

> In the beginning God *created*...the heaven and the earth. (Gen. 1:3, KJV)
>
> So God *created* man in His own image, in the image *and* likeness of God He created him; male and female He *created* them. (Gen. 1:27, Amplified Bible)

Most people tell me there is *nothing about acting or producing or directing*, and so on, in the Bible.

I beg to differ!

God *created;* the *arts* are *creating*!

He *created you* in the image of *Himself, the creator…created you to create with His eyes, His heart, and His spirit!*

Today meditate on these scriptures and create a list of all the abilities that God gave you.

No matter what it is that you are good at or have a natural ability to do, list it here, and then sit with God and pray about it.

Ask Him, Lord you have given me the ability in *you* to see with *your eyes*, hear with *your* ears, and love with *your heart*. Show me how I can bring to life all you have made known to me within your Word for others, with the gifts and talents that I have, my natural God-given abilities that you have placed within me.

Tomorrow you are going to plan a lesson and *create*!

Week 10—Day 6

We are getting closer to beginning to work those artistic muscles in a way you can use them to teach now. Remember God breathes that breath of life into you.

Sit and meditate on today's scripture, and then let Him give you that artistic God download!

Let us start with something simple today:

Consider the fruits of the spirit that the *holy spirit* fills us with when we come to Christ.

> But the fruit of the Spirit [the result of His presence within us] is love [unselfish concern for others], joy, [inner] peace, patience [not the ability to wait, but how we act while waiting], kindness, goodness, faithfulness, gentleness, self-control. Against such things there is no law. (Gal. 5:22–23, Amplified Bible)

See if you can put together a childlike simple teaching based on this scripture.

May God Bless you in your creating in Him today.

Until tomorrow, don't *hesitate*…CR8 in Him!

Week 10—Day 7

This is the day we look back on all we have read; note our progress in our journals and in understanding that Breath of Life God has breathed into us and all that He brings forth through us.

Remember, even the simple flowers and bees that hummm within the hush are in *awe of God* and bring *awe* and wonder to all who see them.

Look at God's masterpiece of life itself; sing praises for what He has breathed into *everything.*

Look at the picture done with pastels that is coupled with this teaching today.

How does it make you feel?

Do you feel braver, more courageous than you were before?

Today, as we end this study, consider that God breathed this into *all of His children!*

> And [His gifts to the church were varied and] He Himself appointed some as apostles [special messengers, representatives], some as prophets [who speak a new message from God to the people], some as evangelists [who spread the good news of salvation], and some as pastors and teachers [to shepherd and guide and instruct], [and He did this] to fully equip and perfect the saints (God's people) for works of service, to build up the body of Christ [the church] (Ephesians 4:11, Amplified Bible

What in this scripture rings true within your soul, sit and meditate with God today and let Him show you *how He breathed all He is into all you are.*

Next week is a three-part story three-week journey to "*The Well*"!

Creative Outline Space

Journal Your Answers Here

Week 11—Day 1

THIS IS A STORY CALLED "The Well." I have made it into twenty-one lessons taken from one of my journal studies, that will be broken down for you to do in the last three weeks of *Café Beat: Flowing with the Heart Beat of God*, Volume 1.

For me it truly was an amazing journey, and I hope it will be for you too.

> Now we see things imperfectly, like puzzling reflections in a mirror, but then we will see everything with perfect clarity. All that I know now is partial and incomplete, but then I will know everything completely, just as God now knows me completely. (1 Cor. 13:12)

As life became more and more hectic, I came to see that creative flow could be blocked at times. Administrative and organizational time obviously affects the other side of my brain that wants to play and create.

However, what became even clearer is sometimes we are on a journey like Abraham, and we do not always see the entire road we see it as we walk step by step.

That is what this literary work that God downloaded me with is obviously about.

I say "obvious" because it became clear to me at the time I wrote it. I was frustrated that I wasn't writing, or hearing God because of all I had to do, and while I rested my tired body and was set for sleep, I finally heard Him.

Yes, in the quiet time, He showed me a story and then when I woke to write it...He showed me the first part of that story and literally said, come back tomorrow for part two because this is a journey that will unfold before you.

I didn't want to hear that, and then I mused, OK I have no idea *how* this will end, and I gather it is going to work out for God's glory as all things work together for good for those who love the Lord.

I also have no idea what the story is about, again seeing only in part, but I think I know where it is going. It is definitely a message for me, to teach me, and I am going to share it with all of you, because I believe there are others out there who need this right now…and so I give you

"The Well—Part 1."

— *By Gayle Gabriella Lamb Rabinowitz*

You are going to have to take this journey with me daily until we reach the end…whenever that is!

And so I say, *to the journey in Him, be blessed!*

Before you begin the story, I would like you to journal your ideas on the scripture 1 Corinthians 13:12.

What does it say to you? What does it mean to see in part?

Can you reflect or look up the story of Abraham leaving his family and homeland behind to journey into the unknown?

How does the idea of walking only knowing you are called but not completely knowing where you are going make you feel?

Come back tomorrow and join me for the story, "The Well."

Week 11—Day 2

The Well—PART 1

Temperance sat rocking her new born son in her arms. She spoke softly and lovingly to him as her twelve-year-old son looked on. Her Bible as always was by her side, she started her days with His Word, and refueled her spirit in Him throughout her day, and His Word was the last thing she sought before she closed her eyes at night. She sweetly whispered a song in the little one's ear for one was never too young to hear the Word of God. Psalms 119:103 (Amplified Bible): "How sweet are Your words to my taste, Sweeter than honey to my mouth!"

Her older son was a handsome young man, strong and obedient, but his anger sometimes got the best of him and forgiveness did not come easy to him. He seemed to sneer at her this morning as he watched the exchange of tenderness before him. He had many thoughts about his new baby brother; she could see that, but he was careful in what he said out of respect. She knew he had always been her baby, an only child, and it was hard for him to accept the change in their lives twelve years later.

She knew he also missed his grandfather who had been a best friend to him and had recently died.

Jonathan spoke, "I know I have to go to the well to get water, Mom; I am leaving now. Are there any other chores for me today before I go to school?"

"No," his mother said with a smile, "I know it is a big chore for the day, and I appreciate all you do. It hasn't been easy since grandpa passed away, and Dad is traveling to see if he can find a new hand to help us on the farm, so I am thankful to have you here. Take the red wagon and make sure the horses have eaten before you hitch them up and go to the well on the hill. You still have an hour before school starts, so if you hurry you can bring the water back first, and then take the wagon to school today so not to be late."

Jonathan nodded, mumbled, "See you later, Mom," and left in a hurry.

Jon muttered under his breath. "I just don't get it God; why did she need a baby now when things are so much harder without Grandpa? We have enough mouths to feed, and he is taking up all her time. And Lord *why* did you take my grandpa home; he wasn't that old, sixty-seven isn't that old Lord; look at Methuselah in the Bible, he was nine hundred sixty nine years old, and you could have left pop around a little while longer!"

Jon's ears were red with anger as he spoke to God; he had grown up reading and hearing God's Word and stories since he was little; he loved them and knew them, and loved God, but he was angry and he could not find forgiveness for his mom, his dad, his grandfather, and certainly could not find any love for his brother right now, a born miracle or not. That little one's birth almost took his mother's life when being born and that was something that pressed heavy on his heart.

While his thoughts ran from place to place, Jon checked that the horses had eaten, hitched them to the wagon, and began his journey up the hill to the well.

He always loved going to the well with his grandfather. It had been built in earlier days by their ancestors, and the family business had come down through generation to generation, and pop had made it newer and easier to use. He was a carpenter and craftsman and attached piping so that there was a nozzle on the outside of the well so they did not have to crank a handle anymore, just turn a knob and the water poured into the containers that they brought to the well, filled and stored in the barn.

He had seven to fill today; they were heavy but not too heavy for him. Pop taught him how to lift and carry, and his muscles had started to develop at an early age, and he was proud of that.

He loved his grandpa and learned a lot from him while his dad would go off on business trips to find buyers for their water. The well was attached to a water source on the hill and they would share and sell it to the townsfolk and surrounding areas. It was clean and sweet and filled him in ways he could not explain, and he loved being at the well, because when he drank of the water, it was as if his energy soared.

Now with Pop gone, Dad had to seek new hands to help and those who he could trust. Once again anger rose within Jon, and he said aloud "I can't forgive you God! You took everything that was important to me."

He heard the horses whinny because he slapped the reins too hard; he gritted his teeth and he pulled back and tried to calm himself. He had to get it together…quiet he needed quiet; he clenched his teeth again, and breathed and remained focused on the road as he continued up the hill in silence.

Reflect on the scripture at the beginning of this chapter, Psalms 119:103.

What do these words mean to you? How can we taste God's Word?

Can you find other scriptures of eating or tasting of God's Word?

Note that in the beginning of this story, Jon is filled with anger, reflect on the thought when we are angry, will God's Word taste good or bring bitterness to our senses? Use scriptures to back your thoughts on this.

Week 11—Day 3

> Now the LORD had said to Abram, "Get you out of your country, and from your kindred, and from your father's house, to a land that I will show you." (Gen. 12:1)

Imagine being called to "Go" but not knowing where it will lead. Many of us in ministry feel that way at times, and even in life. Our trust in God is what keeps us on the path even when the roads look strange, too high to achieve and wobbly.

> Every valley shall be exalted and every mountain and hill brought low; the crooked places shall be made straight and the rough places smooth. (Isa. 40:4)

God promised to make the way. "And so we walk by faith not by sight" (2 Cor. 5:7).

Today, "The Well—Part 1 shall continue." I know this story was for me and gave me a clear vision as to what I had been going through; it helped me understand the why we are going through something is not always important, but we are to pay attention to the journey.

The way in Him is what's important. It is set to refine, define, and mold us for *His perfect plan.*

I also know many out there are experiencing this as well for the more the "signs of the times" are seen, the more we need what God has for all of us to live within *His perfect love and peace.*

The Well—Part 1, Continued

Jonathan watched the road carefully as he took in all that was before him. Silence had become his friend; he had so much that he wanted to say, but even in his young years he knew it would be hurtful to his mom and family; the Word of God said, "Be angry and sin not!"

He was angry, and telling off God was…well, he wondered if he had sinned.

Jon's heart ached; he missed his grandfather so much. Pop was his best friend, well, after Jesus. Jon always looked at Jesus as his best friend. He knew God loved him and was there for him and had given him all the wonderful things in his life. He just didn't understand why had God taken away the comfort of all he knew and loved.

It was true he had a new baby brother, but he didn't want things to change. He saw his mom the night she gave birth to little Caleb, his name pointing to the faith of his family and faith in God, but the birth of Caleb almost took his mom's life. She was in labor for twenty-four hours, and if not for the family doctor who sat with her at the bedside, she might not have made it.

He thought, his brother's name was a male form of the name faith, and his name Jonathan, meant "Yaweh," "had given." Jon smirked for a moment, God had given faith? He wondered where was his faith at that moment.

Too wise for his twelve years, a tear ran down his face; he wiped it away quickly. Jon knew it was OK for men to cry, but he wasn't ready to let go of what he was feeling yet; if he cried he was afraid he wouldn't stop.

He refocused his thoughts on the road, noticing how many twists and turns there were. He looked as the road led up the hill and saw in his mind's eye the well that Pop had been brought to by his dad when he was about three years old.

It had supplied for all their needs; it allowed them to open a business in their town and be a supplier of the best water in the area. This well was so different. It sparkled like Jon had never seen before. It was fresh and sweet and clear, and whenever he drank of it, he felt clearer in his mind, as if he was seeing through the eyes of the Lord.

Pop always said God gave them this well. Mom and Dad agreed but Jon didn't understand fully. It was a simple white well upon a hill. Although there was green grass around it, the areas before the well, the ground seemed dry and vacant, but directly around the well, the grass and growth was vibrant green and glistened.

Almost as if all things around the well had been changed, or as his Pop had said, "Transformed."

He listened to the sounds around him as he neared the well; it was always strange to him that just moments before the well there were crows and screeching and empty patches, and when the well was seen, there was a fragrance so gentle, and the sound of birds singing as if a choir of angels were present.

He looked forward to sitting by the well that day.

Take time to reflect on this story and write here if a scripture about "transformation" in God comes to mind.

Examine the scripture, "Now the LORD had said to Abram, 'Get you out of your country, and from your kindred, and from your father's house, to a land that I will show you'" (Gen. 12:1).

Replace your name within this scripture, and read it aloud. How would you feel if this was you God was speaking to. Would you answer the call?

Take time to reread this scripture as well.

> Every valley shall be exalted and every mountain and hill brought low; the crooked places shall be made straight and the rough places smooth. (Isa. 40:4)

What does it mean to you that valleys will be exalted and mountains brought low? What are the crooked places that are made straight?

Remember: God promised to make a way. "And so we walk by faith not by sight" (2 Cor. 5:7)!
Seek to see this journey in faith through His eyes.
Take time to journal your thoughts, and meditate on these God-given words.
Tomorrow we continue our pilgrimage in Him…at the well.

Week 11—Day 4

Part 1—The Well—Continued

> The LORD directs the steps of the godly. He delights in every detail of their lives. (Ps. 27:33)

Over the past days, I have shared with you a journey God took me on, and I am believing many of you are on this journey also.

God talks to me in stories and poems, rhythms and rhymes, and so…"The Well" is just one of the ways He is showing and unfolding His Master Plan to me.

Walking on a road not having to know where I am necessarily going as long as my heart is for Him, and I leave the details to the one who has the *divine blueprint*!

You might want to backtrack before you read on today…and if you still have no idea when this story is going to conclude or where we are going that is OK, it is how I felt when God poured it into me, but I hope you are having fun watching it unfold!

Caffè Latte…get comfortable. Ready, set…let's walk to "The Well"!

The Well—Part 1, Continued

Jonathan knew his time was limited today; it had taken him ten minutes to get to the well, and he would probably need about seven minutes to get back home and unload the water kegs. Then he could take the wagon to school; he still would have a half hour before class; it started at 9:00 a.m.

Pastor G knew that he was helping Mom out at home, and she always understood how important family was. He loved attending the Lamb's Church and School, and he wanted to hurry to be fed with God's Word today and learn all he could.

He looked at the pocket watch that was Pop's; it had special meaning to him. The watch was a timepiece handed down from generation to generation. His grandpa gave it to his dad, and when Pop passed away, his dad placed it lovingly in his hands and said, "I know Grandpa would want you to have this." Once again Jon swallowed hard as he jumped out of the wagon and started to unload the water bottles to be filled.

Such a peace fell upon him as he neared the well. It was as if the arms of the Lord were embracing him.

He sat down in the fragrant grass and placed his hands under the nozzle and turned the knob to drink.

The journey to well, though short in time, seemed to drain him and he needed to drink.

He noticed that only a small droplet came out and he sipped it quickly and turned the knob again.

It seemed as if the water was only coming out in tiny drips. He tasted what was in his hands and started to be refreshed immediately but could not understand what was wrong and why the water was not flowing.

Grandpa had chiseled a door to get to the inside piping of the well several years ago, and Jon opened it to see what the problem was. There was connecting pipe that once was shiny and new that seemed to have gathered some rusty areas, and Jon went to the wagon, got some rags, and started to shine up the pipe with a solution his pops kept in the wagon.

He started to unscrew the connectors that joined the pipe to the nozzle where the water poured from and the longer pipe that went down the well and into the water source from the hill.

Today I want you to meditate on the peacefulness Jon received when sitting at the well and even taking a tiny drop of the water from the well.

What well in your life can you drink from that would bring you peace?

Is there water in your daily diet that refreshes you with just one drop?

Reflect on this scripture from today's reading:

> The LORD directs the steps of the godly. He delights in every detail of their lives. (Ps. 27:33)

Close your eyes for a moment; do you see God looking down from His throne…looking at you and watching you every moment of every day?

Sit with your Abba (Daddy in Hebrew) Father and ask Him to give you a glimpse of the blueprint of your life in Him.

Remember, we see in part at times, but the journey can be so wonderful if every day is spent in His presence.

Until tomorrow…be blessed.

Week 11—Day 5

The Well—Part 1, Continued

I am hoping that you have not run ahead of the story to finish it.

I considered piecing it together yesterday for you and placing it at the end of the book, but then there was a check in my spirit, remembering the reason it was written in part, so I read it that way as well, when God gave it to me piece by piece.

If I showed you the end before the journey, I would do you an injustice, for in this allegory (a story, poem, or picture that can be interpreted to reveal a hidden meaning, typically a moral) each day you take and each moment you walk aware of all your surroundings and aware of all God is doing in your life really matters.

> So teach us to count our days, so that we will become wise. (Ps. 90:12, Complete Jewish Bible)

It is taking time in the day by day that allows us to become wise in Him; this is something I have learned. So before you continue with the story today, I ask you to consider the day-by-day journey in this story, as you become Jon at the well, seeing things unfold as Jon did in every moment, aware of what God is showing you, in the minute to minute, second by second, moment by moment living in Him.

The Well—Part 1, Continued

Jon marveled that his pops was an amazing craftsman and knew that God alone had given him these talents and gifts. Jon hoped one day he would be able to do all the awesome things his grandfather had taught him, but for now he wanted to get to the root of the wells problem.

He quickly unscrewed the connectors and gently pulled out the connecting piece of pipe; it was almost completely blocked. He could see leafy debris inside and noticed the leaves and grass were caught on something inside.

He pushed with his fingers and found nails stuck within a small piece of wood. He wondered how they had gotten there. Had someone been to the well and thrown these things in, or had it come from the water source on the hill.

He picked up the odd-shaped wood, looked at it, and his eyes opened wide as he saw the placing of the nails and the shape of the wood.

He sat there with tears streaming down his face.

As you might have suspected, I am going to stop here today.

Every day He unfolds more of it and shares with me things he wants me to see through the story.

As you journey with me, I hope it opens you up to all that God has for you, and if there is correction needed along the way of this journey, His Words will shed light on why some of the road is twisted and how to replace it with the straight and narrow that leads to Him.

God says: "Come back to me, and I will heal your wayward hearts." (Jer. 3:22)

Have you given all you are to Him who has all for you?

God has so many good and wonderful blessings for us sometimes we get in the way of all He has that can flow with great abundance.

In your well of life, is there something stuck in the connecting pipes?

Have you come back to Him…knowing He will heal your unpredictable heart, for in Him the crooked roads become straight. Ponder your road once again and the well of life that connects the flow to…what is your hearts connector in life?

And as you close today in this lesson, think on this scripture once more.

> So teach us to count our days, so that we will become wise. (Ps. 90:12, Complete Jewish Bible)

What are you counting on in the days of your life, and where is the source of your wisdom and all you are?

Until we meet again…may your journey to the well fill you up and quench your thirst.

Week 11—Day 6

You know that I am not going to give you much more of the story until next week, but I will share this last piece with you today and ask you to truly look again at days one to five and take the pieces and place them together and read it as a whole.

The Well—Part 1, Continued

Jon sat leaning against the well with tears streaming down his face. He breathed deeply as he looked at the piece of wood within his grasp. It was so small and yet had such meaning. It was a hand-sized, primitive-looking cross with nails in it. It must have been carved by someone in the surrounding town and dropped in the stream that led to the water source the well used.

Such a small item caused the pipe to clog, and all the leaves and grass got caught around the nails and stopped the water from flowing.

As you read all the pieces together, I ask you to reflect on the cross that Jon found.

Have you found the cross?
Do you bear a cross in your life?
What is hurting your heart or healing your heart?

Surely the arm of the Lord is not too short to save,
  nor his ear too dull to hear.
But your iniquities have separated
  you from your God;
your sins have hidden his face from you,
  so that he will not hear. (Isa. 59:1–2, NIV)

Let there be forgiveness in your heart today, for those who have hurt you.

> Even if he wrongs you seven times a day and each time turns again and asks forgiveness, forgive him. (Luke 17:4)

As you let go of all the hurts, anger, and forgive, love, repent, embrace, and accept Him, He will forgive you and lead you to the well. I pray you drink in abundance until your cup overflows!

Week 11—Day 7

The Well—Part 1, Continued

Jonathan looked at the precious symbol of all he believed laying in his palm and started to understand. His Lord died for him, took the sins of the world upon Himself. God came down as man and gave His life 100 percent divine, 100 percent human. He suffered, He was beaten, and He was crucified. The risen Messiah Jesus, Immanuel, the one who the Bible told of fulfilling all the prophecies, God who rose again and lived and loved with an everlasting love, Jon realized he was loved by this mighty God!

Jonathan touched the nails on the cross in his hand and imagined the pain of having your feet and hands pierced. "Forgive me, Lord," he said aloud.

> For God so [greatly] loved *and* dearly prized the world, that He[even] gave His [One and] only begotten Son, so that whoever believes *and* trusts in Him [as Savior] shall not perish, but have eternal life. For God did not send the Son into the world to judge and condemn the world [that is, to initiate the final judgment of the world], but that the world might be saved through Him. (John 3:16–17, Amplified Bible)

> The thief comes only in order to steal and kill and destroy. I came that they may have *and* enjoy life, and have it in abundance [to the full, till it overflows]. (John 10:10, Amplified Bible)

Take a moment and close your eyes after reading all the pieces of this week that you have pieced together and made it a whole road, in Him. A road that leads to the well of life, and to the foot of the cross. Look at the picture coupled with this week.

How does it look, is it simple and primitive the way it was at the beginning of your journey?

Look at the cross and ponder the things caught in the nails on the cross that belong to you, what are they?

This weekend create your picture that journeys to the well and then the life you have waiting, in Him, the life *He has for you!*

If you need to, now is the time to seek His forgiveness and turn from the twisted road to the straight and narrow He has set before you.

Embrace His mercy and love and grace as you reflect on today's scriptures and all you are in Him.

He is waiting to give you life to the fullness of all it is, till it overflows. Drink in that fullness today, and create in the overflow of all He is.

Take a walk outside today if you can, maybe take a drive to an area that is filled with the bloom of nature, and even journey to find a well and take a picture of it or paint a picture of it.

If you cannot go literally to a place like this, consider asking God to take you there in your mind's eye during that alone time with Him...and share in your journal that one-on-one time in deep peace and reflection with Him alone.

Creative Outline Space

Journal Your Answers Here

Week 12—Day 1

§

The Well—Part 2

— By Gayle Gabriella Lamb Rabinowitz

Remembering yesterday that Jon asked for forgiveness, let us read on:

The Well—Part 2, Continued

He realized at that moment that all he suffered in seeing his grandfather take his last breath before him had made him bitter and angry. Jon played that day over in his mind, how he and Pop went to the well and spent the day together, how Pop taught him how to maintain the well and care for it.

How Jon should spend time and meditate on God's Word?

Most importantly what Jon's grandfather had taught him was how to make sure to clear out the pipeline within the well to let the sweet flow of the water cleanse and release its healing…the flow, of God in Jon's life.

This week the readings from the story will be very short, but the story that you write that comes from within your heart will be the focus of what we work on.

Stories can be written or created in so many different ways. One of the goals this week is to show you that *art* has many different forms; it is a tool that allows you to bring to life the simple and ordinary, making it *extraordinary in God*!

In putting together the last lessons for the end of this book's study for you, I realized that a sermon God had given me, the first I preached at a wonderful church I helped plant with one of my former pastors and mentors, had definitely been one of the inspirations behind "The Well."

The sermon was a teaching called "From Babylon to Blessing."

I am going to place some of that study within this teaching because just as this story enables you to see in part, I see that even as I reread it, and bring it to life in this devotional workbook for you, I am being re-taught myself, and I am also once again on the journey with you.

Today I want you to reflect on this scripture:

> "For I know the plans and thoughts that I have for you," says the Lord, "plans for peace *and* well-being and not for disaster to give you a future and a hope." (Jer. 29:11)

So many of us have heard this scripture and it has been a comfort, I know to even me.

The day I decided to preach on this, which is what led me to the sermon "Babylon to Blessing"...my eyes opened wide to the journey that this scripture pointed too.

So, as you continue seeking the Lord God Almighty today, on that journey at "The Well", I ask you to examine the gifts He has given you, and to begin the blueprint of your life.

Take a large poster board today, or a piece of paper and draw a pipeline, yes, literally create a picture or one-dimensional graph of a very large pipe, large enough to write in or place pictures in or whatever you are inspired to create, for within that pipe we are going to place what is within your life so you can see it!

Within this chapter, we will give ideas for ways to make the pipeline/timeline; you can even use the one that is in the book and fill it in with your information.

I want you to reflect back on the tiny cross Jon found within the pipeline of the well. Remember the nails that had the grassy substance and debris that was stuck within the cross.

In your blueprint or chart or picture, reflect on the plans God has shared that He has for you.

If you have not taken time to do that yet, this is as I say to the children I work with, "Today this is your big boy and big girl moment," and as the Bible tells us in 1 Corinthians 3:2 (Amplified Bible): "I fed you with milk, not solid food; for you were not yet able to receive it. Even now you are still not ready."

This is the time you set your milk carton aside and dig into the steak; I believe you are ready!

Putting this all together for you today, here are the bullet points for you to help you organize for this week of study:

- Read the continuation of the story, and maybe even piece together all the parts and reread it in its entirety if you have not already done this, and include today's excerpt as well.

- Create a poster or poster board or one-dimensional visual of a pipeline big enough to chart your walk in God, put pictures in it if you choose or put written notes on where you are in your walk with God.
- The pipeline is your blueprint from God, and within your walk with God that will help you see His plans for you, the things that have moved you forward and maybe the things that are holding you back.
- Remember to meditate on all the scriptures for the lesson of the day, and if you want journal your understanding of what it says to you.
- Start at the beginning showing when you found God and accepted Jesus into your life.
- Show the ups and down in your pipeline.
- Remember this exercise does not have to take place in one day, for within these final weeks of study, the intent is to help you understand where you came from and where you are going to, and finding the bumps on the road that are vital in understanding the flow within your pipeline.

Let us end here today while you begin at the beginning!

Birthday

Creative Outline Space

Journal Your Answers Here

Week 12—Day 2

The Well—Part 2, Continued

When we read the story yesterday remember Jon sat at "The Well" reflecting on his life. Pop was showing him the pipeline to God; how Jon must let go of hurts, anger, and pain and things that allowed God's healing and blessings to flow.

Jon knew the gifts of God were without repentance: "For the gifts and calling of God are without repentance" (Rom. 11:29).

And yet if we hold on to anger and refuse to forgive others, we can slow the flow that can be abundant and plentiful.

I would like you to take a moment to think about the beginning of the story. Remember when Jon came to the well, how the water was flowing; it was coming forth in tiny droplets.

I am hoping today you have started the graph of your pipeline in God. It is good to have a visual even if it is a small picture on an 8 × 10 piece of paper, so you can look honestly at where you started and where you are now.

I will use my life's walk as a help to you; see how to create your own pipeline.

I will simply show you the easiest way to begin, and then you have the freedom to choose the creative picture that will speak to you and truly bring understanding to this lesson in the fullest.

Gayle's Pipeline

(Born March 3, 1958 / Jewish Mother and Father/ family unit Jewish in name, follows tradition, not the understanding of who God is and His hand in upon our lives/ Hebrew Nursery/ Hebrew Day Camp/ four years old, loss of my great grandma who shared the lighting of the Sabbath Candles with me/ family unit starts to change/ seven years old, traumatic life-changing event that altered the way I saw things in life/ family turmoil/ baby sister is born when I am seven and half years old/ eight years old, I have a new playmate and friend, my sister, to keep me company/ family unit has fighting and discord)

This is an example of my life in the form of a simple timeline, pipeline. As you can see, there are moments that seem good, and one would think the water of life itself would flow; however, it was not until I was fourteen that I accepted Jesus as my Lord and Savior that the *life giving water began to flow in abundance.*

Yes, God breathed the breath of life into me on March 3, 1958, and as the scripture says:

> For the gifts and calling of God are without repentance. (Rom. 11:29)

We are born with the special things God has for us to change the world and move in a mighty way in Him. But the flow of all He is does not come until we say, Jesus, I know you died for me; I know you took the sins of the world upon yourself, and it is by your stripes I am healed. Come into my heart and be my Lord and Savior. You died for me, and now I want to live with you, for you, and have you live within me…this is when it all began in my life.

That was the moment the water of life began to rush into my pipeline of my life in all *He is within me and I am within Him.*

But we all know there are things in our life, that alter the flow, that might even hinder the flow, that even slow down our growth and cause us to misuse or put down or even walk away from the gifts He has given us that should be used for His glory.

Today I ask you to reflect on the scripture I have given you. What does it mean to you and your walk. Continue to think back to the drip, drip of the water coming from the pipeline of the well…and the great significance of the tiny little cross found within the pipeline that had all the debris stuck within it.

Chart your life's progress from beginning to end before God was in your life, at the moment you found God and asked Him into your life, and now show how your life is moving within Him.

If you have still not asked Him into your life…look at your pipeline and see if this is the moment to let the *life-changing waters of life in Him to flow*!

Week 12—Day 3

The Well—Part 2, Continued

Today I would like to recap for you so you can understand how the story of "The Well" and the sermon "From Babylon to Blessing" came together in this lesson.

If you look at the story up until this point, you see Jon, who is twelve years old but wise beyond his years. Jon was "trained up" in the way of the Lord by his family and his greatest mentor, his grandfather, who not only taught him about God's Word, but was a living, breathing example of that love and friendship and relationship, in God!

Enter his baby brother, whose birth almost took the life of his mom.

Jon was struggling with a deep sadness because he lost his grandfather, who was his best friend, and trying to find his place in this new family structure, resenting this new child who was a mouth to feed, and in his eyes a burden on the family in this time of mourning.

Jon was experiencing the pains of growth, and as you come to find him on the journey to and at the well, dealing with his anger for he did not know how to deal with the fact his grandfather was taken home by God.

I am going to give you now another tiny portion of the story that will shed light on the fact that Jon was not only angry at those around him.

The Well—Part 2, Continued
Jon was angry at himself mostly because when Pop grabbed his chest that day as he began to have a heart attack, and Jon didn't know what to do. Jon had dragged his grandpa onto the wagon and drove to Doc's as quickly as he could, but not moments later his grandfather took Jon's hand in his and whispered "It's OK, my son, I am going home." He closed his eyes and left with a smile on his lips. Jon knew his grandfather was with the Lord, but he missed him. All these months he had been angry with God and with himself for not knowing how to save his grandfather that day.

In this moment of revelation of realizing that Jon was angry at himself for what he saw as his inability to save his grandfather, does that cause anything within you to look back on your life, your timeline/pipeline and realize you too might be struggling with anger, not just for those around you and situations around you, but maybe anger at yourself for things you did or allowed to happen?

I know I went through those feelings when seeking forgiveness from God, and I had to find forgiveness for myself for my humanness to allow the forgiveness from God in.

In going back to the recap of the story and the tying in of the sermon, I want you to understand that sometimes God shows us a glimpse of where we are going. Sometimes God gives us the tools to use and even reveals what we will be doing. In the scripture Jeremiah 29:11 ("'For I know the plans and thoughts that I have for you,' says the Lord, 'plans for peace *and* well-being and not for disaster to give you a future and a hope'"), we see how God lets us know He has plans for us, and when I first decided to preach on this scripture, it was the first time I saw what preceded those words.

> For thus says the Lord, "When seventy years [of exile] have been completed for Babylon, I will visit (inspect) you and keep My good promise to you, to bring you back to this place and then the words: For I know the plans and thoughts that I have for you," says the Lord, "plans for peace *and* well-being and not for disaster to give you a future and a hope."

This scripture came after the first part.

I who have studied God's Word in depth. I who have preached God's Word, and have used this scripture over and over never understood or saw the journey within the text that God was revealing seventy years of exile where those who He had plans for would be inspected.

I reveal to you now...that the journey to the well is the road from Babylon to blessing.

Today meditate on the scriptures I have given you and look at the pipeline of your life in the context of the things God is showing you today and revealing to you through this study.

Journal them here and reflect...until tomorrow, be blessed.

Week 12—Day 4

Yesterday we explored the "Journey" at, and to the well. I would like to give you the remainder of the scripture that inspired the story of "The Well" before we move to the remaining story itself.

Sometimes it is more important to be involved in the journey and look at each and every moment, and not focus on the final outcome.

Even for me in writing this book, I had to take time with each lesson in each chapter. I wanted to see the outcome, but I understood how each lesson poured in that came from Him to me would help in your growth and also mine.

Going back to the scriptures today, Jeremiah 29, the remaining scriptures that once again preceded the ones I gave you.

> Now these are the words of the letter which Jeremiah the prophet sent from Jerusalem to the rest of the elders in exile and to the priests, the prophets and all the people whom Nebuchadnezzar had taken into captivity from Jerusalem to Babylon. (This was after King Jeconiah and the queen mother, the eunuchs, the princes (court officials) of Judah and Jerusalem, the craftsmen and the smiths had departed from Jerusalem.) *The* letter was hand-carried by Elasah the son of Shaphan and Gemariah the son of Hilkiah, whom Zedekiah king of Judah sent to Babylon to Nebuchadnezzar king of Babylon, saying, "So says the Lord of hosts, the God of Israel, to all the captives whom I have sent into exile from Jerusalem to Babylon, 'Build houses and live in them; plant gardens and eat their fruit. Take wives and have sons and daughters; take wives for your sons and give your daughters in marriage, that they may bear sons and daughters; multiply there and do not decrease [in number]. Seek peace and well-being for the city where I have sent you into exile, and pray to the Lord on its behalf; for in its peace (well-being) you will have peace.' For thus says the Lord of hosts, the God of Israel, 'Do not let your [false] prophets who are among you and your diviners deceive you; pay no attention *and* attach no significance to the dreams which they dream *or* to yours, for they prophesy falsely to you in My Name. I have not sent them,' says the Lord." (Jer. 29, Amplified Bible)

I want you to take notice of the journey for these people and see if this causes you to think of someone you know.

They were captives set free now in exile being told to plant and build. They had not fully come to understand the Lord or His mercy, and yet he told them to begin anew. He told them to start families and become part of the community and warned them of the ways of the world and what to be aware of and avoid and what to embrace.

Then He said:

> For thus says the LORD, "When seventy years [of exile] have been completed for Babylon, I will visit (inspect) you and keep My good promise to you, to bring you back to this place and then the words: For I know the plans and thoughts that I have for you," says the LORD, "plans for peace *and* well-being and not for disaster to give you a future and a hope."

Here is our journey as Christians, the pipeline of our lives, do you see it?

We were captives set free; we are constantly growing and changing in God.

We live in the world as Christians but are not of it for we have a greater home to look forward too.

God knew He had great plans for them as He knows He has great plans for us.

In the journey to the well, I ask you, what needs to be corrected and inspected in your life?

Read the story again, let go of the hurt, pain, and anger and things that are clogging the pipeline to God.

When that line can be emptied out and the cross that is there with the nails that has the debris and garbage of the things in your life that are no longer useful or worthy to take on this journey...will the flow of all He is start to flow in abundance?

Today meditate on these scriptures, work on your lifeline/pipeline, and ask God to show you what He has planned for you and what you need to do to move forward in that great and mighty plan.

Tomorrow we will read a little more of the story and look at all the artwork associated with the second part of "The Well".

May today's journey flow in all He is!

WEEK 12—DAY 5

Before we continue with another excerpt from the story, I would like you to look at the first picture of the "well" done in black and white pastels. The picture was coupled with the first part of the story.

It was done in black and white for a reason, for I wanted you to see the simplicity of the shadings, but also note the structure, notice each brick and each line within the structure. Sometimes in life itself we see things in black and white, but we do not realize that even in the simplicity as in God's creations there is so much thought put into creation.

Think of the body of Christ for a moment and how each of us like bricks are laid piece upon piece creating a whole.

> The human body has many parts, but the many parts make up one whole body. So it is with the body of Christ. (1 Cor. 12:12, NLT)

Today relish the journey, the moment by moment simplicity of life that creates the memories you cherish within your life.

The Well—Part 2, Continued

Jon was angry with his mom and dad for having another child because now their attentions were on the baby. Jon knew he should be sharing the love of the Lord because they all were hurting from the loss of Pop, and where God allowed a life to be taken, a new one was given. For on the day his grandfather died, his baby brother Caleb was born. In that moment Jon knew he had to hurry home.

I remember the day my mom told me she was going to have a baby. I was so excited to have a playmate on the way. When my sister was born, it was like having a live doll to take care of, and at seven and half, it taught me how to take care of another with love and tenderness. My parents prepared me for this new life, but not all parents know how to teach their child to embrace a sibling so that there is no jealousy. In the story, Jon was an only child who had all the attention, from his parents and his grandfather, and now that his grandfather was gone, he felt alone, and that his parents too would be focused on this new baby.

Jon had to take time to realize his relationship with His Heavenly Father, and that this was his source of strength and that now God was teaching him how to pass on that legacy.

What is the legacy you have in God that you will leave those around you?

Note that as one life was taken from this world, another was given, not to replace it, but to carry on.

I do not have any children, and I am not married nor have I even been. I am blessed to call the Lord my husband, for my walk at this time in life, and to have been given the children of the world to pour into, for this is what God shared with me a long time ago.

I pray the legacy I leave will be the words He has given me to speak and write that are His and will point to *Him the mighty legacy that has brought victory!*

Take time to think of your life today. Who in your life has gone home to be with the Lord. What did they leave behind that is eternal; are you carrying on a legacy from someone else who knew God and poured His love into you, or are you the beginning of the line within your family who will speak new life into a new generation?

Journal your thoughts and feelings here today.

Week 12—Day 6

Just to recap for a moment from yesterday…

If you remember, Jon was ready to rush home as he began to realize so many things about his life…we continue with another small excerpt from the story.

The Well—Part 2, Continued

He quickly connected the pipe within the well, and closed the door. He must have left the nozzle knob in an on position because the water started to flow strong and hard, and Jon placed his mouth beneath the nozzle and drank as much as he could. He wiped his tears away and felt the life of He who gave all life, flow within every bit of him. "Forgive me Lord, I understand now. I love you with all that is within me."

Bringing you back to the inspiration for "The Well" and the sermon "Babylon to Blessing." When I originally prepared for the sermon "From Babylon to Blessing," I actually did an object lesson for the adults I preached to.

My background is preaching and teaching children, and so I know how important visuals are.

I started with the inner tube from a roll of paper towels and had an assistant during the sermon write Christian on the tube in red. I then started to talk to everyone about things that occurred in their lives.

I said, "Can you see through this tube?" They answered, "No!" All they could see was the word "Christian" on the outside. I continued as I said, "This is an argument you had with someone." Then I placed paper towels within the tube. Then I said. "This is anger and an unforgiving heart." I placed more paper towels within the tube. I then poured a little water within the tube and noted that even though the tube soaked up some of the water, nothing really went through it; it was caught in the paper towels that represented anger and the lack of forgiveness, and maybe even what one would consider sin, for there was disobedience within the lack of forgiveness.

I then said, "What does the world see when they look at this tube that represents us?" We all knew they could only see the person, the Christian, but could not see inside; we could not see their thoughts, the fruits or lack of fruits in their life could point to what might be going on, but we did not have the ability to see their hearts.

Then I took a plastic water bottle and said this represents what God sees because He sees all of us and sees through to the heart of the matter. I put all the paper in the clear tube and labeled the outside Christian once again, but this time we could see the paper that represented the blockages, which now had become the sin inside the person. I kept the cap on one side and poured the water into the bottle on the side of the cut-off bottom. The water saturated the paper inside but could not flow through it because the cap was on blocking the flow.

I explained to them this was our lives in Christ. When we held on to things that blocked the flow in God. I explained that in order to move on we needed to release all the anger and hate and pain to come before God, let Him heal our lives and open up and let Him take the things that block His flow through us and into us.

I then took the bottle cap off and said this is what happens when we let go of everything and let God heal us...and the water flowed through the bottle out in to the basin I had under it.

I explained this was those in captivity set free now living in exile, planting and growing and building even in their sins, but being reshaped and retrained and constantly being inspected by God, living within a worldly place, learning to be Holy, so God who had wonderful plans for them could lead them to their new lives within Him. As they became closer to God and more like Him and walked in His way and let go of the "sin" obstacles, the flow of Him grew greater.

Today, as you see Jon's realization of all God has given him and done in His life and what he had even within what seemed all he lost, reflect on what God has taken away and what He has given you to replace it with and share it here.

Week 12—Day 7

Continue reading the next tiny portion from the story.

The Well—Part 2, Continued

Jon stuffed the cross into his pant pockets, quickly filled the containers, put them on the wagon, and drove back to the house.

I can almost hear you saying, that's it two lines. I know waiting is hard, learning patience can be frustrating, but if you live the moment to moment, it also can be an awesome experience in how God teaches us to get to the prize in Him.

Today I want you to look at the second picture. The one that is a pipe; the picture was done in pastels and there is very little color within it.

Note the colors that are there—the blues and the green. The blue represents the water that flows through the connecting pipe. Look at the tiny cross within the pipe with the green grass that is alive within the waters but gathered around the cross and the nails.

God's life-giving water, His Holy Spirit flows through us when we accept Him into our lives. Jon drank from the well in small drops because his anger blocked the total flow of what God had for him.

His sin and discontent was caught in the pipeline, the cross God bore, all for us. He carries the burden and takes our sins away when we ask Him into our life, but we need to forgive, ask forgiveness for our sins, and even forgive ourselves as well and let go.

This day at the well, Jon did this.

Now it is your turn before we move on. Examine what you left at the cross or need to leave at the cross. Examine all God took from you, the sin and pain He bore for you, and now leaves you covered in the blood He shed for you, so your sins are as far as East is from the West.

> So great is His loving kindness toward those who fear *and* worship Him [with awe-filled respect and deepest reverence].
> As far as the east is from the west,
> So far has He removed our transgressions from us.
> Just as a father loves his children,
> So the Lord loves those who fear *and* worship Him [with awe-filled respect and deepest reverence]. (Ps. 103: 11–13)

Close your eyes, and meditate on these words. Today, create *anything* that reflects the feelings this inspires within you.

Creative Outline Space

Journal Your Answers Here

Week 13–Day 1

In this final week, Jon's journey continues…

The Well—Part 3, Continued

— By Gayle Gabriella Lamb Rabinowitz

"Mom, Mom, where are you?" Jon ran through the house. He saw his dad and mom eating breakfast in the kitchen and Caleb laying in the bassinet sleeping peacefully.

He was grateful that his dad had returned safely from his journey. He ran to his mom and hugged her. "I am so sorry for how I have been acting, I…" She touched her fingers to his lips, hugged him with tears flowing down her face and said "It's OK, I understand."

In this moment, reflect, is there someone in your life you need to reach out to and mend a broken relationship, or is there someone else who needs to be healed by you offering them forgiveness?

When others hurt you, do you easily say, "It's OK," and let it go, or do you hold onto anger?

> Be angry [at sin—at immorality, at injustice, at ungodly behavior], yet do not sin; do not let your anger [cause you shame, nor allow it to] last until the sun goes down. (Eph. 4:26 (Amplified Bible)

Meditate on this scripture today and create a visual that shows you releasing your anger and pain on things from the past, but more releasing others by forgiving them and letting God show you how?

If this no longer applies to your feelings, is there someone you can share with who needs your help in moving on and finding peace in the Lord?

Consider how you can create something to lead them to the peace you have found in Christ.

Week 13—Day 2

Returning to more of the story.

The Well—Part 3, Continued

Jon's dad joined in the embrace of his family, and they all shed tears of mourning and love together. Jon shared his experience at the well and then took a piece of mom's sewing ribbon and tied the cross to his little brother's cradle.

Look at the family unit in these words. Who is your family?

Do you have a family of your own? Do you have a church family?

Who are you connected to, and what is the relationship, is it healthy or does it need help?

I know that my family was fractured when I was younger. My father passed away when I was twenty and my sister was only thirteen. My mom never remarried. My mom is now in a nursing home because she has dementia. She is ninety-three, and when I visit her, I, the child, have become the mother.

Some days she knows me; other days, she thinks I am her mother or a neighbor.

The one thing I try to keep consistent is reminding her that she accepted Jesus as her Lord and Savior. It was a brief moment of lucidity; I was preaching and teaching and sharing with her as I took her to a dinner at our home, bringing her from the nursing home. She heard my words that day and prayed with me on that Thanksgiving Day, and God heard her and came into her heart. I saw it in the tears within her eyes and within the smile upon her face.

My extended family are my friends and my church family. Every day I know it is work to keep connecting in this busy life and taking time to reach out and love as God loves.

In this moment with Jon and his family, they released their hurts together.

Who is your life-support system? Who can you share with? And if you are in need of more of that closeness, can you spend time with God today? Let Him pour all His love into your heart, and then ask Him how you can live a life filled with love and show His love to others in need.

Take time today to consider the gifts and talents God has given you and how you might use them within the body of Christ, His Church, and share with your brothers and sisters in the Lord, and share your gifts in Him with the world.

Let yourself imagine the cross Jon placed on his baby brother's crib; picture it in your mind's eye, and remember all that cross symbolizes in your life.

Week 13—Day 3

The Well—Part 3, Continued

Caleb was up now and looking at Jon with wide eyes. "I have a lot to do, little brother; I must teach you all I know about God for His Word says:"

> Train up a child in the way he should go,
> And when he is old he will not depart from it. (Prov. 22:6, NKJV)

Reflect today on this scripture. Though some of us have young people in our lives, not all of us have interaction with children or teens. I realized that even those in the Lord who are young in Spirit or do not know Christ are God's children, and I have a responsibility to help raise them up as well if they are open to hearing God's Word.

Jon was ready to step into leaving a legacy with his baby brother; today, sit and reflect on who is in your life who needs to hear God's Word. Who can you reach out to and train up, whether they are young or old or young in the Lord? This is your chance to leave a legacy that is His!

Week 13—Day 4

Yes, I am still taking you line by line as we come closer to the end of the journey, for as I said, every day I want you to realize the moment-to-moment chance you have in this life to make a difference.

The Well—Part 3, Continued

"That day when Jon got to school, he shared with Pastor G and the other students. They listened and took in all he had to say."

Don't be afraid to share God's Word if you have not already done so. We have shown you visual arts, written arts, and shared ideas with you about taking pictures and even creating events.

Today sit and reflect on all you have learned over your journey, not just at "The Well", but as you ventured through the stories within this devotional workbook.

What is God prompting you to share with others? What is your testimony that you are being inspired to put together and teach on, or do you want to teach about the things you have learned within this journey?

Take time to write about them here and begin walking into the ministry you have in Him.

Week 13—Day 5

The Well—Part 3, Continued

Pastor G smiled seeing the anointing of not only an evangelist and teacher upon Jon but also knowing he would make fine pastor someday.

If you are having a hard time discovering where God is leading you, and yesterday questioned how to know what God has for you, or what is the ministry he is leading you towards, look at the excerpt above.

Take time to spend time with the elders or leaders in your church. Maybe ask to sit with your pastor and see what ministries in your church you can become part of. Maybe you can even start your own ministry, one you might have discovered while journeying with us through this *Café Beat* teaching.

Remember, the gifts and talents are given to all of us, and when we give our lives to God, they are used for His glory in a mighty way.

Today I encourage you to find the scriptures within the Bible that tell us how God has a mighty work for all of us to do in Him.

Let me give you this scripture to reflect on while you search His Word.

> Commit to the LORD whatever you do, and he will establish your plans. (Prov. 16:3)

Week 13—Day 6

The Well—Part 3. The End...

...But for you, the beginning.

That night when Jon lay in his bed praying his good nights, he whispered, "I know, Lord, if we ask we shall be given, if we seek we shall find, and if we knock it shall be answered. Thank you, Lord, for you are the well of life in all things."

> Ask, and it will be given to you; seek, and you will find; knock, and it will be opened to you. (Matt. 7:7)

> But whosoever drinketh of the water that I shall give him shall never thirst; but the water that I shall give him shall be in him a well of water springing up into everlasting life. (John 4:14)

Don't slow the flow; let your cup overflow today in Him who is *the well of life*!

You have reached the end of the journey within this story, and I pray that today as you knock He will answer and show you the way to all *He is*.

Read the scriptures I have given you here and sit in your quiet place and meditate on what you have learned over the past thirteen weeks. Or did it take you longer to journey with the Lord?

Tomorrow we close this volume 1 with the hope that the roads we walk will cross again in the future.

Until then, chart your path with God today. Sit at His feet and pray, and let Him fill you with the mighty rushing waters of *the well of life*!

Week 13—Day 7

In this final day of study, look at the three pictures associated with the story.

The first is simple in black and white, but there is care in each detail as in God's creations.

The second is the connecting pipe to God and your walk with Him. It suggests how we need to let go of the past and pain and hurt and sin, to have the fullness and abundance of what He wants to pour in to us, and the need to empty out all we are, so He may pour in all *He is*.

Finally the last picture of the well in color with all the growth and bloom around it.

God is the Well of *life* we drink from.

I pray that by now, if you have not invited Jesus into your heart, this is the day you

> O taste and see that the Lord [our God] is good;
> How blessed [fortunate, prosperous, and favored by God] is the man who takes refuge in Him. (Ps. 34:8, Amplified Bible)

At this moment I ask you to close your eyes.

God is standing before you and placing a box within your hands. Only you can see it—what it is made of, its color, its texture.

I call it the B.O.X., "Beyond Our eX-pectations," for the journey with God is always:

> Now to Him who is able to do exceedingly abundantly above all that we ask or think, according to the power that works in us, to Him *be* glory in the church by Christ Jesus to all generations, forever and ever. Amen. (Eph. 3:20–21, NKJV)

Within the B.O.X. God is giving you, there is something waiting for you. Look deeply into the B.O.X., and let Him show you the plans that await.

The B.O.X. is a teaching that couples with the sermon "From Babylon to Blessing."

I look forward to sharing it with you in *Café Beat*, Volume 2, in the coming year.

Until then, cherish each day He gives you and live it as if today is…

Be blessed.

Pastor G

Creative Outline Space

Journal Your Answers Here

ABOUT THE AUTHOR

Gayle Gabriella Lamb Rabinowitz has worked in the performing arts for more than thirty years. She is the lead Pastor of The Lamb's A.R.C. (Actors & Artists Remembering Christ) Traveling Church & Evangelistic School of the Arts, and is an ordained minister. Her ministry uses the arts for God's glory, "by taking the ordinary and making it extraordinary in Him." She is a New York native and now lives on Staten Island.

Made in the USA
Middletown, DE
04 August 2017